# 数字营销
# 理论、案例与实务

主　编　刘遗志
副主编　龚潇潇　樊　秋

科学出版社
北京

## 内 容 简 介

本教材分为八章，涵盖导论、基础理论与应用三大模块，系统讲解数字营销的核心内容。导论部分简要介绍数字营销的发展背景、研究对象与内容；基础理论部分深入探讨数据基础、消费者特征、品牌营销、媒体渠道及内容营销等关键理论；应用部分则聚焦现实场景（如社群、短视频、直播营销）与新兴技术融合场景（如元宇宙、大数据、VR营销），并特别关注数字营销中的道德伦理问题。每章均包含学习目标、案例、正文、小结和思考题，并融入课程思政元素。

本教材适合高等院校市场营销、电子商务等相关专业的本科生使用，也可作为数字营销从业者的参考读物。为方便教学，教材提供配套教学大纲、教学课件等丰富资源，助力教师备课与学生自主学习。

---

**图书在版编目（CIP）数据**

数字营销理论、案例与实务 / 刘遗志主编. -- 北京：科学出版社, 2025.2. -- ISBN 978-7-03-080585-0

Ⅰ. F713.365.2

中国国家版本馆CIP数据核字第20246S877H号

责任编辑：王京苏 / 责任校对：王晓茜
责任印制：赵　博 / 封面设计：有道设计

---

科学出版社 出版
北京东黄城根北街16号
邮政编码：100717
http://www.sciencep.com

三河市骏杰印刷有限公司印刷
科学出版社发行　各地新华书店经销

\*

2025年2月第 一 版　开本：787×1092　1/16
2025年10月第二次印刷　印张：10 3/4
字数：255 000
**定价：58.00元**
（如有印装质量问题，我社负责调换）

# 前　言

数智化时代，数字化转型已经不再是未来的趋势，而是当下的现实。随着技术的迅猛发展和消费行为的深刻变化，数字营销成为企业不可或缺的核心竞争力之一。本教材致力于为学生、学者以及实践者提供一个全面、系统的知识体系与实操框架，帮助他们在这一领域取得成功。

首先，本教材的理论部分，详细介绍了数字营销的基础理论。从消费者行为的转变，到数据驱动的市场策略，再到品牌构建与维护的新方法，本教材提供了一系列的概念和模型，帮助读者理解数字营销的核心机制和发展动向。通过阅读本教材，读者将知晓并掌握如何利用大数据、人工智能、区块链等先进技术捕获市场机会和提高营销效率。

其次，案例研究是本书的另一大特色。我们精心选取了一系列国内外的成功案例，覆盖了从初创企业到大型企业的多种情境。这些案例不仅展示了数字营销策略的成功应用，还反映了在不同行业、不同市场条件下的具体实践。通过这些生动和丰富的案例，读者可以全面、深入、系统地掌握理论如何转化为实际操作，以及面对市场挑战的应对策略。

再次，实务操作是帮助读者从理论走向实践的桥梁。本教材提供了一整套详尽的数字营销工具和方法，涉及社交媒体营销、内容营销、搜索引擎优化等多个方面。同时，每一章都设有详细的步骤说明，可以帮助读者进行实际操作，进而更好地掌握数字营销技能。

最后，在教材的结尾，我们讨论了数字营销面临的伦理道德问题，这是任何营销人员都不可忽视的重要议题。数字时代，数据安全和隐私保护日益成为公众关注的焦点。本教材提供了一系列建议和框架，帮助营销人员在追求营销效益的同时，确保数字营销行动符合伦理标准和道德规范。

本教材共有八章，刘遗志教授负责统筹安排并撰写第二、四、五章，樊秋副教授负责撰写第一、三、八章，龚潇潇博士负责撰写第六、七章。同时，贵州经贸职业技术学院商贸物流系王婷婷主任、邱雯老师以及贵州大学管理学院蒋雪涛、汪宇洪、王海、徐莎、萧书浣、洪韵、谭磊等研究生也参与了本教材的编写和审稿工作。本教材的出版，得到了众多专家学者的大力支持和帮助。在此，向他们表示衷心的感谢。我们也要感谢广大读者的信任和支持，是你们的期待和鼓励，让我们有了编写这本教材的动力、决心和信心。同时，还要感谢贵州省市场营销一流专业建设项目（项目号：802301214401）和贵州大学 2023 年教改项目"新文科背景下数字化营销应用型人才培养研究与实践"

（项目号：XJG2023061）的经费资助。

在此，我们要强调的是，随着数字营销技术的不断发展、演化、进步和变革，数字营销策略与方法也需要持续优化与创新。因此，我们希望读者在阅读本教材的同时，能够保持开放的心态和持续学习的精神，持续跟踪和掌握数字营销的最新技术、动态和趋势。

党的二十大报告指出："我们要坚持教育优先发展、科技自立自强、人才引领驱动，加快建设教育强国、科技强国、人才强国，坚持为党育人、为国育才，全面提高人才自主培养质量，着力造就拔尖创新人才，聚天下英才而用之。"[①]教材是教学内容的主要载体，是教学的重要依据、培养人才的重要保障。在优秀教材的编写道路上，我们一直在努力。

总而言之，《数字营销理论、案例与实务》这本教材的出版，旨在为广大读者提供一个全面、深入、实用的学习平台，帮助大家更好地理解和应用数字营销的知识和技能。我们相信，在未来的商业竞争中，拥有数字营销能力将会成为一项重要的竞争优势，我们希望这本教材能够成为你们在这个领域的得力助手和宝贵资料。

让我们一起迎接和拥抱数字营销的美好未来！

刘遗志　龚潇潇　樊　秋<br>
2024 年 12 月 28 日

---

① 《习近平：高举中国特色社会主义伟大旗帜　为全面建设社会主义现代化国家而团结奋斗——在中国共产党第二十次全国代表大会上的报告》，https://www.gov.cn/xinwen/2022-10/25/content_5721685.htm。

# 目　录

**第一章　数字化营销导论** ·································································· 1
　第一节　数字化营销的基本概念 ······················································ 2
　第二节　数字化营销的研究对象与内容 ············································ 6
　第三节　数字化营销的发展历程 ······················································ 8

**第二章　数字化营销数据基础** ·························································· 12
　第一节　数据科学与数字营销 ························································ 13
　第二节　数据科学相关工具 ··························································· 17
　第三节　AB 实验 ········································································· 19
　第四节　机器学习 ········································································ 22
　第五节　推荐系统与群体智慧 ························································ 24

**第三章　数字时代的消费者** ······························································ 29
　第一节　消费行为的影响因素 ························································ 31
　第二节　客户画像 ········································································ 36
　第三节　数字化消费者购买决策 ···················································· 38

**第四章　数字品牌营销** ···································································· 45
　第一节　数字品牌营销的概念、产生背景与历史沿革 ······················· 46
　第二节　借助数字媒体渠道建立品牌与用户的联系 ·························· 50
　第三节　线上线下结合增强用户的品牌体验 ···································· 60
　第四节　通过互动沟通打造品牌形象 ············································· 63

**第五章　数字内容营销** ···································································· 69
　第一节　数字平台与数字平台营销 ················································ 70
　第二节　数字营销平台 ································································· 71
　第三节　数字内容营销基本理论 ···················································· 78
　第四节　数字内容营销的方法 ······················································· 82

# 第六章　数字化营销模式 ··· 87
## 第一节　社群营销 ··· 88
## 第二节　直播营销 ··· 94
## 第三节　短视频营销 ··· 101
## 第四节　移动营销 ··· 106
## 第五节　搜索引擎营销 ··· 112
## 第六节　电子商务营销 ··· 116
## 第七节　元宇宙营销 ··· 122

# 第七章　新兴技术在数字化营销中的应用 ··· 128
## 第一节　大数据在数字化营销中的应用 ··· 129
## 第二节　人工智能在数字化营销中的应用 ··· 134
## 第三节　VR、AR、MR 在数字化营销中的应用 ··· 139

# 第八章　数字化营销伦理 ··· 149
## 第一节　消费者数据 ··· 149
## 第二节　消费者权益 ··· 153
## 第三节　消费者权益保护 ··· 158

# 参考文献 ··· 164

# 第一章

## 数字化营销导论

### 学习目标

1. 了解数字化营销发展的背景及发展历程。
2. 掌握数字化营销的概念。
3. 理解数字化营销的研究对象与研究内容。

### 导入案例

#### 星巴克的数字化转型

近年来,咖啡饮品行业竞争越发激烈,众多新兴企业依托创新的商业模式及数字化时代背景下的营销管理,对行业领军者星巴克形成巨大竞争压力。为应对此次挑战,星巴克积极调整战略,加快数字化转型步伐,以适应瞬息万变的市场环境。

2016年,星巴克公布五年科技创新计划,提出被称为"数字飞轮"(digital flywheel)的数字化战略,旨在利用科技创新推动业务增长,增强核心竞争力。2018年3月,星巴克CEO凯文·约翰逊(Kevin Johnson)在股东大会上明确表示,未来十年将把数字化投入作为创新策略的重点。同年,星巴克与阿里巴巴展开合作,在35个城市提供外送服务,并与饿了么联手打通会员体系,以扩大市场份额。

2019年6月,星巴克开始调整管理架构,将数字创新部与零售部并列,以充分利用信息数据、人工智能、物联网和云技术优化业务运营。此举表明星巴克已认识到数字化经济的趋势及竞争对手与市场的变化。在此背景下,星巴克不仅要积极调整战略,还需在战术层面进行相应变革。

在促销方面,星巴克推出 Mobile Order & Pay(移动下单及支付)系统,通过整合线上线下系统,实现用户信息数据化。通过分析用户消费数据,预测消费动向,开展个性化营销和订单预测,提高供应链管理效率。在门店选址方面,星巴克运用数据分析及基于位置的人工智能进行选址分析，精准确定新店最佳位置，满足市场需求。在产品差异化及动态定价方面，星巴克采用数字显示设备替换线下门店的印刷菜单，实现热门单品推荐和动态定价。如此一来，门店可根据区域、时间和顾客需求提供差异化服务，提升客户满意度。

星巴克的数字化转型布局虽起步稍晚，但已取得显著成果。作为行业领导者，星巴克的数字化布局深刻影响业绩波动及其竞争地位，不可怠慢，不容迟疑。未来，我们期待星巴克在数字化营销方面展现更多创新，以应对激烈的市场竞争。

（资料来源：李永平，董彦峰，黄海平. 2021. 数字营销. 北京：清华大学出版社，（8）：6.）

## 第一节　数字化营销的基本概念

### 一、数字化营销发展背景

自互联网技术、移动互联网技术的出现，人类社会就经历了各种变革，国际学术界广泛使用"数字化（digital）"来概括这一重大变化趋势。其中1995年麻省理工学院教授尼古拉斯·尼葛洛庞帝在影响深刻且广泛的著作《数字化生存》中预言人类社会进入数字化生存时代，给"digital"赋予了新时代的内涵。之后，越来越多的研究者也将自己的研究放在了"digital"的时代背景下。例如，数字化转型、数字化营销、数字化媒体、数字化传播……2013年德国汉诺威工业博览会提出的世界第四次工业革命进一步推动了全球产业的巨大变革，系列生产函数发生了以自然要素投入为特征向以绿色要素投入为特征的跃迁，整个社会因大数据分析、智能机器人、云计算、物联网、增强现实等技术的出现进入深刻的数字化转型阶段，进而推动数字经济的形成及发展。数字经济是指以数字化的知识和信息为关键生产要素，以数字技术创新为核心驱动力，以现代信息网络为重要载体，通过数字技术与实体经济深度融合，不断提高传统产业数字化、智能化水平，加速重构经济发展与政府治理模式的一系列经济活动。

我国实体经济领域对数字技术的利用正在不断加深、加广，由此涌现出来一批新模式、新业态，大大降低了经济成本，显著提高了经济效率，推动我国产业组织形态和实体经济形态的不断重塑，促使数字经济实现快速发展。2022年8月，中央网络安全和信息化委员会办公室副主任、国家互联网信息办公室副主任牛一兵公布中国数字经济规模从2012年的11万亿元增长到2021年的45.5万亿元，占GDP比重由21.6%提升到39.8%，连续多年稳居世界第二的同时也将中国的经济结构推向了数字化阶段。在一个社会时期内所呈现出经济、政治、文化等多个领域的特色，即代表一个时代。我们把这种以鲜明的数字化特征为代表，经济、技术、文化、法律等各宏观环境要素均深受影响的这个时代称为数字化经济时代（简称数字化时代）。

在数字化时代，社会的运转方式、企业的生产运营方式、老百姓的行为方式和思维模式，消费者的购买行为过程都发生了深刻的变化，既给企业带来了巨大压力，也为企业数字化转型创造了前所未有的机会。中国企业在这次风口上终于有机会展现自己的姿态，其原因有三。首先，中国的数字基础设施全球领先。中国拥有全球最大的信息通信网络，信息数字化程度和数字化硬件普及率都高于多个国家。其次，中国数字化场景十分丰富，娱乐、餐饮、旅游、交通、教育、金融等多个领域都呈现高度数字化，形成巨大的数字化消费规模。最后，中国的数字化技术基础比较扎实。中国有一批企业较早进入数字化转型阶段，在巨大的消费规模的支撑下已经完成了较长时间的技术实践，积累了较为扎实的技术实力，不再受制于西方技术封锁。

随着数字经济对消费者购买行为的进一步影响，以及对企业竞争方式的冲击，各个行业和各种规模的企业都必须主动参与到数字化转型中。而营销管理作为最接近客户、最容易为企业带来实际收益的环节，成为更多企业数字化转型的切入点，数字化营销也成为数字化时代受众最广、潜力最大的数字经济板块。营销管理是以客户为中心，以价值创造及交互为手段，实现买卖双方或关键合作伙伴多方共赢的管理过程，数字化营销思维不改变客户的中心地位，但需要在消费洞察、价值创造、价值沟通、价值交互的过程中融入数字化技术，做到观念转变、手段创新。

## 二、数字化营销的定义

数字技术是在电子计算机、光缆、通信卫星等技术的基础上用 0 和 1 的数字代码来表达、传输和处理一切信息的技术，是当今世界科技革命和产业变革的契机。数字技术现已广泛应用于互联网、大数据、人工智能、区块链等多个领域，在营销管理的应用虽可以追溯到直复营销实践中，企业通过客户数据库对客户进行跟踪、分析、互动，但是这个阶段的应用仅限于阶段性地寻求产品宣传或开发市场的短期或单个营销环节。

由于不同时期研究数字技术与营销管理融合的学者带着不同的目的，所以其定义和研究范畴也有所区别。1995 年毕夏普（Bishop）在文章《数字营销从战略规划开始》中首次使用"数字营销"概念，并分析了互联网时代数字营销成功的十大策略。1998 年帕森斯（Parsons）等学者提出数字营销应该是将交互式媒体与营销组合的其他工具结合起来在消费者和营销者之间建立新的互动和交易。2007 年，美国内容营销协会将数字营销定义为利用数字技术开展的一种整合、定向和可衡量的传播，以获取和留住客户并建立更深层次的关系。2011 年史密斯（Smith）认为数字营销是利用数字分销渠道推广产品和服务的实践过程。2020 年黛布拉·萨阿拉（Debra Zahay）在其出版的书 *Digital Marketing Management：A Handbook for the Current（or Future）CEO* 中总结数字营销是使用各种数字技术推动营销进程，以达到促进客户互动和参与的行动。2021 年李永平等学者在《数字营销》一书中认为数字营销是借助互联网、通信技术和数字交互式媒体来实现营销目标的一种营销方式，其目的是利用先进技术以高效、低成本方式开拓市场、挖掘新用户，是一种基于数据库，通过数字化多媒体渠道，实现营销精准化、营销结果可量化、数据化的一种营销活动。杨家诚在《数字化营销》中认为数字化营销是以数字化的知识和信息作为核心营销要素，以数字化技术和信息网络技术作为营销关键和核心驱动力，以现代信息网络作为重要载体，通过数字化技术与智能技术重构营销场景，提高全链路全网全景与营销效能的一系列新型营销互动与营销形态。吴超等学者在《营销数字化：一路向 C，构建企业级营销与增长体系》中给营销数字化的定义是：

以数字技术作为核心驱动力和手段,推动企业核心的营销业务,包括品牌、市场、销售、渠道及交易、消费者、服务的全方位变革,将传统营销方式进行在线化、自动化和智能化创新,最终驱动业务增长。

本书研究发现数字化营销是数字经济背景下的营销创新,是数字技术融入全新的营销链条各个环节,做到利用数据技术实现客户行为洞察、客户实时连接、客户多触点沟通的融合创新。数字化营销除互联网营销、互动营销、大数据营销的基本特质外,还强调客户体验全过程的数据沉淀,力求将传统营销管理进行在线化、自动化、智能化创新,用数据驱动客户运营,提高获客数量并提升客户价值。因此,本书对数字化营销的定义是:以信息技术、数据技术、智能技术为支撑,通过用数据驱动创造客户价值并全场景提升客户体验最终促进产品或服务交互的管理过程。

## 三、数字化营销的特点

### (一)技术性

为了更快、更准确地满足数字化时代的消费者需求,很多企业在专业数字营销公司的支持下不断探索和整合提高营销效率的各类技术,其中包括且不限于:大数据收集、清洗、抓取、分析等技术,以及云原生技术、物联网技术、AR(augmented reality,增强现实)和 VR(virtual reality,虚拟现实)技术、人工智能技术。例如,视频网站运用大数据技术分析市场的影视题材偏好、演员偏好、内容偏好,做到按需编剧、选角、匹配导演、投放时间选择。这一营销创新的实践以美国的网飞(Netflix)为代表,其在营销数字化的早期布局决定了今天全球的领导地位。谷歌利用 VR 为没有条件出行的客户提供云旅游产品。美的、海尔、小米等家电企业利用物联网技术将产品设计为远程操控、智能操作的智能化产品,满足年轻一代的数智控心理。京东、天猫、唯品会等头部电商完全实现数据中台的分析、分发、精准推送等功能,做到投其所好。阿里巴巴积极打造云上购物空间,为消费者设计多个消费场景,提供最及时、最贴心、最便利的购物体验。顺丰、中通等物流公司利用人工智能进行仓储管理、配送管理,大大提高配送效率,创造良好的物流环境,刺激线上消费的井喷式发展。导入数字化营销观念的企业深知消费者购买进程的改变,不放过每一个触点,寻找施展先进技术、提高营销效率的机会,使得企业间的竞争从研发、生产、营销、财务方方面面都升级成技术的竞争。

### (二)精准性

因为各种技术的介入,营销管理从以过去的经验总结、定性分析为主的传统营销阶段升级到数字化阶段,实现市场反馈信息的精准掌握、目标客户的精准锁定、市场定位的精准拿捏、传播媒介的精准选择、营销组合的精准制定、信息入口及内容的精准定制。

首先,在数字化阶段,企业可以对消费者的消费痕迹、退换频率、消费时机、体验评价等数字化信息进行储存,然后通过大数据技术对储存的信息进行精准分析、高效利用。相较于传统的营销管理模式,数字化时代的企业无须再受限于样本选择的局限性和对数据真实性的担忧,相反它们花费较少的成本就可以获取更加丰富、更加系统、更加准确的消费者数据信息。虽然很多企业尚未建立私域数据管理机制，但通过各种平台已经积累了海量数据，这些数据为构建精细化的客户画像提供了坚实的基础，极大地促进了企业对消费者的深入分析与理解。

其次，传统营销只能做到"一对多"的普遍撒网式传播，即重曝光轻沟通的方式；而数字化营销却可以通过媒体属性定位消费者特征，或通过消费者属性定位目标受众来进行信息沟通，沟通过程还具有很高的互动性。通过多种渠道的互动沟通，企业能高效地关注到消费者的真实需求，并实现精准对接。

最后，当精准锁定目标客户群后，企业有能力根据消费者画像实施差异化营销、个性化推荐、实时互动等具有精准性的营销活动，让消费者能时刻感受到企业的关注和重视，进而与企业建立良好的关系。

### （三）高关联性

市场研究表明，消费者的注意力和兴趣与营销信息的重要程度成正比。关联性信息能与消费者产生共鸣，展现了消费者最迫切的需求，而越是关联性强的信息对消费者越有吸引力，其价值和影响越大，越有可能得到消费者的回应。数字化时代的消费者生活节奏快，处在信息爆炸的环境中，因此不但对不适合自己的信息进行主观屏蔽，还会对信息传播主体产生明确的评价，而他们的信息个性化需求恰恰是数字化营销擅长的领域。数字化营销强调结合消费者的购买历史和倾向进行内容生产和内容推荐，创造消费者喜闻乐见的信息，然后通过社交媒体与商户进行私人化的即时交流，展现出很高的关联性，极大地提升了营销效果与消费者满意度。数字化营销还注重关联性信息的效力，在与消费者保持高频率互动的同时捕获和挖掘与之有关的数据，在进一步分析后做到信息、内容、服务的精准化，全面调动消费者的兴趣，建立活跃、盈利、持久的客户关系。

### （四）高时效性

数字化营销有条件布局多个触点与潜在消费者或现有消费者保持互动，布局多个渠道获取消费者信息和消费体验感受。大数据技术能确保消费者信息获取的及时性，智能分析能提高企业的决策速度，而互联网直达客户的各种自媒体、赢得媒体、付费媒体也能加快营销策略的执行速度，因此呈现出数字化营销的快速获取信息、快速反应、快速传播的高时效性。

### （五）深度互动性

何麻温·卡塔加雅等学者在营销革命4.0中认为营销管理从以产品为中心转向以消费者为中心的趋势已成必然，消费者将更进一步地参与到企业的品牌价值构建工程中，呈现出数字化营销有别于传统营销的两个转变：一是消费由功能导向转变为体验导向；二是营销逻辑从信息告知转变为参与互动。大多数数字媒体都具有互动的功能，满足于消费者双向沟通的需要，且循环互动的传播使得创意、营销、传播协同推进，消费者被赋予更多自主权，积极投入搜集—互动—购买—反馈的购买进程，从而提高营销管理的效率。

## 第二节　数字化营销的研究对象与内容

### 一、数字化营销的研究对象

市场营销学是建立在经济学、行为学、管理学基础上的一门交叉性应用科学，它侧重研究微观经济主体在前期市场调查、市场细分与定位、产品构思与开发、产品分销与促销、售后服务等一系列活动过程。数字化营销的研究是为了迎合时代的发展，应对数字化背景下客户购买行为变化、沟通媒介变化、渠道模式变化等诸多新挑战，研究的对象是融入数字技术后的营销活动过程及其规律性。数字化营销的研究本质是探索数字化时代客户购买旅程的变化及数字化体验创新，寻找以数据中台为连接的多元化渠道创新，构建面向终端体验的全触点营销数据闭环，实现数据驱动的精准价值创造及内容策划和投放，最终提升消费体验和营销运营效率、降低营销成本，推动企业营销模式变革。

### 二、数字化营销的研究内容

#### （一）数字营销观念

营销观念（企业经营哲学）是指企业经营活动的基本出发点和目标以及为实现这一目标而制定的战略思想，是企业体现企业自身、顾客和社会三者之间利益关系的价值观。市场营销领域学者普遍接受营销观念经历了五个阶段的发展，即生产观念—产品观念—推销观念—市场营销观念—社会市场营销观念，每一次迭代都是学者或实践者为了适应外部环境变化，在前人的基础上提出的更有利于企业服务市场并确保营销管理效率最大化的理论。距1971年菲利普·科特勒提出营销观念已经过去50余年，全球经济、技术、文化、政治等宏观环境瞬息万变，这些变化造就的数字化时代要求与时俱进的企业经营哲学，本书称为数字营销观念。

数字营销观念的背景是数字技术应用常态化、消费场景化、渠道多样化、产品与服务一体化。在此背景下企业假定消费者需求呈现个性化、人文化特征，而市场竞争的关键在于更快、更准地掌握消费者需求动向并能通过"连接"缩短自身与消费者的空间及心理距离，做到精准投其所好，增强消费者黏性。为此企业必须审视以市场细分为营销起始点的垂直选择和定位逻辑，因为企业通过单方面确定的指标及不同步且有限的调研信息来进行的市场细分无法"精准投其所好"，相反只是在错误的时间向错误的人群投放被视为垃圾的信息。

数字营销观念相对前期的五种营销观念有几个转变：一是价格领先向价值领先的转变；二是经营产品向经营消费者的转变；三是经营市场向经营数据的转变；四是经营企业向经营生态的转变；五是渠道运营为重点向消费者服务为重点的转变。所以数字营销观念就是利用数据资源连接消费者心理需求，为其创造优质内容以实现客户价值主张的全生命周期、全链路消费者运营，是产品物质化经营向社会网络维度和心理维度发展的产物。

（二）数字化营销模式创新

以全链路消费者运营为落地的数字营销观念需要在新的消费者购买行为过程中找到关键触点，并针对各触点的诉求提供解决方案，或增强互动，或改善渠道，或改善用户界面，最终实现价值差异化。营销模式自市场营销学出现起从未停止过创新，雅芳、安利的直复营销成功将它们推向国际市场；耐克、星巴克的品牌营销也是其成功的主要因素；小米、拼多多的网络营销是其突出重围，开拓新市场的重要利器。但曾经造福多家企业的创新营销模式在营销逻辑和理论架构上也逐渐暴露出一定的不适应性，所以数字化营销研究除了探索数字化背景下消费行为变化及营销流程创新外，必须包含具体数字化技术在各环节的融合创新，即营销模式创新。具体内容见第六章。

（三）数字经济背景下消费者购买进程

传统营销管理者认为消费者购买行为经历认知—学习—购买—复购的过程，营销者更重视"改变认知"和"促进购买"两个成效最显现的环节，通常将营销预算大比例投入到广告、公关、人员推销等活动中，较长一段时间成效较为显著。然而，随着产品的日益丰富所带来的激烈竞争，数字技术、智能技术等技术环境推陈出新，消费者的生活方式、思维方式发生根本改变，其购买行为过程也呈现出时代特点，根据吴超等实战专家的研究，消费者购买行为经历考虑—评估—购买—体验—推介—互信六个阶段，为此企业需要利用数字重构企业营销链条，构建拉新—促活—留存—收入—传播—复购的围绕消费者行为过程构建的营销闭环。具体内容详见第三章。

（四）营销数字中台搭建

数字中台是基于云计算、大数据、人工智能等技术打造的企业获取、管理、利用海量数据的数据共享服务平台，是打通企业内外部割裂的信息系统及各个业务或各部门垂直"烟囱式"信息系统，能够消除数据孤岛，提升业务变化应对能力及智能决策能力的营销业务驱动力。阿里巴巴、腾讯等互联网巨头为了保持业务迭代更新的优势，率先制定数字中台战略，引入数据资源整合、交换中心、共享服务中心等业务中台，抽象了市场的共性需求之后，通过解耦合组件化方式保证系统中各种业务应用以微服务方式进行交互处理，确保业务随场景发展而完成迭代，为用户打造全新体验的同时提供个性化服务。营销数字中台通过将订单、商品、会员、库存、渠道、支付等业务进行拆分，利用其中的大数据处理平台、主题和事件模型、推荐和预测算法、标签处理等洞察平台及时与业务进行互动；将不同系统中实现相同功能的服务聚合起来，以统一的标准和出口实现业务整合，实现业务数据化、数据业务化的目的。数字中台是营销数字化的重要创新环节，是数据取代营销管理者进行决策并促进渠道营销业务发展的重要突破。企业获取数据、治理数据、利用数据的能力已经成为企业数字化转型的核心竞争力。

1. 数字消费洞察

基于全面数字化的消费者信息收集、消费大数据分析的精准洞察工具将取代传统的市场调查与分析工具，使得消费者洞察从少量样本扩展到全体用户；从事后观察到动态观察，提升数据的准确性及分析的精准性，加上从主观经验到智能分析的升级，大大提高了营销决策效率。

2. 产品内容与创意研发

数字化时代对企业的产品迭代、创意研发能力提出更大挑战，通过数字洞察消费，利用数字中台在产品研发上摆脱对人的依赖，修正人的主观臆断，实现批量化、个性化的高效率研发。

3. 信息投放与触达

数字化营销的信息投放包括全用户精准触达、全渠道智能投放、实时动态效果监测及优化、目标人群全链路追踪等。具体体现在"程序化广告"精准锁定目标受众；精准选择"搜索引擎""社交媒体""内容平台""社交平台"等多元化媒体并精准投放，依靠全域测量进行单平台或跨平台检测，量化企业与消费者的每一次接触，实现沟通成本控制。

4. 数字化渠道设计

数字化营销中的渠道管理是建立对消费者、渠道中间商、商品、销售人员的即时连接，掌握数据获取、状态监控、服务支持等能力，通过整合电商平台、官方直销平台、新媒体销售平台、社交商城、客服平台、线下零售商等可以连接的渠道资源，根据企业的营销目标进行最优组合，利用数字中台强大功能，完成渠道拓展、铺货、分销、动销的全链路运营。

5. 服务与体验提升

第52次《中国互联网络发展状况统计报告》显示，截至2023年6月，我国网民规模达10.79亿人，较2022年12月增长1109万人；互联网普及率达76.4%，较2022年12月提升0.8个百分点；网络购物用户8.84亿人，较2022年12月增长仅3880万人。这组数据意味着流量运营进入低增长时期，活跃用户数和用户在线时长将很快见顶，流量争夺进入白热化阶段，最终导致流量成本居高不下。企业在这种增长乏力、获客成本逐渐推高的背景下，开始思考客户存量运营，即从粗放的客户关系管理转换成企业与客户关系的精耕细作，将企业与客户的关系设计为"相遇—种草—收割—再相遇"的循环升级过程，通过"社群运营""消费者运营""内容运营"为消费者提供全方位服务，提升消费者体验。

## 第三节 数字化营销的发展历程

菲利普·科特勒在2013年"科特勒世界营销峰会"上梳理了营销的进化过程，将市场营销划分为四个阶段：营销 1.0 是工业化时代以产品为中心，解决"交易"问题，实现从产品到利润的时期；营销 2.0 是以消费者为导向，向消费者诉求情感与形象的时期；营销 3.0 是以价值观驱动的，将消费者从企业"猎物"还原成"丰富的人"，强调以人为本的时期；营销 4.0（2013 年首次提出）则是以大数据、社群、价值观营销为基础，解决如何与消费者积极互动，让消费者参与营销价值创造，帮助消费者实现自我价值的时期。何麻温·卡塔加雅在四年后与科特勒联手出版的书籍中认为营销 4.0 代表的数字化时代将有新的营销模式对原有营销模式进行升级乃至彻底重构。李永平等认为数字化营销经历了三个阶段，即强调网络化、信息化发展的数字营销 1.0 时代；移动互联网、数字技术高速发展的数字营销 2.0 时代；万物互动、人机交互、智能世界的数字营销 3.0 时代，且营销模式在新技术演进中不断迭代、升级，催生新架构和新模式。杨扬等在《大数据营销：综述与展望》中将数字技术在营销管理中应用的进程分成了四个阶段。第一阶段为互联网时代（20 世纪 90 年代），以互联网领先企业亚马逊和谷歌的出现为时间节点，它们利用互联网帮助组织低成本寻找规模受众，帮助个人快速且低成本地获取资讯、娱乐等服务，并开始沉淀大量用户的数据，这些丰富的数据开始应用于营销管理中分析消费者行为，其中网站点击率、搜索、在线口碑等数据成为关注前三位。第二阶段是社会网络时代（2004 年至今），以 2004 年 Facebook（脸书）和 2006 年 Twitter（推特）两家社交媒体的问世为标志。作为社会网络的重要载体，社交媒体被定义为点对点的通信渠道和虚拟社区，便利了个体的自我表达，也助推了个体间的社会影响和社会交互，产生大量的用户生成内容和民间个体意见领袖，因此消费者的社交网络成为塑造市场的重要组成部分。第三阶段：移动互联时代（2007 年至今），移动通信技术的成熟和智能手机的普及成就了这个时代，移动用户随时接入互联网的特点突破了时间和空间的局限，让交互更具有场景化和个性化。营销管理利用移动技术做到在正确的时间、正确的地点做正确的消费者连接及交互。第四阶段：大数据和人工智能时代（2013 年至今），2013 年是大数据元年，之后营销进入人工智能时代。文本挖掘、语言处理、机器学习、智能决策是该阶段高效率洞察消费者行为，进行精准决策的数字技术。杨扬等认为互联网技术的每一次重大变革和创新推动了数字营销的升级迭代。杨扬的时间逻辑非常符合数字化营销发展的进程，因此本书总结数字化营销发展历程见图 1-1。

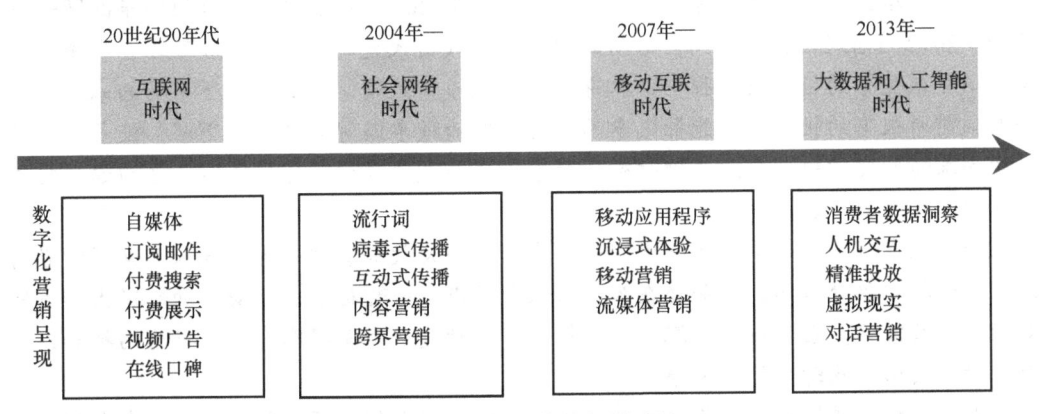

图 1-1 数字化营销发展历程

随着数字化营销的广度和普及度进一步加深，数字生态系统上不断涌现新品、新工具、新数据源、新媒体分发载体，营销管理者只有识别并选择一个可以通过整合数字渠道、平台及合作伙伴进而满足用户真实需求的组合，才能提升用户体验，并构建数字化营销核心竞争力。

## 本章小结

企业的数字化转型是数字化时代的大势所趋，营销管理作为最接近消费者、最容易为企业带来实际收益的环节，成为更多企业数字化转型的切入点。企业需要与时俱进，尽快导入数字营销观念，跳出营销管理的惯性思维，以数字技术介入后的营销互动和规律为研究对象，从数字营销观念、数字化消费者行为过程、数字营销创新、数字化营销的发展历程等方面展开研究和实践，理解数字化营销的概念，掌握数字化营销的专业术语。

## 思考题

1. 数字化时代企业的经营观念与传统市场营销观念的区别体现在哪些细节？
2. 企业数字化营销变革的必要性和必然性是什么？
3. 数字化营销产生的技术背景是什么？
4. 数字化背景下消费者的购买进程发生了什么变化？

## 案例分析

### 案例（一）长安逸动：数据赋能 精准投放

长安汽车，一家底蕴深厚的国内汽车品牌，于 2012 年 3 月推出家用轿车品牌——逸动。2012 年至 2022 年期间，逸动品牌历经三代迭代更新，销量突破百万，在中国汽车市场激烈竞争的前半段旅程中，取得了显著成绩。然而，随着竞争下半场的来临，逸动面临前所未有的挑战。新能源汽车的崛起和燃油汽车旧势力品牌的下沉，使长安逸动必须寻求新的突破口。在此关键时刻，数字化营销成为逸动坚守的阵地，也为逸动提供了厚积薄发的机会。

为确保在市场竞争中脱颖而出，长安逸动借助大数据管理平台，深入洞察消费者需求。通过精心细分市场，了解潜在客户的媒介习惯和兴趣标签，长安逸动制定出具有针对性的投放策略。在完成数据沉淀和分析后，逸动进一步掌握客户购买行为的特点，以确保投放策略的及时优化和调整。

在数字化营销战役中，长安逸动一方面设定潜客人群标签。另一方面，在自有平台上采用程序化方式进行投放执行。根据这些标签，逸动对每一次曝光背后的用户进行识别，并对符合人群标签的用户推送广告和创意内容。在这一阶段，逸动成功积累了2700多万人次的潜客，累计曝光达2.6亿次，有450多万用户点击了逸动的传播内容，有效传播了逸动"高能"的标签。

在千人广告成本（cost per mille，CPM）和每点击成本（cost per click，CPC）两个关键指标上，与同期相比，逸动的成本分别降低了30%和15%。这一成果充分展示了逸动在数字化营销方面的优势，实现了高效率的精准化客户沟通。

**讨论题**

企业要做到与潜客的高效精准沟通，数字化营销管理的步骤是什么？

## 案例（二）哔哩哔哩：数字化消费的新宠

哔哩哔哩（简称B站），创立于2009年6月26日，是我国Z世代（1995年～2009年出生的一代人）高度聚集的文化社区和视频平台。超过80%的用户为90后和00后。B站以PUGV（professional user generated video，专业用户创作视频）为核心内容生态，拒绝所有视频贴片广告，探索创新型收入模式，包括内容页广告、游戏联运、线下漫展、演唱会、定制旅游、周边贩卖、新番承包计划、大会员制度至跨界影业等，形成了一条内容衍生的二次元产业链。2022年第二季度，生活、游戏、娱乐、动漫和知识成为最受用户欢迎的前五大内容品类。

二次元文化，主要包括动画、漫画、游戏等，已深入人们生活，尤其受到90后和00后的喜爱。B站作为国内最大的二次元文化聚集地，打造丰富且紧扣目标客户群体的内容生态。

（1）建立基于社群和文化属性的UGC（user-generated content，用户生成内容）社区，吸引众多活跃UP主（uploader，上传者），通过优质内容与互动体验，构建良性生态圈，成为变现切入点。

（2）2014年上线视频直播频道，搭建ACG（animation，comics，games，动画、漫画、游戏）相关多元化直播，保证内容多样性，稳定用户群体。借助人气主播与粉丝情感连接，拓展发展空间。

（3）游戏联运作为变现渠道，庞大的社群和用户赢得游戏厂家青睐，降低渠道运营商分成，使利润翻倍。提升B站在游戏板块的影响力，培育游戏IP（intellectual property，知识产权），吸引黏性用户。

（4）开发线下活动，如BML演唱会，扩大规模，打造二次元线下狂欢。为不能到场的用户提供免费实时直播，照顾全体用户。

预计未来，随着目标客户成长空间和内容生态优势，B站在行业中将持续保持重要地位。

**讨论题**

B站为年轻人提供了哪些数字消费产品？为什么深得90后、00后的喜爱？

# 第二章

## 数字化营销数据基础

### 学习目标

1. 了解各种数据工具。
2. 明确各种数据工具之间的关系。
3. 掌握数据工具给数字营销带来的主要帮助。
4. 了解各种数据工具的应用场景。

### 导入案例

#### 数字营销趋势展望

截至 2024 年，我国的国际广告节已成功举办了三十余届。这一年度盛事不仅为广告界提供了信息交流的契机，也为广告主、广告公司、媒介机构等构建了资源整合、合作共赢的平台。

在新的历史时期，以移动互联网为代表的信息网络技术革命正在深度改变数字营销产业的格局。一方面，移动互联网的普及极大地改变了用户获取信息的方式和习惯，使得用户的情绪和营销触点在碎片化信息环境中瞬息万变，精准洞察用户的需求成为新的营销挑战；另一方面，企业面临的信息量、信息传播速度以及信息处理速度都以几何级数增长，数据变得更加无序和冗杂，如何智能化解析数据并指导营销策略，成为新的发展机遇。

如今，移动互联网月活用户规模已达到 11.38 亿，增速逐渐放缓，互联网经济步入下半场，数字营销也迎来了转型期。未来的竞争将更多体现在存量用户的留存与转化上，用户数据的时效性和新鲜度的"冷热"较量将成为关键因素。在此背景下，用户洞察将从"全数据"向"热数据"转变，营销战术也将从"大营销"向"快营销"升级。

随着移动互联网技术的发展，信息变得更加碎片化，传播方式也更加移动化、可视化、互动化和瞬时化。在这种环境下，人类大脑的信息处理速度加快，但获取信息本质的底层能力却受到削弱，用户的情绪、喜好和观点更容易受到不断更迭的信息的干扰而产生变化。因此，企业如果仅通过历史信息来定义用户画像，已难以准确捕捉到用户的消费触点，从而陷入用户画像与营销策略的"时差"困境。

面对未来，信息碎片化的趋势将进一步加剧，用户注意力将成为宝贵的资源。对于企业而言，实时营销、针对用户即时数据、以贴合用户喜好的方式呈现信息，是抓住用户注意力的关键。例如，吉利汽车在抖音平台的运营中，通过分析实时热点和消费者反馈，快速决策视频内容主题，实现了产出内容兼具平台热点和目标受众喜好的双重属性。吉利汽车抖音官方账号发布的神转折段子、萌宠话题、趣味剧集等均取得了突破性成绩。

在数字营销环境风起云涌的时代，企业不仅要选择合适的营销方式，还要紧跟市场步伐和用户趋势，快速抢占用户心智，及时布局营销触点。只有这样，企业才能在激烈的竞争中立于不败之地。

（资料来源：盖凡. 2023. 蔚来汽车数字化转型路径研究. 哈尔滨：哈尔滨理工大学；赵祎然，赵玉. 2023. 蔚来新能源汽车营销策略分析. 中国市场，（14）：139-142.）

在信息过载和消费者选择困难的背景下，用于数字营销的数字技术得到了充足的发展，企业利用数字技术能有效地解决这些问题。在电子商务网站上，数字技术能够为数字营销提供较大的帮助。当消费者毫无目的地浏览网站时，网站可以利用数字技术分析用户的兴趣、爱好，为用户推荐感兴趣的产品；当企业对其用户群体模糊不清时，数字技术可以从用户的多个特征维度进行用户细分；当有两套营销方案摆在活动策划人员面前而不能决策时，AB测试[①]能为两个方案提供对比；当营销人员对一些重复简单的营销活动感到无趣时，机器学习能够提供营销自动化……

## 第一节　数据科学与数字营销

### 一、数据科学与数字营销概述

数据科学是以大量的数据为研究对象，利用一系列技能（包括统计学、计算机科学和业务知识等）来分析从网络平台、数据库、应用、智能手机和其他来源收集到的数据。数据科学是一门包含（数学、计算机、机器学习、数据可视化等）多个学科的交叉性学科。

数据科学将收集到的数据进行分析，并从中得出见解。企业可以根据这些见解制定企业战略、制定企业营销活动、制订企业生产计划等。数据科学对于企业来说是一种工具，只有将它的见解落到实处，给企业带来效益，才能实现数据科学的价值。

---

① AB测试，简单来说，就是为同一个目标制订两个方案（如两个页面），让一部分用户使用A方案，另一部分用户使用B方案，记录下用户的使用情况，看哪个方案更符合设计。

数字营销是指利用计算机技术、数字技术和交互式媒体来进行营销活动的营销方式，数字营销是技术与营销的结合，数字营销要尽可能地利用最新的计算机技术，从而降低营销费用，提高对客户的数字分析，更好地开拓市场和挖掘潜在客户。

从数据科学和数字营销的定义来看，数据科学是一种新兴的以计算机科学为主的交叉学科，而数字营销是利用先进的计算机技术实现营销目标，两者之间可以实现相辅相成的效果。数据科学通过数据分析为数字营销提供最佳的营销路线，数字营销将数据科学的见解充分落地，拓展数据科学实践应用的产业化，实现其商业价值。

数据科学对数字营销的作用主要体现在对客户进行细分、预测营销、个性化、实时营销等方面。

## 二、数据科学对数字营销的作用

### （一）对客户进行细分

客户细分通过分析客户的属性、行为、需求等，寻求客户之间的个性与共性特征，对客户进行划分与归类，从而形成不同的客户集合。相比传统的客户细分，数据科学主要利用海量的消费者数据，以用户为中心，通过消费者数据的剖析和整合，对消费者进行精准的剖析定位。做到在合适的时间，发现合适的消费者，满足其相应的需求。客户细分是市场营销不可缺少的一部分，也是数据科学最重要的作用之一。

在这个时代，每个人的需求都是不一样的，甚至同一个人在不同时间、不同地点的需求也不尽相同。传统的无差异式营销已经很难打动消费者，在一些情况下甚至会造成消费者的反感，对品牌产生抵抗心理。企业的竞争是客户的竞争，将客户进行详细的划分是抢占市场的第一步，然后企业才能根据不同的目标客户，制定差异化的营销服务与产品策略。企业不可能满足所有的细分市场，只有将资源集中在目标价值较高的客户上，才可以实现企业效益最大化。

利用数据科学对用户进行细分的主要好处包括：确定市场空白、制订营销计划、从产品定价模型中获得更多有价值的信息等。细分目标客户还有助于实现营销内容的个性化，并有可能获得比大规模目标更大的投资回报率（return on investment，ROI）。

阿里巴巴集团作为一个用商业带动科技的企业，其数据科学在商业上的实践证明了数据科学的价值。淘宝平台利用数据科学对每个商家的消费者进行了非常详细的划分，并且每个细分群体都有专业的名称和解释。通过帮助商家细分其用户人群，商家能够更精准地进行营销活动。例如，通过用户细分了解店铺人群偏好，合理设置优惠活动；通过用户细分找准人群、降低点击付费（pay per click，PPC）广告的成本、节约营销成本等。

### （二）预测营销

数字营销是技术和营销的结合，数字化浪潮促使营销行业发生巨变，技术已经渗透到营销的方方面面。企业不再是去"满足"需求，而是"预测"需求，进行"预测"营销。顾名思义，预测营销是探究营销活动成功性的营销技术。

在一些简单的场景中，企业的预测营销人员（一般是数据科学家）通过各个来源收集相关业务数据，并结合销售数据和用户数据一起分析，有了这些分析数据就可以建立业务预测模型，预测模型能够相对准确地预测营销活动成功的可能性。

常见的预测营销案例在电子商务网站上较为常见。例如，在网络购物时，平台往往会在用户查看商品到结算商品的过程中推荐用户可能感兴趣的产品，这里的产品是"协同过滤算法"的产物。这些产品往往根据用户的历史行为分析得出，包括用户的历史浏览、购物车、评论、点击、推荐等行为，也包括从购买过类似产品的顾客中预测当前顾客喜好的产品。

预测营销不仅能预测分析，还可以根据基于数据科学技术的预测模型得到营销决策。这个营销决策能够为企业提供准确的营销活动方向，可以告诉企业哪些营销有用、哪些营销没用，也能判断客户的偏好，预测客户购买时间、购买地点等问题。

通过分析数据，预测营销还可以帮助企业多方面做出决策，诸如营销预算管理、营销策划、潜在客户开发、提高投资回报率等方面。因为预测营销是基于大量数据做出的决定（相对于直觉和猜测），所以预测营销做出的决策目标更加明确，并且可以产生更好的营销效果。

### （三）个性化

个性化既指营销的个性化，也指企业的个性化。在数字时代，由于知识付费、O2O（online to offine，线上线下商务）、内容电商等的推动，用户的消费意识和产品意识均在提升。用户更倾向于个性、多元的产品，品牌与用户不再是单向的传播和影响，而是呈现交互共建的特征。与一句广告词就能打动消费者的传统相比，现在的消费者更需要个性化的营销与产品。

随着市场环境和消费者需求的变化，个性化消费和体验式消费已经成为消费升级的趋势。企业需要和消费者进行更多的沟通和互动，进而为消费者打造"千人千面"的个性化定制营销服务与产品。营销个性化和产品定制化都是建立在数据科学的基础上，利用数据科学对消费者数据进行分析，精准定位消费群体的需求，从而实现个性化的营销。数据科学也可以通过整理网站、电子商务平台和其他渠道的相关数据，帮助营销人员提供个性化的沟通，最大限度地吸引客户。

### （四）实时营销

实时营销根据消费者的个性需求，为其提供产品和服务，并且产品和服务还可以根据消费者需求的变化而变化，满足消费者的"动态需求"。

事实证明，实时数据分析能够真正把市场洞察引入市场营销中，同时随着数字信息技术的发展以及通信科技的广泛应用，很多市场营销机会变为可能。数字技术的迅速发展为企业数据获取与分析提供了自动化的手段，从而缩短了企业在数据处理与分析上耗费的时间。数字营销中又包括人工智能与模型的运用，而在企业动态变化的需求中，数据科学以其强大的分析能力能够在精细构建的模型中深入挖掘数据背后的微妙差异，提炼出精准且深刻的见解。企业通过这些见解可以迅速响应市场变化，精准捕捉并满足每一位客户的个性化需求，从而实现更加高效且富有成效的业务拓展。

## 三、数据科学在营销的各个阶段的作用

### （一）获取客户阶段

这个阶段的主要工作是确定潜在目标客户，并开展个性化营销。

此阶段的客户在企业内还没有消费记录，企业不能通过历史数据对客户进行分析。不过，在数字时代，企业往往能从其他各个渠道获取大量消费者基础信息。在这些基础信息之上，企业可以通过数据科学进行数据分析，确定潜在的目标客户，并对目标客户开展个性化营销。通过数据分析确定潜在消费者的目的主要是提高营销活动的转化率。

### （二）引导客户阶段

这个阶段是对客户进行深入了解，培养客户忠诚度。

此时，客户已经有了消费行为，但企业更想要的是能持续进行消费行为的消费者，为企业带来更多利润，这就需要对客户进行深入了解，建立客户忠诚度。通过数据科学，企业能够了解消费者的各项数据。比如，何时消费、何处消费、支付方式、购买产品的价值、是否倾向优惠券、是否在意商品评价等，通过这些详细的消费数据和消费者基础数据，企业能够更加深入地了解消费者。在深入了解消费者的基础上，企业可以通过个性化的营销活动来建立客户忠诚。

### （三）客户成长阶段

此阶段的目标是最大化消费者的价值。

客户成长阶段，无疑是企业最喜欢的阶段。在这个阶段的用户，已经对企业的产品有了一个认知，并且对企业的产品有一定的忠诚度，有强烈意愿购买企业的产品，且在一定程度的影响下都不会轻易改变对品牌的忠诚度。对于企业来说，如何扩大此部分消费者购买产品的广度与深度是这个阶段需要思考的问题。营销活动优化是能打动消费者购物触点的方式之一，企业可以通过诸多营销模型，进行营销活动优化。如聚类模型，能够识别相似客户，并构建群体 DNA，进而进行营销活动优化。

### （四）客户衰退阶段

此阶段的目标是"预测"客户流失，进而采取措施，挽留客户。

重新获取已经流失的客户所付出的代价不比获取新客户的代价低。但是，在客户流失之前，我们可以通过采取干预措施、增加营销活动来挽留客户。通过数据科学，我们可以得到客户即将流失的预警。一些流失预警的信号可能是客户购物频率大幅降低、客户购买典型产品的数量减少、客户获得负面体验、出现与已流失客户相似的消费行为等。营销人员可以利用数据营销工具查找用户痛点，分析用户情绪、忠诚度，进行产品捆绑、定价优化、公关处理，进而挽留客户。

## 第二节　数据科学相关工具

数据科学为企业数字化变革提供了燃料，而企业充分利用这一燃料的唯一途径是为数据科学家、数据分析师、数字营销专家提供合适的数据科学工具，从而为企业提供宝贵的市场洞察力。"工欲善其事，必先利其器"，无论是用于数据建模、数据可视化还是统计分析，数据科学工具都能为企业数字化提供巨大帮助。数据科学工具主要有以下几类。

### 一、ETL 类

ETL，是英文 extract-transform-load 的缩写，用来描述将数据从来源端经过抽取（extract）、转换（transform）、加载（load）至目的端的过程。ETL 类工具主要有 Apache Kafka。

Apache Kafka 是由 LinkedIn（领英）于 2011 年开源的分布式消息系统，主要用于处理活跃的流式数据。流式数据指的是实时或者接近实时的数据，处理此类数据可用于及时性要求较高的场景，如在线推荐、人员识别、数据分析等。

传统上，我们将数据视为关于对象的一组值的集合，数据告诉我们对象的当前状态，可以是定性或定量的。如果对象的属性发生更改，我们将更新数据库以反映更改。因此，传统的数据库是可变的，可以将更新数据库视为更改对象属性或添加新记录。但是，在 Apache Kafka 的世界中，数据不是客观的，而是被视为事件流。事件流以称为主题的日志文件的形式记录。日志是一个文件，记录了顺序发生的事件。例如，一个客户购买一个产品，传统数据库会记录数量 1，当客户将购买数量临时更改为 3 个产品时，传统数据库会将数量 1 改为数量 3。但是，如果我们将数据视为事件流，则日志文件会将数量 1 认为是不变事件，会在数量 1 记录在日志流之后，再追加事件。

### 二、大数据处理类

大数据处理类工具主要有 Apache Hadoop 和 Spark 等。

当数据量很大时，单机处理负荷量也会过大，此时往往会用到分布式集群的方式进行处理，但使用分布式集群会使处理数据的难度呈几何指数攀升。Apache Hadoop 也在这样的环境下得到发展。Apache Hadoop 是用于处理（计算分析）海量数据的技术平台，并且是采用分布式集群的方式。Apache Hadoop 有两大功能：一是提供超大量数据的存储服务，二是提供分析超大量数据框架及运行平台。Apache Hadoop 作为大数据的基础设施，只是提供了大数据储存的基础能力和分布式计算的通用平台，一般不会直接用 Apache Hadoop 的接口直接进行开发。

## 三、数据可视化类

数据可视化类工具有 Tableau、BigML、Trifacta、QlikView、MicroStrategy 以及 Google Analytics 等。

我们现在处于一个数据海洋之中，无论是企业、政府还是个人，要想从海量的数据中得出自己想要的关键信息，无异于大海捞针。数据可视化把纷繁复杂的数据用简洁明了的图表清晰地展现在我们面前，我们能从图表中直接获取到我们想要的核心内容，数据可视化做到了把数据化繁为简。例如，词云、Excel 绘制出的柱状图、扇形图，以及疫情可视化地图、数据库管理动态图表、企业管理动态图表等，都是数据可视化的实际应用。

Tableau 是一款数据分析软件，通过数据的导入，结合数据操作，即可实现对数据的分析，并生成可视化的图表将人们想要看到的通过数据分析出来的信息直接展现出来。简单易用是其最大特点，使用者不用精通编程和程序，只需要选择合适的可视化图形，然后将大量数据放入指定工作簿中就能得到精美、直观的可视化图表。此外，Tableau 还有数据引擎的速度极快，比传统的数据库查询快 10~100 倍等特点。

## 四、数据分析类

数据分析类工具有 Microsoft Excel、Apache Flink、SAP Hana、MongoDB、MiniTab，以及 SPSS 等。相比数据可视化，数据分析也能从大量数据中获取关键问题。

SPSS（statistical product service solutions），是"统计产品与服务解决方案"软件。SPSS 为 IBM 推出的一系列用于统计学分析运算、数据挖掘、预测分析和决策支持任务的软件产品及相关服务的总称。

SPSS 采用类似 Excel 的表格进行输出，支持 Excel 格式的数据导入。SPSS 拥有非常多的统计分析方法，常用于特定的科研工作中。SPSS 中虽然也有编程部分存在，但是其利用粘贴等功能大大降低了编程复杂度，对于编程能力较弱的使用者也非常友好。

## 五、编程类

编程类工具有 R、Julia 以及 Python 等。

Python 紧挨着 R 语言，都是现代数据科学中最实用的编程语言。Python 语言作为时下最热门的编程软件之一，它有如下优点：①简单易上手，适合编程小白；②代码简洁、优雅，Python 语言一直追求实用、美观的编程语法；③拥有大量成熟的程序包资源库，其拥有超过 85 000 个 Python 模块和脚本，程序员可以直接引用它们来解决数据可视化、维度分析等数据分析任务，这极大丰富了 Python 的功能。

R 是用于统计分析、绘图的语言和操作环境，其功能集数据操作、数学计算和数据可视化于一体，R 是一个属于 GNU[①] 系统的自由、免费、源代码开放的软件，是一个用

---

[①] GNU 是 "GNU's Not Unix" 的递归缩写，它是一个自由软件项目，目标是创建一套完全自由的操作系统。GNU 项目由理查德·斯托曼（Richard Stallman）在 1983 年发起，旨在促进计算机软件的自由分享与合作开发。

于统计计算和统计制图的优秀工具。R 语言有如下优点：①开放源码，完全免费；②是一种可编程的语言，用户可以扩展现有语言，所以更新较快；③与用户的交互性更强；④强大的数据可视化功能。

### 六、应用数据科学类

应用数据科学类工具有 SAS（statistical analysis system，统计分析系统）、KNIME、RapidMiner、Power BI 以及 DataRobot 等。

Power BI 是一种业务分析解决方案。简单来说，Power BI 就是一个数据分析工具，它能实现数据分析的所有流程，包括对数据的获取、清洗、建模和可视化展示，从而帮助个人或企业对数据进行分析，用数据驱动业务，从而做出正确的决策。Power BI 能在许多场景下为企业提供帮助。

场景一：在财务管理中使用 Power BI 找到数据关键。Power BI 可以帮助用户获取外部、本地的各种财务数据。还可以利用拖放可视化工具，完善客户对财务状况的分析。

场景二：帮助市场营销活动管理数据。借助 Power BI，用户可以监控并分析当前的市场状况，从而把营销资源投入到更有效率的渠道上。

场景三：在销售活动中预测市场机会，达成业绩目标，提高利润。Power BI 可以帮用户管理公司的各种销售渠道，用户只需通过 Power BI 仪表板内的微软 Dynamics CRM 系统就能实现。

场景四：掌握人力资源的相关信息。Power BI 能帮用户收集和监测所有重要数据。仪表板还能帮助用户追踪合规性、人员编制和其他信息，保护公司和员工数据。

场景五：在运维工作中以数据为向导。Power BI 能够监测包括 Excel 表、本地数据库和云服务等所有来源的数据，并为用户的产品、市场绩效、申报额分析等发现新的可能。

## 第三节　AB 实验

### 一、AB 实验概述

AB 实验（A/B testing）就是将用户随机分配到实验组与对照组，利用控制变量法，控制两组某一个或者某一部分变量不同，从而测试出某个变量对用户起到的影响。识别出这种影响之后，才能更好地进行决策。AB 实验的背后，体现出的是企业运用科学的方式进行辅助决策的"客观"企业运营方式，从而避免"拍脑门"进行决策的主观性企业运营方式。

过去，企业常常提出以消费者为中心的口号，但是由于没有数据分析的支撑，这种口号往往很空洞，主要依靠员工的执行力和理解力，落地效果不佳。如今，数据驱动决策的理念、工具已越发成熟，数据如何更好地去驱动决策是当前的一个挑战。随着数字化进程的推进，企业能更加轻松地获得多维度数据，由此带来了新的连接关系，这种连接促成了互动行为的数字化。一个消费决策行为以微观的形式被切割成阶段性的消费行为切面，而 AB 实验就是将这种消费者行为切面进行量化反馈的过程，起到了数据向决策数据转变的催化剂作用，也是进行数字营销的重要抓手。

在国内大厂中，小米是 AB 实验的先行者。从 2010 年首个 MIUI 内测版本发布，小米就一直在进行系统的 AB 实验。通过将小米社区的"米粉"作为测试对象，得到用户在系统上的偏好，并及时对产品功能进行改变。通过 AB 实验，小米不仅得到了新产品的市场意见，也形成了独特的企业文化。字节跳动自 2012 年成立以来，也先后将 AB 实验应用在产品命名、交互设计、推荐算法、用户增长、广告优化和市场活动等方方面面的决策中。

在消费品行业，AB 实验同样大有可为。元气森林正是通过 AB 实验从气泡水这一细分赛道脱颖而出。元气森林首先进行口味测试，测试哪款口味更符合广大消费者的喜好；其次进行电商测试，测试产品在电子商务渠道上的表现，能否达到规模化的标准，进而开始线下铺货；最后进行门店测试，测试门店与消费者的互动、购买行为等情况，调整选品和陈列策略。元气森林的这一套测试正是推动数据转变为决策的过程。

## 二、AB 实验助力营销场景优化

### （一）体验优化

体验优化是 AB 实验的主要用途之一。"以消费者为中心"的思想表明了用户体验是企业生存的关键，一个产品如果贸然落地会给用户体验带来较大的风险，因此企业在正式发布产品之前会做 AB 实验，减小风险。常见的 AB 实验是在保证其他条件不变的情况下，对 A、B 两个版本进行设计，并进行测试和数据收集，最终选定数据结果更好的版本。

### （二）转化率优化

成交量与访客的比值是电商渠道的转化率。要提高转化率与成交量，就需要对产品标题、主图、详情页、评论等进行优化。通过对这些因素进行 AB 实验，不仅提高转换率，也能提高点击率、用户体验。

### （三）广告优化

广告优化可能是 AB 实验常见的应用场景，同时结果也是最直接的。以淘宝为例，一个店铺的运营人员往往会测试两个版本的直通车广告，目的是找到点击率更高、关键词更准确的广告计划，从而提高店铺的投资回报率。

## 三、AB 实验的作用

（1）通过测试用户体验中的不同观点，消除主观猜测的影响。

（2）通过对比实验，找到符合消费者偏好的设计或者功能，总结经验，提高产品设计和运营水平。

（3）建立数据驱动、持续不断地优化产品的闭环过程。

（4）通过 AB 实验，降低新产品或新特性的发布风险，为产品创新提供保障。

## 四、影响 AB 实验结果准确性的因素

### （一）样本数量

如果一个 AB 实验的样本数量太小，则会对结果造成随机性，没有太大参考价值。比如，在一个电子商务网站上，我们利用 AB 实验检验不同的购物车页面对 GMV（gross merchandise volume，商品交易总额）贡献有没有影响。当实验组与对照组的样本太小时，就会容易被以下因素影响，比如，一个组里面有一个购买能力较强的消费者，这样的消费者就会影响到最终的测试结果。值得一提的是，样本数量并不是越多越好，数量太多会增加试错的成本。之所以进行 AB 实验是因为不确定改进版本是否有用，所以测试的样本数量不宜过大，否则会对用户造成一定的困扰。

### （二）样本质量

当 AB 实验显示两个版本没有区别时，并不能完全确定是实验方案的原因还是样本质量的原因。例如，依旧是购物车页面案例，假设在样本数量足够的情况下，某一个组中的消费者消费能力强于另一个组，也会导致结果出现偏差。这里有一个解决的方法，就是进行 AA 实验，将 A、B 两个组中的 A 组分成两组进行 AA 实验，这样能降低样本质量带来的影响。

### （三）测试时间

测试时间较短会导致测试用户还未完全进入测试，测试时间过长会导致同时运行两个版本，增加成本。在部分产品中，还要考虑用户的行为周期和产品适应期从而确定测试时间。

### （四）多个 AB 实验并行的影响

一个产品往往不只进行一个 AB 实验，两个 AB 实验可能会导致其相互影响，导致测试结果不正确。所以在进行多个 AB 实验时，尽量保证 AB 实验之间不会相互影响。

## 五、AB 实验的缺点

AB 实验给企业带来了很多的便利，让企业在降低发布新产品风险的同时，也能通过各个环节的测试提高企业整体的投资回报率。不过，AB 实验依然有着它的缺点。

（1）只可知更优，不能知最优。AB 实验只能测试两个版本孰优孰劣，并不能证明

哪个版本是最适合用户的。这就需要进行多次实验,找出较优的版本。

(2)结论不可二次使用。AB 实验的结果具有时效性,当前测试结果只能代表当前情境下测试的最优,随着时间的流逝,消费者对某些原本喜好的功能也能变得不喜欢。

(3)只知结果,不知原因。AB 实验可以测试出哪一个变量对消费者更友好,但是并不能知道是什么原因导致了这种偏好。

(4)成本高。AB 实验需要从实验中找到较优解,这一过程是需要经费作为支撑的。

## 第四节 机器学习

### 一、机器学习概述

机器学习是一门跨领域交叉学科,涵盖概率论知识、统计学知识、近似理论知识和复杂算法知识等,使用计算机模拟人类或复现人类行为,并在大量数据和经验下不断提升自己的算法。

在数字营销方面,机器学习与数据科学表现出了非常近似的作用,即都能进行数据处理、数量分析、推荐、预测等。但是,我们要清楚数据科学与机器学习之间的区别:数据科学主要处理数据,而机器学习则使用数据从中预测见解和结果。机器学习是数据科学家掌握的诸多技能中的一种,数据科学家能转变为机器学习专家,反之则不能。数据科学家可以理解为通才,机器学习专家可以理解为专才。数据科学的技能差异主要体现在与机器学习互补的商业领域——商业敏感、统计、问题框架等。数据科学家可以在广泛的领域发挥巨大的作用,而机器学习专家可以在人类知识方面做出更大的贡献。

### 二、机器学习在数字营销上的几种表现方式

#### (一)分析数据集

无论企业如何使用机器学习来辅助数字营销,它都是从分析数据集开始的。例如,机器学习算法可以分析网站上的客户活动模式,而且很快就能完成。通过了解客户的活动模式进而预测客户行为,识别网站优化模式。当然,某些数据完全可以用人工的方式进行分析,但是这会浪费大量的时间与精力,人工的速度和分析准确度较机器学习有一定不足。营销人员也可以利用机器学习来了解客户,机器学习算法可以根据营销人员无法识别的活动和行为模式自动分类客户群,将客户进行分类可以让营销人员的工作更加有效。

#### (二)个性化

今天,个性化需求得到了大量的释放。大部分消费者更愿意靠近提供个性化产品和服

务的品牌。机器学习算法能够跟踪客户的消费行为，了解顾客偏好，帮助营销人员向消费者提供独一无二的个性服务，从而增加顾客忠诚度。例如，电商类网站可以根据用户历史购买记录、浏览记录、收藏等进行个性化产品推荐；视频类应用可以根据用户近期的浏览痕迹推荐相关视频。机器学习能够分析问题，找到优化方案，这为个性化提供了基础。

### （三）提高营销自动化

借助营销自动化，营销人员可以减少一些重复性劳动，将精力主要放在营销活动的战略管理上。营销人员可以使用各类营销自动化流程，如电子邮件营销、社交媒体营销、营销推广活动等。例如，一个客户放弃了待支付订单的支付，此时营销自动化可以发送短信提醒或者发放通过机器学习对客户历史浏览记录、历史购买等分析出客户有可能偏好的优惠券信息，进行交叉销售，促进客户付款。没有机器学习也完全有可能做到这一点，但是 AI（artificial intelligence，人工智能）能使你的自动化工作更具个性化、更强大。

### （四）聊天机器人

聊天机器人是一个强大的客户服务工具，大多数消费者都或多或少地接触过聊天机器人，如 QQ 群聊机器人、电商平台聊天机器人等。聊天机器人对于电商平台来说是不可或缺的，但一般基于规则的聊天机器人只能提供程序中设置的回应。有了聊天机器人，真人客服不用随时在线，也不用回答一些重复性问题。对于使用机器学习算法的聊天机器人，它们一开始不能处理复杂的聊天问题，这部分问题需要转给真人客服来解决，但随着聊天机器人从大量数据和经验中进行学习，聊天机器人也能渐渐处理复杂的聊天内容。在聊天机器人能处理复杂的聊天内容时，消费者往往不能分辨对面的客服是真人还是机器人。由人工智能驱动的聊天机器人收集的数据可以通过另一种机器学习算法进行分析，这种分析过程产生了洞察力。"洞察力"是指从大数据中挖掘出来的深刻见解和趋势，它能够揭示用户的行为模式、偏好、需求乃至情感状态。市场营销人员可以利用聊天机器人来优化他们未来的工作。

### （五）开展 SEO 分析

机器学习不仅能够帮助营销人员开展大规模 SEO（search engine optimization，搜索引擎优化）分析，还能够利用工具提升网站的搜索引擎排名，提供需要采用的 URL（uniform resource locator，统一资源定位器）和关键词分析。借助机器学习工具，能够快速生成 SEO 报告，为企业优化搜索引擎提供帮助。

### （六）防范广告欺诈

广告欺诈是营销生态中普遍存在的问题。在移动广告中，虚假用户是最常见的广告欺诈的方式之一。如果没有妥善的防范方法，这种广告欺诈会让广告主损失大量资金，让广告主血本无归。利用机器学习能够区分用户的真实性，抵御广告欺诈。

## （七）优化网站设计和 UX

要实现营销目标，研发和优化 UX（user experience，用户体验）及网站设计至关重要。机器学习可以生成热图和其他分析数据等实用参考，帮助营销人员立足数据制定策略，优化网站设计。机器学习也可用于开展 AB 实验，持续不断地优化 UX。通过优化网站设计和 UX，企业能够将"以消费者为中心"落到实处，从而帮助企业提高知名度与美誉度。

# 第五节　推荐系统与群体智慧

## 一、推荐系统与群体智慧概述

在数字时代，人们的日常生活已经和数据息息相关。例如，在线购物、音乐网站、新闻门户都会产生大量的数据。而大量的信息也带来了信息过载和选择困难的障碍。每个用户的时间和精力都是有限的，过载的信息让用户难以准确找到自己想要的东西。而相应地，如何帮助用户过滤信息和进行选择，在这个时代是非常有价值的。

推荐系统在电子商务网站上根据用户的历史购物行为和兴趣推荐商品，帮助消费者从大量信息里快速找到所需，帮助消费者完成购物行为。随着电子商务的不断发展，消费者经常需要面对过多的信息，难以完成正确的购物。此时，个性化推荐系统应运而生。个性化推荐系统是建立在海量数据挖掘基础上的一种高级商务智能平台，帮助电子商务网站为其顾客购物提供完全个性化的决策支持和信息服务。

集体智慧是共享的或群体的智能。群体做出的决策往往要比单一个体做出的决策更加精准。集体智慧能集合群体的智慧做出决策，集体智慧在细菌、动物、人类以及计算机网络中形成，并以多种形式的协商一致的决策模式出现。

在人们每一次和信息的交互中，都体现着群体的智慧。消费者都会追求物美价廉的商品，如性价比高的产品、动人的歌曲、精彩绝伦的电影……商品共现的场景越高，潜在的相关性越大；用户之间的购物行为越相似，用户间的兴趣越相似。个性化推荐系统利用集体的智慧，挖掘数据中物品和用户、用户和用户之间的关联，并进行相似推荐，以解决消费者遇到的信息过载问题。

## 二、推荐系统对数字营销的帮助

利用推荐系统分析顾客偏好，不仅帮助消费者进行购物，提升了企业美誉度，也提高了消费者的忠诚度。推荐系统对于企业的营销帮助体现在以下几个方面。

### （一）帮助客户检索有用信息

有些消费者在电子商务网站上并没有清晰的购物倾向，只是像平常逛街一样浏览一下购物网站，这个时候就需要个性化推荐系统来帮助其精准推荐。例如，淘宝上的"猜你喜欢"，这个功能就是为消费者专门打造的推荐系统，消费者能在里面找到许多与自己的需求相近的产品。通过这样的方式，电子商务网站能够将不确定的购物需求转化为对推荐商品的购买，提升了网站商品的销量，完成了从"满足需求"到"预测需求"的跨越。

（二）促进销售

个性化推荐系统能在消费者购物的各个环节进行商品推荐，放大消费者的需求，实现捆绑销售、交叉销售、向上销售。例如，在电子商务网站上，消费者购买了一个篮球，在结算完成页面，推荐系统可以向消费者推荐球衣或者球鞋，并在推荐上利用限时折扣、多买多送等营销方式扩大销售。

（三）个性化的服务

推荐系统一定是根据消费者个人的兴趣、习惯、购买历史而进行个性化推荐，因此每个消费者被推荐的内容都有所不同。通过这样的个性化推荐，电子商务网站才能最大限度地提升每个消费者的购买欲望。

（四）提高顾客忠诚度

推荐系统是为每个消费者定制的，因而消费者在推荐系统下能感受到网站对消费者的关注，从而提升对网站的好感度。随着一次次正确的商品出现在消费者的推荐页面，消费者对网站的忠诚度也会越来越高，并习惯推荐系统带来的便利，这样就能增强消费者对于网站的黏性，让消费者更加坚定不移地选择本网站。

需要注意的是，推荐的结果一定要尽可能地精准。当你的推荐结果大部分时候不是消费者期待看到的商品时，消费者会认为推荐系统的随机性太大，从而降低了网站的美誉度，严重时，更会将消费者推向对手网站，导致推荐系统起到相反的效果。

## 三、几种推荐算法

在推荐系统中，常用的一种思想为集体智慧决策。一般来说，凡是借助群体信息来进行推荐算法的都可归为集体智慧。基于人口统计学、协同过滤、基于内容推荐都是一种集体智慧的体现，也就是需要借助于群体信息做决策。从另一个角度来讲，其实就是"借用数据"，在自身数据稀缺的情况下利用其他相似的信息帮助建模。

（一）基于人口统计学

基于人口统计学的推荐算法较好理解，就是根据用户的基本信息来判断是否为相似群体，然后将相似群体的偏好商品推荐给用户，这种算法是一种简单的推荐算法。它是在大数据的基础上，为企业的用户标签化，构成用户画像，从而进行推荐。

### (二)协同过滤

协同过滤是通过历史行为数据找到人和物的关联来进行推荐。协同过滤的假设是:为一个用户找到他所感兴趣的商品的方法是找到和他有类似兴趣的用户,然后把有类似兴趣的用户喜欢的商品推荐给该用户。比如,张三和李四同时购买了耳机、数据线、风扇三种物品,就可以判断他们有一定关联,当张三买了一个其他商品时,推荐系统就会将此物品推荐给李四。

协同过滤缺点也很明显:①都是基于历史数据的判断,存在冷启动问题;②对用户数据的要求较高,用户的数据太少会导致推荐系统出现一定的偏差;③会受到热门商品的影响。

### (三)基于内容推荐

基于内容推荐主要根据物品的相关特征和相关描述,从而训练一个推荐模型。系统会为物品分成许多属性,如果商品1和商品2有很多属性重合,那么就会为购买了商品1的用户推荐商品2。

基于内容推荐也存在缺点:①在推荐的商品上无法挖掘用户的潜在兴趣,惊喜度低;②对物品属性精准度的要求较高;③无法解决新用户的推荐问题。

在实际的电子商务网站推荐系统中,几种推荐算法各有优劣,往往是组合使用,发挥各个算法的强项。

## 本章小结

本章从数据科学、数据科学相关工具、AB实验、机器学习、推荐系统与群体智慧五个方面对数字营销所用到的数据处理工具进行了介绍。

数据科学是从多个渠道中获取数据,并对数据进行分析,得到见解的交叉性学科。数据科学对于数字营销的作用主要体现在客户细分、预测营销、个性化、实时营销等方面。通过客户细分,做到在合适的时间,满足消费者相应的需求;预测营销相比于主观的猜测和推断来进行营销活动更具科学性、准确性,能够有效提高企业的投资回报率;个性化能够最大限度地吸引客户;实时营销能够满足消费者的"动态需求"。

数据科学相关工具主要有ETL类、大数据处理类、数据可视化类、数据分析类、编程类、应用数据科学类,并且每一类都有一个或多个工具。

AB实验原理就是对实验组和对照组利用控制变量法找到更适合市场的方案。AB实验能作用在体验优化、转化率优化、广告优化等场景。AB实验的准确性与否主要与样本数量、样本质量、测试时间、并行测试几个因素相关。只知较优,结论不可二次使用,只知结果、不知原因,成本高是AB实验的主要缺点。

机器学习是通过各方面知识,利用计算机模拟或复现人类行为的交叉学科。机器学习在这几方面对数字营销帮助较大:①分析数据集;②个性化;③提高营销自动化；④聊天机器人；⑤开展 SEO 分析；⑥防范广告欺诈；⑦优化网站设计和 UX。

信息过载和选择困难为推荐系统的发展提供了契机。个性化推荐系统利用集体的智慧，挖掘数据中物品和用户、用户和用户之间的关联，并进行相似推荐，以解决消费者遇到的信息过载问题。推荐系统为企业营销提供以下帮助：①帮助客户检索有用信息；②促进销售；③个性化的服务；④提高顾客忠诚度。

数字营销给这个时代的营销带来了巨大的变化，也为企业带来了更高的投资回报。但需要注意的是，通过数据固然可以给企业带来更好的营销方式，但是，消费者并不会因为这些而对品牌产生忠诚度。企业在保持数据理性的同时，也要认清数据只是辅助的作用，企业依然要对客户抱有传递价值和有品质的服务的心态。

## 思考题

1. 什么是数据科学？
2. 数据科学与机器学习的关系？
3. AB 实验能优化哪些营销场景？
4. 推荐系统对数字营销的帮助是什么？
5. 你能举出哪些关于推荐系统的例子？

## 案例分析

### 数字营销成为营销主战场

在计算机科技飞速进步的当下，消费者的消费习惯逐渐向线上转移。银行业也是如此，越来越多的客户倾向于通过应用、微信、网页等方式购买金融产品和服务。显然，数字时代正潜移默化地改变着我们生活的方方面面。银行如需突破营销壁垒，亮眼的产品和个性化的服务固然重要，但更重要的是如何运用数字技术触达更多消费者，拓展营销空间，以更好地满足业务需求。

数字营销便是利用互联网、通信技术和数字交互式媒体实现营销目标，通过网络、移动设备、社交媒体、搜索引擎等渠道吸引消费者，实现精准营销，使营销效果可量化、数据化。《银行 4.0》一书中指出："银行的数字营销业务价值在于通过数据驱动的低成本、高效率方式，将与用户需求最为匹配的内容和产品信息，以最适合的媒介渠道和形式载体，传递给最准确的受众。"

随着数字化时代的来临，银行开始通过多个渠道全方位接触客户，各渠道间协同互补，保持一致的体验、传递统一的信息和品牌形象，线上营销平台已从"公域"转向"全域"。电子渠道的建设水平成为衡量银行数字营销基础能力的重要标准。

银行数字营销的行动选择更为多样化，内容营销和社交媒体营销扮演着更为重要的角色。如何成功挖掘潜在客户并激活存量客户，促进客户成交？银行机构通过数字化营销，有效盘活和深耕存量客户，提升和释放网点与客户经理的产能和潜力，并利用"裂变式营销""场景式营销"，进一步打破营销边界。

相较于传统线下营销模式，线上场景化营销以客户为中心构建场景，其优势在于不受时间和空间限制，盘活客户、拓展客群更加高效便捷，成本更低，同时实现精准营销。2020年，浙江金华成泰农商银行在零售金融部下设场景建设中心，着力拓展校园、停车、商超等支付渠道，提升渠道获客能力。在搭建线上生态场景的同时，银行还为客户提供多种体验式线下活动，与用户建立信任感，实现线上与线下深度融合，为后续的营销服务工作奠定基础。

从"单向推送"到"以客户为中心"、从"大众化"到"个性化"，数字营销正从传统大众化时代的"千篇一律""千人一面"，走向个性推荐、精准触达的"千人千面"，满足客户个性化的需求。招商银行立足金融服务，在生态布局上向其上下游延伸，通过"内容社区"模式，引入多家券商、智库、经济学家、头部自媒体人等入驻，以热点话题为核心，邀请相关领域的知名专家进行观点碰撞与思辨，促使更多用户从内容与话题的"旁观者"变为"参与者"，引发用户的深度认同与共鸣。

2019年，招商银行App社区频道月活跃用户（monthly active user，MAU）规模超过600万，看精品财经资讯已成为越来越多用户的选择。数字营销摒弃传统的单点击破、追求短时间曝光的一次性战术，转变为全面性、持续性的营销方式，坚持以客户持续经营为核心，力求与客户建立长期、稳定的联系。一家招商银行营销业务人员表示："营销应从客户需求出发，与客户双向互动。我们需要关注客户'在什么时候想要什么'，而不是'我们想要表达和传递什么'。"只有了解用户的需求和关注点，银行才能产出与用户共情的内容，真正触动客户。

未来，数字营销将成为银行业纷纷发力的主战场。在技术层面，数字营销有望从营销自动化跨步到自动化营销，迈向MarTech3.0。目前，多家银行的网络业务布局较为相似。在数字化时代，如何以数字化营销为突破口，进行营销理念上的突破，将产品和服务与数字营销相结合，成为银行下一步思考的问题。

**讨论题**

请总结出此案例中哪些营销活动需要使用数据工具。

# 第三章

## 数字时代的消费者

### 学习目标

1. 了解数字化消费者购买行为影响因素。
2. 了解消费者行为研究的通用模型。
3. 了解数字技术对消费者行为的影响。
4. 掌握客户画像的细分指标。
5. 了解消费者购买决策相关模型。
6. 掌握数字化消费的购买决策进程。

### 导入案例

#### 蔚来电车的消费者运营

蔚来汽车,自 2014 年创立以来,经过近十年的发展,已逐渐成为中国最受关注的高端汽车品牌之一。主营业务为智能纯电动汽车的生产,蔚来以质量为导向,致力于打造高品质产品。蔚来 2023 年财报显示,2023 年蔚来共交付 16 万辆新车,同比增长 37%。

蔚来洞察到,新能源汽车车主大多具备较强的经济实力和社会经验,热衷于在社交媒体上发表观点并寻求交流。随着我国民族自信心的不断提升,国产品牌越来越受到大众的喜爱。作为四大国产新能源汽车品牌之一,蔚来自然赢得了众多成功人士的选择。

不同于其他企业仍以产品为核心,蔚来将运营重心转移到提升用户数字化时代的体验上。其创始人李斌提出了"傻傻地对用户好"的口号。蔚来针对纯电动汽车消费者的四大痛点,提出 BAAS(battery as a service,电池租用服务)方案,将车体与电池拆分出售,以租赁或终身免费更换的方式解决消费者痛点,彰显了以用户为中心的理念。

在用户体验的全链条运营方面,蔚来的贴心人性化服务在用户社群中形成了自发宣传，积累了一批忠实的粉丝群体，也打造了良好的口碑效应。蔚来App根据行业、地域、兴趣爱好等不同方式建立各类社群，以车为链接，构建了独立于亲缘、血缘之外的"趣缘"网络社群。

蔚来精心打造的趣缘群体聚集区是一种亚文化社群，实现了从引流、留存、流量转化到存续的全过程，成为蔚来汽车私域流量的源头，同时也输送了精准的目标客户群。蔚来App负责人、用户数字产品部高级总监张羿迪表示："蔚来App日活稳定在20万左右，活跃用户中近一半并非车主、共同用车人和定金车主。"蔚来设有专有职位负责购买意向、购买成交、汽车交付、购后服务等环节的陪伴指引，相当于蔚来品牌社群的向导、用户的贴身管家。

蔚来根据客户融入程度将其分为四类——浏览者、无车积极者、有车不积极者、有车积极者，并针对不同需求采取不同的激励措施，维持平台内的日活跃用户量。蔚来的趣缘社群成员在社群中进行日常活动交流，感知社群氛围并积极影响成员的感知和消费行为。社群用户通过分享信息和资源，举办线下活动，形成紧密的联系。

2024年1月，蔚来的用户转介绍率高达69%。有自媒体人调侃蔚来的车主仿佛形成了一种类似于宗教信仰般的忠诚，粉丝程度已达骨灰级别。蔚来在数字化时代的消费者运营中强调圈层、社群和个性化服务，一系列的"差异化"使蔚来深入目标客户群体心智，成功满足了数字化时代的消费者诉求。良好的社群氛围持续加持蔚来品牌，推动其稳定、持续的发展。

消费者行为研究是人类行为研究的一个分支，而学术界有多个领域展开了对人类行为的长期研究，对人的不同假设随即形成了不同的消费者行为理论。比如，当假设消费者为心理人时，心理因素的影响更重要；假设消费者是经济人时，价格和消费者收益的影响占主导；假设消费者是社会人时，外部环境的影响更主要；当假设消费者为理性人时，更注重逻辑推理；当假设消费者为感性人时，情感因素和视觉体验成为更重要的影响因素。

消费者行为研究涉及多个学科或领域的交叉，不同的视角也形成了不同的学说，其中决策过程论认为消费者行为研究是对消费者购买、消费和处置过程的研究；体验论强调消费者的体验过程研究，认为消费者是在体验中完成购买，在体验中消费，在体验中处置；刺激-反应论认为消费者行为过程是一个刺激—反应的过程，主要从外部刺激与消费者的关系来研究消费者行为；平衡协调论认为消费者的行为结果主要源自买卖双方的交换互动行为，是双方均衡的结果。

数字化时代的消费者行为与过去存在较大差异，表现如下。

首先，传统的市场是一种垂直主导型市场，市场主体即买卖双方之间存在信息不对称，企业占据绝对的信息优势地位。数字化时代，消费者身处的信息环境今非昔比，信息渠道丰富多元，社交媒体、社会网络将不对称且不完全的信息状态转变成透明且几乎对称的状态，使得消费者转被动为主动，被赋予更多的权利的同时也增强了维权意识，使其在消费过程中的主导地位得以提升。廖秉宜认为企业应该将消费者定义为一个完整的人，并需主动关注消费者的精神需求，建立深层次"连接"。

其次，传统的消费者行为分析依赖于样本选择和滞后的分析，而今机器就可以了解人的动机和行为特点。比如，计算机记录消费者的行为轨迹和沟通信息，通过对海量数据的抓取、存储、分析，识别每个人的个性偏好和行为特点，从而提高决策的精准度。

最后，传统的消费者行为分析聚焦到单个个体，因为单个消费者之间很难形成低成本互动，如今社会网络和消费者虚拟社群发展迅猛，消费者之间的连接加强，各种亚文化社交群体的数量和规模不断扩大，使得社群成员之间或意见领袖对成员的影响加深，因此个体的行为受到更复杂和更多元的社会网络影响。

受技术环境、信息环境、文化环境的影响，数字化时代消费者行为模式发生改变，而解释和影响消费者的理论方法和路径逐渐满足不了对消费主体的行为解释和规律判断，迫切需要展开数字化消费者行为的研究，所以数字化消费行为学应运而生。

## 第一节　消费行为的影响因素

美国心理学家勒温认为人的行为模式是一种"刺激—反应"模式，菲利普·科特勒借鉴这一理论在《营销管理》中将消费者的购买行为定义为在外界刺激进入消费者意识后，因不同购买者的不同个人特征而在思想领域进行的复杂决策过程。如图 3-1 所示，消费者行为受三大因素影响：外部环境因素、市场营销因素以及消费者个人因素。

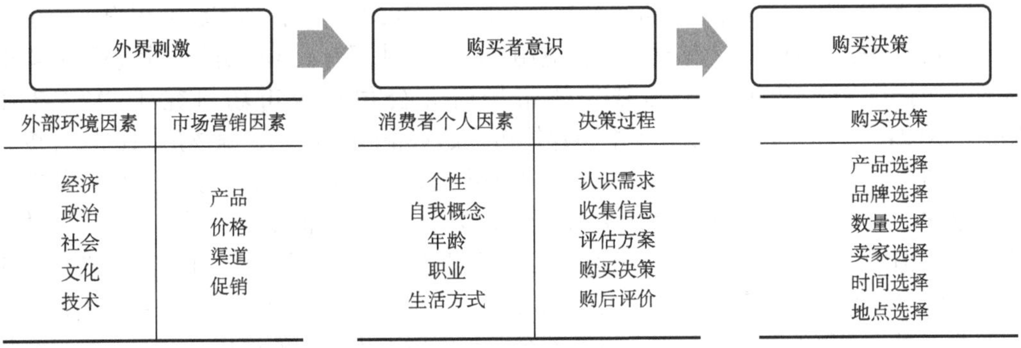

| 外界刺激 | | 购买者意识 | | 购买决策 |
|---|---|---|---|---|
| 外部环境因素 | 市场营销因素 | 消费者个人因素 | 决策过程 | 购买决策 |
| 经济<br>政治<br>社会<br>文化<br>技术 | 产品<br>价格<br>渠道<br>促销 | 个性<br>自我概念<br>年龄<br>职业<br>生活方式 | 认识需求<br>收集信息<br>评估方案<br>购买决策<br>购后评价 | 产品选择<br>品牌选择<br>数量选择<br>卖家选择<br>时间选择<br>地点选择 |

图 3-1　消费者刺激-反应模型
资料来源：王小兵和王晓东（2016）

长期以来，消费者行为学主要关注消费者个体的行为，但是数字化时代单个连接点之间高度互联，点对点的相互影响通过网络构成非线性的因果关系，所以基于社会网络的虚拟社群对消费者行为的影响深刻，成为消费者行为的主要影响因素。如图 3-2 所示，数字化时代消费者行为的影响因素在科特勒的基础上增加了虚拟社群因素，具体包含虚拟社群的吸引力和影响力、虚拟社群的定位、价值观、生态、资源及活力、消费者在虚拟社群的参与度、互动性及参照群体。

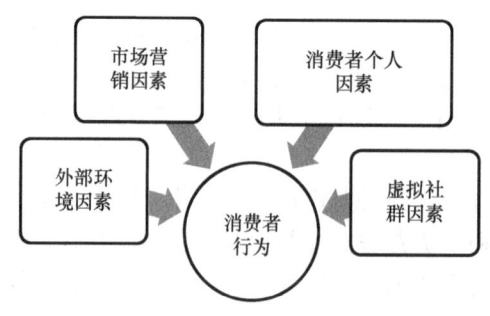

图 3-2　消费者行为影响因素

图 3-2 中的外部环境因素、市场营销因素、消费者个人因素在各类市场营销学、消费者行为学书籍中均有详细分析，本书将重点分析虚拟社群因素以及外部环境因素中的数字技术对消费者行为的影响。

## 一、数字技术环境与消费者行为

数字化时代从信息不充分到信息爆炸，从信息不对称到信息透明化，从信息孤立到信息共享，形成了数字信息分享环境，给消费者的认知、偏好、选择、购买决策都带来了直接或间接的影响。

### （一）数字化媒体与消费者行为

《中国网络视听发展研究报告（2024）》显示，2023 年，移动互联网用户人均单日使用时长为 435 分钟，其中移动端视听应用人均单日使用时长 187 分钟，短视频人均单日使用时长 151 分钟。中国领先的市场研究公司央视市场研究（CVSC-TNS RESEARCH，CTR）的《2023 年中国媒体市场趋势报告》显示，媒体形态迭代升级，媒体与用户的关系经历了"单向式—双向式—推送式—养成式"的演变，媒体价值趋向多维进化。消费者通过这些媒体或主动或被动地完成消费信息搜索，而这些媒体的数字化特征不但能高效率、低成本满足消费者的信息获取需要，更能与消费者形成紧密连接、高频率互动，进而影响消费者的消费动机、消费场景、消费时机、交互方式，最终沉淀为连续、完整的消费者数据，以实现企业与消费者更紧密的连接。例如，为了在数字化时代保持最优质的服务，让服务连接到更多消费者，海底捞不但利用美团等公域平台对接目标消费群，也开发了私域 APP，使消费者能够在公众号、头条、抖音、小红书等数字化媒体预订海底捞在线服务，由此，在 2022 年实现私域用户 30 万、微信公众号用户 80 万、支付宝钱包用户 50 万的存量积累，完成打通全渠道链路布局。

数字化媒体是数字信息技术在信息传播媒体中的应用所产生的新传播模式或形态，主流的数字化媒体包括：付费媒体、自有媒体、赢得媒体，它们因触点的把握、内容的创新大大改变了人们的信息获取方式和消遣娱乐方式。

1. 付费媒体

付费媒体（paid media）是以搜索、广告推送、广播电视网、联盟营销方式通过支付费用的方式实现与来访者的连接或转换。其中联盟营销（affiliate marketing）也是当下比较流行的网络带货方式。

2. 自有媒体

自有媒体（owned media）是企业自有的包括网站、博客、电子论坛（email list）、移动应用，以及在类似微信、小红书、抖音、Facebook等社交媒体上的公众号或账号。加上类似商品目录、零售店这样的线下自有媒体，企业应该将自身的存在也视为重要的媒体，因为它们提供了使用与其他媒体类似的广告或编辑格式来推广产品的机会。它强调了所有组织都需要成为多渠道发行商。

3. 赢得媒体

赢得媒体（earned media）是一个旧的公共关系术语，是通过公关投资瞄准有影响力的个体来提升品牌的影响力。企业不用花费成本，就能让品牌的正向话题进入赢得媒体中，让它们自发地为其传播。数字化时代，赢得媒体的含义已经演化为通过社会媒体创造的透明且永久的口碑。新兴的赢得媒体包括社交论坛、微博，等等。企业不但需要考虑何时通过口碑营销来尝试和促进赢得媒体的发展，还要学习如何倾听和回应好评和差评。

图 3-3 将对三种媒体的重叠关系进行描述，从图中可见企业需要对营销活动、资源及基础设施进行整合，才能实现最优组合，事半功倍。比如，企业通过计算机程序和数据交换 API（application programming interface，应用程序接口）支持的小部件对内容中心或网站上的内容进行分解，智能选择不同的媒体进行内容传播。

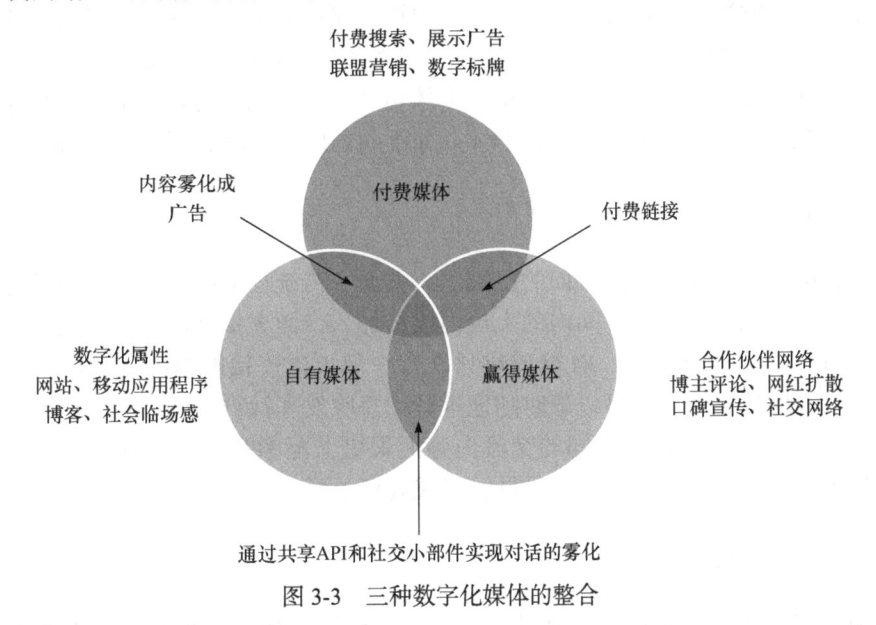

图 3-3 三种数字化媒体的整合

（二）数字社会网络与消费者行为

Web2.0 技术带来了跨越空间的大连接，推动了社会网络、社交媒体的发展，让连接和互动成为社会运行的必然存在，使消费者成为网络的节点，从而可以全方位、无障碍地连接外界。消费者在传统商业环境的定位已经发生改变，他们互动、分享、共创，已然成为主导性社会驱动力。

首先，消费者可以成为自媒体运营者，能够发布信息，从而成为数字社会网络结构中的基础单元，导致信息源、数据源进一步暴增，由此也带来对他人行为的影响。

其次，消费者可以成为内容的创造者，为社群提供话题、制造热点，从而加强社群黏性，改变社群成员的消费价值观及产品偏好，进而影响消费者的决策。

最后，消费者可以成为口碑树立者。人类最早的传播就靠人与人的口口相传，如今的数字化口碑既保留了口碑传播的价值，又在传播对象、传播速度、传播规模上实现了质的飞跃，在获取流量和树立形象乃至促成交易方面都超过了传统广告和品牌标识的效果，且消费者的口碑传播还激励了企业的价值创新和质量提升。

消费者的行为因社会网络影响力加大而表现出新的特征，也与群体行为互相影响，所以营销管理在数字化时代必须从个体消费者行为研究转向消费者社群研究，从对个体的关注转向对一个社群的关注。

## 二、虚拟社群环境与消费者行为

虚拟社群是数字化时代登上历史舞台的最重要的影响消费者行为的因素，因为它打破了物理空间的束缚和传统关系网络的约束，改变了人们的信息环境、生活方式和交往方式，甚至是社会的结构。例如，中国的微博、QQ、微信，美国的 Twitter、Facebook，已然成为大多数人社交、工作、购物、娱乐的空间，一再刷新用户的平均使用时长。另外，虚拟社群正在瓦解传统的金字塔式的阶层结构，取而代之的是相互关联的点对点互动网络结构。虚拟空间的个体可以选择多个虚拟空间与多个对象进行交流，由此推动形成多个虚拟亚文化群体，如不同的网络社群、不同的网络圈层。

### （一）虚拟社群与传统社群的区别

虚拟社群与传统社群有多方面的区别。一方面，传统社群的发展需要保证地理位置上的可接近性，无法实现短时间内的大规模成员加入，而虚拟社群不受物理空间限制，不需要物理场所来确保聚集，社群成员只要有一部可以连接网络的电脑设备或智能手机，在有互联网的空间里就可以随时随地进行信息收发和社群互动。另一方面，虚拟社群不受地域限制，可以根据不同的交流内容汇聚更大范围和规模的具有相似爱好的个体，与传统社群在交流内容、组成成员、组成规模上形成巨大差异。

### （二）互联网虚拟社群

美国学者霍华德·莱茵戈德在他 1993 年出版的著作《虚拟社区：电子疆域的家园》定义"网络社群"为：因网络中相当多的人展开长时期的讨论而出现的一种社会集合，他们之间有充分的人情，并在电脑空间里形成了人际关系网络。也即用户通过各类互联网应用连接在一起形成一个目标或期望相同、规模相对较小、交往比较密切但是关系松散的一种网络群体。常见的网络社群包括：垂直型论坛、知识社群（分享经验和知识，互相教导和学习，并从中得到相互的肯定和尊重的社群）、兴趣型社群、品牌型社群、产品型社群等。社群的概念很早就出现，也在社会运行中发挥过多种作用，但是网络社群具有能量急剧放大的"聚变效应"，也就是名不见经传的个体或微不足道的信息都可能通过网络社群传播产生巨大的能量，引发了很多领域的深入研究。

网络社群具有突出的三个特征。①虚拟性。网络社群中成员身份只是一个虚拟标签，他们在现实生活中的影响力被弱化，他们在线上也许无话不说，但是回到现实生活中基本是陌生关系。②公开性。网络社群有广招天下趣缘朋友的能力，利用互联网公开社群名片，不再额外设置关注屏障，有利于大多数社群的招新推广，不利于门槛设置高的小众社群营造稀缺感和神秘感。③垂直性。社群内成员与社群外公众的界限因兴趣点不同存在区隔，社群之间的差异明显，平行交叉或融合的需要和可能性不大。互联网环境为信息的快速传播创造机会，小众虚拟社群逐渐增多，虚拟社群的垂直性由此体现。

（三）数字化圈层

圈层是一类经济条件、兴趣爱好、生活形态等相同的人在相互联系中形成的圈子。社会视角中的"圈"和"层"有区别。"圈"代表基于趣缘因素形成的水平连接，是各种社群的代表；"层"是圈内部组件衍生出来的纵向阶层划分，圈与圈之间因为趣缘不同、文化不同而存在差异化，圈内也因角色不同，输出不同，表现为很高的群体中心性，在圈内部持续的互动中走向"组织化"，并发展出圈层规则。每一个圈层都具有文化边界，会给成员带来明确的身份认同感和归属感，圈层中的个体也会根据认同度高低受到圈层文化对个人行为的影响。

本书将探讨数智生态体统下虚拟社群环境与消费者自我概念共同作用下的消费者行为。"自我"是影响消费者行为的个人因素之一，1982年瑟吉在其文章《消费者研究学刊》中首次将自我用于理解消费者行为。2015年所罗门《消费者行为学》中提出数字化自我概念（虚拟自我），即个人设计的在线身份表达和呈现。数字化时代大量的即时互动及虚拟技术平台的快速增长，使得虚拟自我更易于建立，而虚拟自我对消费者行为产生直接影响，具体表现为：第一，消费者对市场信息的获取和互动参与都更加主动和个性化；第二，用户更愿意使用相似的过滤标准来进行信息搜索；第三，购买变成众包行为，消费者的购买决策深受虚拟社群中的"影子内阁"影响；第四，消费者更倾向于选择定制化产品。

（四）互联网虚拟社群对消费者行为的影响

1. 购买决策过程缩短

虚拟社群中成员和传统消费者对同一类产品或服务的认知起点不同。传统消费者的消费过程通常是认识产品—认识品牌—比较价格—购买决策，而虚拟社群中的消费者通常在购买之前会聚集，根本原因就是彼此间有相似兴趣偏好或产品偏好或品牌偏好，所以大多数消费者已经有一定的相关产品知识或熟悉的品牌，如果社群具有促进销售的功能，那么社群成员消费决策进程将大幅缩短。例如，母婴教育社群聚集的成员都是带着提高子女教育效果的目的而组建的社群，他们的共同话题和关注点都聚焦于母婴教育课程、教育方法、教育理念，在这个社群里面推广某种价值，不需要经历种草、认知培养的过程，只需要在价值主张上符合社群成员的需要，就很容易推动成员的购买意愿。

2. 关键意见领袖大放异彩

在虚拟社群中，成员的信息推荐不但不会遭遇传统广告的信息壁垒，还会增强其他成员对该品牌商品的认同感，甚至强化推荐者在社群中的存在感和被需要感，由此也衍生出许多社群内的关键意见领袖（key opinion leader，KOL）。KOL 可通过优质专业生产内容实现对社群成员的聚集，通过认同方式达成对核心粉丝的嘉奖，激发他们的愉悦和优越感，并推动黏性消费和示范效应，进而影响更多粉丝的消费行为。例如，豆瓣评分的影评专家用专业的手段和积极的态度评价一部电影，粉丝便在这种观影体验及推荐指数影响下决定自己的购买决策。粉丝观影后如果也有相应的分享，就进一步强化了影评专家的地位和影响力，使得专家更愿意生产更多的内容。

3. 消费兴趣深受圈层熏陶培养

虚拟社群根据成员的兴趣打造丰富的圈层，圈层成员分享内容、打造内容，深度融入圈层中并受到圈层影响，从而培养消费欲望。例如，消费者进入小红书，选择三个自己最想关注的兴趣点，系统将推送丰富的与其兴趣相关的内容，进而影响消费者的消费动机和消费欲望。随着消费者在小红书上的浏览痕迹形成数据系统，小红书将对消费者进行数据分析，将其打上某种标签，并推送具有影响力的信息，促进消费者的购买行动。随着时间的推移，消费也逐渐形成圈层化特点。

## 第二节 客户画像

目标市场战略管理中常常对细分后的目标市场进行描述，进而得到比较清晰的包括客户诉求、生活习惯、消费偏好等信息，以便完成精准定位和制定精准营销策略。客户画像的概念由交互设计之父艾伦·库珀于 20 世纪 80 年代提出，他从用户的行为中提炼有效的特征和属性，构建用户模型，以区分出不同的用户类型存在的相似性态度和行为，抽象地画出用户的商业特征，其目的是更好地识别目标市场的需求和行为特点。数字化时代的客户画像建立在丰富的、多源头的海量数据积累基础之上，结合多种科学算法，消费者行为特征将更加精准地呈现出来，由此能够帮助商家快速找到精准的客户群体，大大提高营销决策的速度和精准度。客户画像的过程是先利用智能标签技术识别客户的特征并建立客户标签体系，然后利用数据挖掘和分析技术对客户群体进行分层和画像分析，最后利用客户标签、人群分层等数据服务实现数据驱动消费者运营。

客户标签是具有某种商业特征的客户群体代称，是便于企业记忆、识别和查找客户的一种工具。例如，喜欢动漫文化的女大学生、在意价格的一线职业女性等。当企业通过数据管理平台得到用户基本数据后，需要通过定义—编辑—审核—查询—分析等工作流程进行客户标签管理，然后再利用设计好的如购买力模型、促销敏感度模型等专业数学模型进行分析，最后生成客户标签，如品类偏好、品牌偏好、价格偏好、渠道偏好等。

人群分层是根据客户标签完成的一次细分，是企业选择目标市场和进行市场定位的前提。通过基于标签的细分得到的每个细分市场被称为"人群包"，如高价值人群包、无欲望人群包等。

## 一、客户画像的营销贡献

客户画像理论非常符合数字化时代以消费者行为洞察、触点沟通以及决策影响的全链路消费者运营理念，让已经数字化的消费者信息、消费场景、消费者购买行为过程等以客户画像的形式提供给企业尽可能全面的信息，帮助企业完成精准营销决策。其在营销管理领域的贡献体现在如下几个方面。

（一）数据挖掘

利用大数据技术抽象出客户画像也是对市场进行更加细致的分类。区别于传统市场细分及目标市场选择，企业过去需要取舍，在实力有限或不同的目标下常常选择放弃大部分市场，而客户画像让企业关注及研究小众目标客户群的过程使成本变得更加可控，且更容易转化。原因就是企业可以通过客户画像进一步挖掘客户数据，进一步了解其消费偏好，智能化地提供给客户高质量的体验。

（二）引流

全链路消费者运营告诉企业在可能与客户接触的每一个触点都能实现引流，但是用什么手段、什么内容引流取决于企业对客户的信息掌握，即客户画像的价值所在。例如，李小姐在一次朋友组织的户外野营活动中体验了操作简便、设计时尚且质量上乘的户外座椅套装，萌生了消费的意愿，这应该就是掌控在企业手中的引流场景。

（三）提高转化率

客户画像有利于研究转换率差异，因为客户画像和流量来源会共同作用于最终转换率，企业精准地了解转换率高的客户，将有限的营销资源投向更有转化可能性的客户，必然提高企业整体转换率。例如，李小姐在朋友的野营活动被成功引流后企业该选用什么销售渠道？如何"拔草"？完全取决于企业前期对这一类客户的精准画像，以及全链路营销的布局。

### （四）提高复购率

客户消费体验后形成的良好品牌感觉和关联是后期复购的前提，所以企业需要通过客户画像详细分析建立良好品牌感觉和消费体验的营销方案，让老客户在获取客户价值之外更能感受到 VIP 体验，增强客户和品牌黏性，提高复购率。

## 二、客户画像的细分指标

客户画像成形的前提是企业根据自身的行业特点、竞争目的，选择某些指标对市场进行划分，具体客户对应不同指标中不同的衡量数据将被自动归为某一类画像并贴上标签。这个细分的过程继承了市场营销学的目标市场战略思维，只是细分指标除传统的地理变量、人口统计变量、个人心理变量、个人行为变量、使用场合等之外，增加了适应数字化时代的一些指标，详见表3-1。

表 3-1 客户画像细分指标

| 细分指标 | 指标含义 |
| --- | --- |
| 浏览量 | 网页浏览的次数，包括累计计算同一客户多次打开或刷新的同一页面次数 |
| 访客数 | 页面被访问的人数，不累计同一客户同一时段内的访问 |
| 平均访问深度 | 客户访问页面时平均连续访问的页面数 |
| 跳失率 | 只访问了一个页面就离开的访问次数占该页面总访问次数的比例 |
| 成交客户数 | 下单且完成付款的客户数量 |
| 转化率 | 完成支付的客户数量占总访客数量的比例 |
| 收藏率 | 收藏商品或店铺的访客占总访客数的比例 |
| 加购率 | 将商品加入购物车的访客数占总访客数的比例 |
| 客单价 | 一段时间内所有客户的平均购买价格 |
| 浏览回头客户数 | 7天内跨天再次浏览的数量 |
| 成交回头客人数 | 成交后再次交易的客户数量 |

资料来源：张茹等（2020）

## 第三节 数字化消费者购买决策

消费者购买决策是市场营销学、消费行为学最为关注的领域之一，经过多年的发展也产生了丰富的消费者决策过程模型。

## 一、传统消费者购买决策模型

### （一）消费者决策过程模型

一些学者将消费者假设为理性人，因此将其购买的决策过程划分成几个阶段，代表性的模型包括5阶段模型和7阶段模型，分别由菲利普·科特勒和罗格·D.布莱克韦尔提出，如图3-4、图3-5所示。

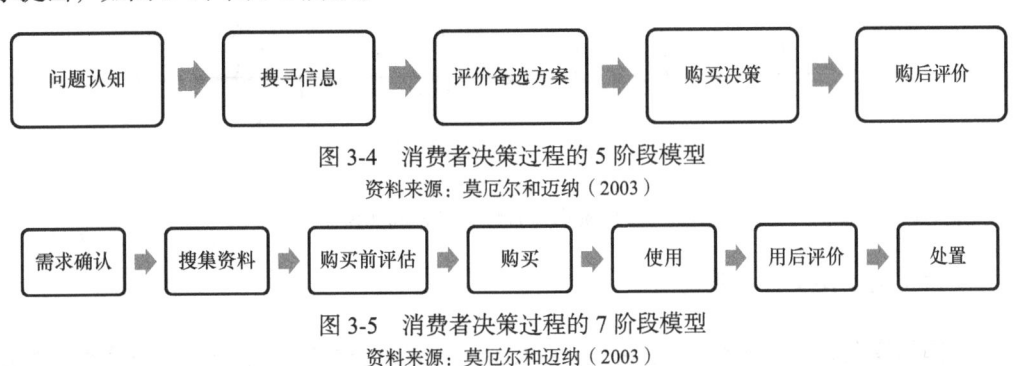

问题认知 ➡ 搜寻信息 ➡ 评价备选方案 ➡ 购买决策 ➡ 购后评价

图3-4 消费者决策过程的5阶段模型
资料来源：莫厄尔和迈纳（2003）

需求确认 ➡ 搜集资料 ➡ 购买前评估 ➡ 购买 ➡ 使用 ➡ 用后评价 ➡ 处置

图3-5 消费者决策过程的7阶段模型
资料来源：莫厄尔和迈纳（2003）

### （二）消费者决策一般模型

霍华德设计了非常简化的消费决策一般模型用于分析消费者决策的影响因素及这些因素的相关性，见图3-6。消费者在识别品牌之前应该是先受到了信息的影响，通过对品牌的了解及外部信息的持续影响，消费者会产生对品牌的态度和个人自信度，消费者的购买动机是品牌态度和自信度作用的结果并最终影响行为。

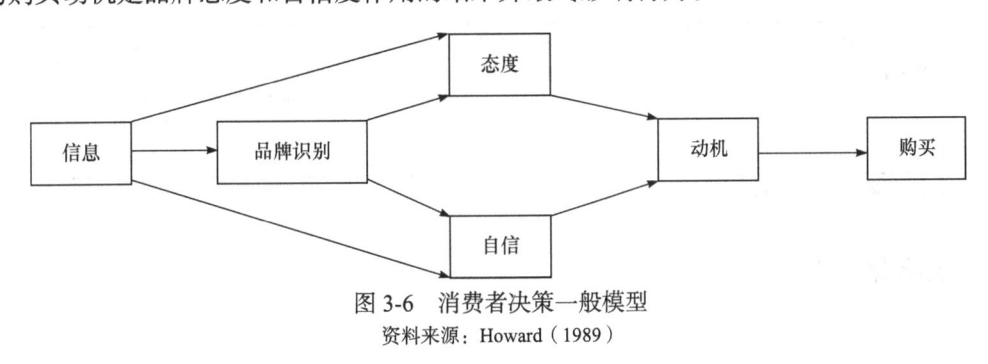

图3-6 消费者决策一般模型
资料来源：Howard（1989）

### （三）消费者购买进程模型

消费者购买进程是消费者购买过程中心理认知的变化，是潜在消费者变为现实消费者的过程。营销管理视角下常见的消费者购买进程模型包括AIPI（attention-interest-purchase-loyalty，认知-兴趣-购买-忠诚）模型、AIDA（attention-interest-desire-action，引起注意-诱发兴趣-刺激欲望-促成行动）模型、5A（aware，appeal，ask，act，again 认知、诉求、询问、行动、复购）模型，这些模型将消费者的购买行为看成一种漏斗筛选，最初消费者因为外部环境和营销刺激会产生对多个品牌的认知，随着消费者时间、精力的投入，会形成对少量品牌的熟悉，最后消费者会因个人因素选定一个品牌并择机购买。这种"发现—思考—评价—购买—使用"的过程就构成了传统的线性的漏斗式消费者购买进程模型，见图 3-7。传统营销管理注重漏斗中一头一尾的管理，营销活动的目的也常是获取流量、鼓励复购，所以常以下推方式影响消费者行为，力求将自己的品牌推进消费者的采购清单，并使其成为最终选择。

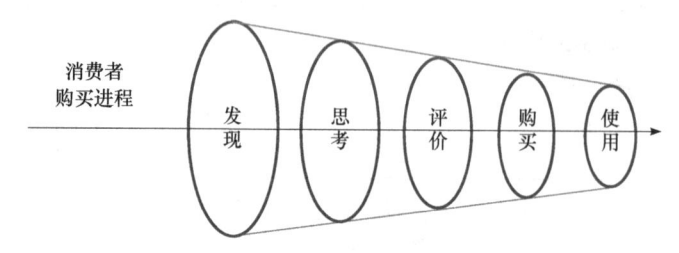

图 3-7 传统消费者购买进程漏斗模型

（四）购买决策分类模型

美国学者阿塞尔根据顾客购买时的卷入度（顾客对信息的关注程度）高低和品牌差异，把消费者购买决策分为四大类别：复杂决策、有限决策、习惯性决策、品牌忠诚度决策，如表 3-2 所示。复杂决策是消费者遵循信息处理模型进行事先信息获取和信息分析后做出的，有限决策和习惯性决策属于非计划购买决策，又分为纯粹冲动性购买、建议影响性购买、计划内冲动性购买、提醒购买和类别计划购买几种类型。

表 3-2 消费者卷入度与购买决策分类表

| | 高度卷入 | 低度卷入 |
| --- | --- | --- |
| 决策<br>（搜寻信息，选择品牌） | 复杂决策<br>（汽车、大型电器） | 有限决策<br>（成人麦片、快餐食品） |
| 习惯<br>（几乎不搜寻，只考虑一种品牌） | 品牌忠诚度决策<br>（运动鞋、女士化妆品） | 习惯性决策<br>（牙膏、酱油、矿泉水） |

资料来源：阿塞尔（2000）

## 二、数字化消费者购买进程

（一）消费者购买进程的转变

数字化时代，买卖双方信息更加对称，消费者获取信息的渠道更加宽泛，因此消费者购买决策过程发生了根本变化。比如，在认知初选的过程中，消费者不再满足于商家推送的信息，不再满足于熟悉的品牌池，而是主动获取信息，扩大选择范围；在购买完成后，消费者积极参与体验评价，主动影响他人的购买行为。消费者购买进程是潜在消费者变为消费者的过程，著名的 AIPL 模型、AIDA 模型、5A 模型都是将消费者的购买行为描述为认知—兴趣—购买—忠诚的过程。但是在数字化时代消费者学习能力提升，信息渠道多元化，所以消费者有关消费标的的信息掌握出现了质的飞跃，使得他们成为更聪明、更理智的消费者，所以传统的漏斗式模型无法满足数字化消费者的行为研究，通过简单的过滤不能概括消费者的真实购买旅程。

2009年大卫·考特（David Court）等学者在《麦肯锡季刊》（*McKinsey Quarterly*）上提出"消费者决策进程模型"（简称双环模型）。他们认为数字化时代的消费者的购买决策是一个循环往复的过程，由购买环和忠诚度环组成，见图3-8。

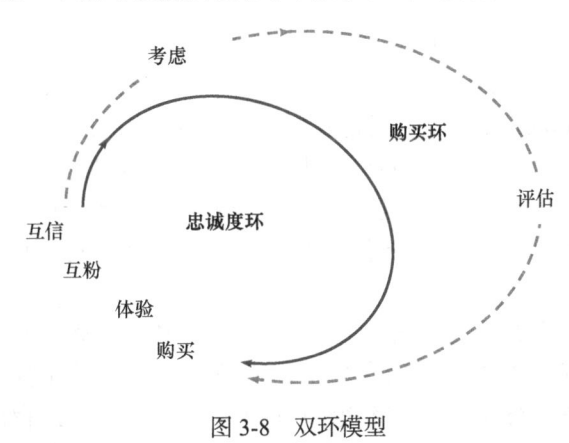

图 3-8 双环模型

双环模型中的六个阶段构成了消费者购买进程，各阶段消费者的目的和行为结果如图3-9所示。①考虑阶段。消费者会根据随处可得的信息筛掉大多数品牌，减少目标的品牌，让自己成为供应商目录的控制者。②评估阶段。消费者还会通过朋友圈、评论、零售商等渠道进一步了解信息，进而优化自己的意向目录，或更换品牌，或增加品牌，或减少品牌，意味着企业如果把握好社交互动的营销节点，就赢得机会插队、入围。③购买阶段。消费者还会因为时间成本、便利性、价格、陈列、销售互动、货源等因素而选择不同的购买渠道或购买时机，零售终端接触点还有可能为被忽略掉的品牌创造成交的机会。④体验阶段。消费者形成品牌感觉和关联，进而影响推介意愿和复购意愿，所以企业保持与消费者的线上线下接触，形成良性互动将保证消费者获取完整的体验并为后两个阶段奠定基础。⑤推介或互粉阶段。满意的消费者已经有条件通过自媒体或平台评价系统发出自己的声音，这将是品牌宣传的一种渠道，是影响更多消费者选择的低成本方式，也是消费者复购的前提条件。⑥互信阶段。消费者与品牌建立信任，逐渐形成品牌忠诚，使得消费者的下一次消费旅程将跳过考虑和评估环节直接购买，这将为企业节约大量营销成本。然而，某些消费者该阶段的信任比较脆弱，或者忠诚度比较低，当竞争对手营销努力加大时也极大可能使消费者转换品牌，这是企业必须重视的环节。

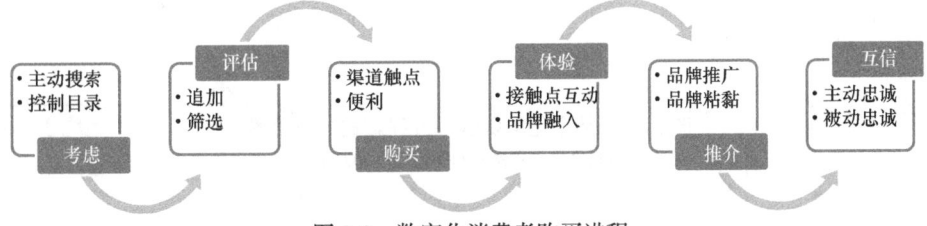

图 3-9 数字化消费者购买进程

以上双环模型反映的是数字化时代消费者决策路径已经从线性漏斗模式转为动态曲折模式，企业与消费者的营销触点随时随地存在，消费者行为更没有规律可循，因此消费者洞察更需要数据和数据分析的支撑。

（二）数字化消费者的购买进程

2011年中国互联网数据中心（Data Center of China Internet，DCCI）[①]发布SICAS理论模型，构建了一个非线性、多点双向的模型，包括 sense（品牌与用户相互感知）—interest & interactive（产生兴趣并形成互动）—connect & communicate（建立联系并交互沟通）—action（产生购买行为）—share（体验与分享）几个关键环节，强调消费者与企业或渠道的互动。经 SICAS 分析，消费者可以根据企业的个性化推荐信息选择商品，消费者购买后分享的使用心得和体验也能为其他消费者的购买决策提供重要参考。

从消费者购买进程的演变历程中可以看出，数字化与移动互联叠加的时代，消费者从被动接受者变成了主动搜索和分享的积极参与者，关于搜索的渠道、搜索的内容、分享或不分享、分享的方式和渠道都成为数字化消费进程的重要组成部分。为了让自己的购买过程更趋于合理化，购买决策最优化，消费者总是需要寻找信任的渠道获取信息，而无处不在的移动互联网和蓬勃发展的搜索引擎、社交媒体、商家自媒体、赢得媒体、电商平台等数字化业态为消费者打通了所有沟通渠道，使得数字化消费随时随地都可发生。

（三）影响消费者购买进程的数字化营销创新

数字经济带来的社会影响一方面改变了消费者的生活方式、生活节奏，另一方面催生了多种数字化技术应用，且这两种结果之间也存在彼此的助推，因此对影响消费者行为的现有营销创新手段或方法展开研究也十分必要。图 3-10 梳理了在数字化消费进程中直接或间接影响消费者行为的营销新手段。

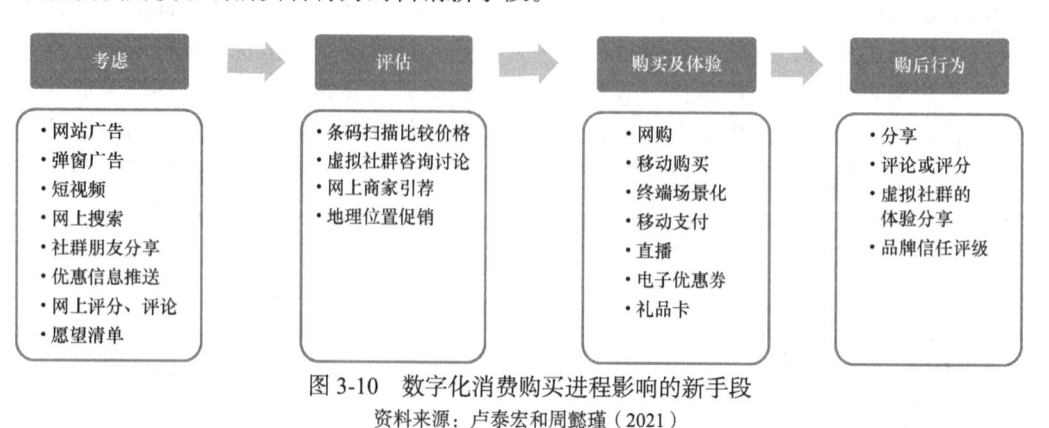

| 考虑 | 评估 | 购买及体验 | 购后行为 |
| --- | --- | --- | --- |
| ・网站广告<br>・弹窗广告<br>・短视频<br>・网上搜索<br>・社群朋友分享<br>・优惠信息推送<br>・网上评分、评论<br>・愿望清单 | ・条码扫描比较价格<br>・虚拟社群咨询讨论<br>・网上商家引荐<br>・地理位置促销 | ・网购<br>・移动购买<br>・终端场景化<br>・移动支付<br>・直播<br>・电子优惠券<br>・礼品卡 | ・分享<br>・评论或评分<br>・虚拟社群的<br>　体验分享<br>・品牌信任评级 |

图 3-10 数字化消费购买进程影响的新手段
资料来源：卢泰宏和周懿瑾（2021）

---

[①] 中国互联网数据中心原是一家第三方数据平台，由瑞通嘉和（北京）科技有限公司运营，目前官网已关闭。

## 本章小结

数字化时代的消费者行为有别于传统消费者，是技术环境和虚拟社群等具有时代特点的环境要素影响的结果。消费者购买进程从漏斗式特征转变为循环往复的螺旋闭环，消费者从被动接收信息转变为主动获取信息，从以获得商品或服务终结自己的购买行为转为向外分享及体验评价的购后延续，已然变为营销管理的参与者。所以本章分析消费者行为的影响因素、客户画像指标、消费者购买决策等内容，让读者了解、学习数字化时代消费者的购买行为特征。

## 思考题

1. 通过采访70后、80后两个人群10年前的手机购买决策过程，与自己的购买决策过程形成对比分析，思考两个不同时代背景下消费者购买行为差异？
2. 在数字化背景下的消费者购买决策过程中，企业可以找到哪些触点与消费者展开互动，实现品牌知名度、美誉度提升或实质性交互？
3. 在数字化时代背景下，企业怎样更好地完善客户画像过程？

## 案例分析

### 完美日记：行业龙头的秘密

广州逸仙电子商务有限公司于2017年创建了完美日记品牌，以年轻女性为主要目标客户群体，定位为高性价比的平价彩妆。该品牌上市后迅速获得了市场的认可，2018年至2019年的净收入增速高达377%，并于2020年11月19日在纽约证券交易所上市。完美日记在数字化生态中实施全过程消费者运营，通过数字化营销实现顾客培育、产品推广、销售转化、客户关系管理及品牌提升。

完美日记具备低成本获取客户的能力，擅长发掘互联网流量洼地，通过品牌内容接触新的目标客户群体，实现较低成本的获客目标。其中，第一阶段的快速增长较大程度得益于小红书的贡献。因为完美日记和小红书的目标客户群体高度契合，截至2021年，在小红书上搜索"完美日记"可获得超过11万篇笔记分享。B站和抖音也在流量快速增长时期成为完美日记的增粉平台，助力品牌渗透和流量池建设。

完美日记采用内容营销方式，通过KOL传播品牌和产品信息，实现产品的种草。该公司通常选择腰部以下的KOL进行传播，较少依赖明星和知名KOL，以提升前期的关注度。

完美日记将各类数字化平台整合，实现多场景点对点连接，迅速将流量转化为购买。借助KOL的影响力，完美日记将其粉丝转化为购买者，并通过参与式互动，实现单品销量的大幅增长。

完美日记在微信社交平台上成功布局,将购买后的顾客转化为私域流量,为企业的数字化营销奠定基础。微信构建的社交和电商全链路闭环使完美日记能够与客户互动并推动复购,因为私域粉丝量可达百万级,带来的复购销售额大约在4亿至5亿元人民币之间。

**讨论题**

完美日记的目标消费者的购买进程及其对应的营销活动是什么?

# 第四章 数字品牌营销

## 学习目标

1. 了解数字品牌营销产生的背景。
2. 了解数字品牌营销的历史沿革。
3. 掌握数字品牌营销的概念。
4. 掌握数字品牌视频直播的模式。
5. 熟练数字品牌与用户的互动沟通。
6. 掌握利用数字媒体渠道建立品牌与用户联系的方法。

## 导入案例

### 发布数字藏品　开启圆明园元宇宙

在七夕节这个特殊的日子，我国著名历史文化遗址圆明园在"星原数艺"平台上正式发布两款官方数字藏品："创世徽章"与"并蒂圆明"，从而正式拉开"圆明园元宇宙"的序幕。

这两款数字藏品精心地将多个具有代表性的文化元素融入其中，并以别出心裁的创意设计展现。

"创世徽章"将圆明园文化中的爱国主义精神与东方美学的典范相融合，构建了一个平行时空中仍熠熠生辉的皇家园林。其设计灵感源于宫廷令牌，正面展示星河照耀下的圆明园大水法，上方以新月合叶翻盖为冠冕，月牙翻开化作壮美群山，呈现凤凰翎羽之状。背面的清宫插屏画中，荷花与圆明园四十景之万方安和共同构建夏日怡景，寓意波光粼粼、天人合一的中式皇家园林。

"并蒂圆明"的设计灵感来源于圆明园盛开的并蒂莲，一茎两花，象征同心、同根、同福、同生。七夕节推出的这款产品，寓意格外吉祥美好。整体造型类似古代定情信物玉佩，顶部呈现复原的圆明园大水法结构，正面并蒂莲花瓣采用乾隆时期广泛应用的勾莲纹装饰，画面上喜鹊纷飞。背面的莲瓣盘与莲心（取音"连心"）共同构成俯视的荷花，凤凰翱翔其中。

"创世徽章"限量发行1707件，寓意圆明园创建之年；"并蒂圆明"限量发行1999件，象征两情相悦，天长地久。近年来，圆明园持续推进数字化建设，致力于记录和保存遗址所蕴含的历史文化信息，同时推动数字化复原成果在各类应用场景中的落地，以更加生动的方式展现圆明园的历史风貌，充分展现文化遗产的魅力。

作为文化遗产复原的"数字孪生"，"圆明园元宇宙"为传承中华文化提供了时尚、便捷的传播途径和载体，带来沉浸式的互动体验。这将使传统文化更好地融入时代语境，激发更多人关注圆明园、深入了解圆明园并热爱圆明园。

圆明园将从最基础的文化元素数字化入手，陆续推出二次创作的数字藏品、实体文创产品，以及系列主题活动和数字化推广。其最终目标是凝聚全社会力量，全面构建"圆明园元宇宙"。此外，圆明园还举办了以"圆明七夕：皇家园林、荷花文化与七夕"为主题的文化直播活动，带领观众穿越时空，体验古代帝王园居消夏的历史氛围，感受圆明园历久弥新的魅力。

如今随着时代的发展，数字化媒体的品牌营销环境发生了巨大的改变，消费者在营销环境中所处的地位也发生了翻天覆地的变化，市场也由买方市场转变为卖方市场。在发展与变革中，品牌营销迎来了前所未有的挑战，于是企业利用数字媒体进行品牌营销成为新的机遇。

## 第一节　数字品牌营销的概念、产生背景与历史沿革

### 一、数字品牌营销的概念

在对数字品牌营销概念进行描述之前，首先要弄清楚"数字技术"这样一个新的概念。在尼古拉·尼葛洛庞帝所写的《数字化生存》中，对于数字化时代，他有这样的预言：我们不能否认数字化时代的存在，也没办法去阻止数字化时代向前迈步，如同我们不能与大自然的力量进行对抗一样。他认为数字化指的是"数字化比特"将会替代"物质原子"。不仅如此，尼葛洛庞帝还提出电视、广播、报纸等主流传统媒体终将会被数字化的观点。在而后的发展中，数字化被界定为：信息一方面能够被计算机存储和处理，另一方面也能够被完整地传播出去，所有的信息都可以成为数字化的内容，其中也包括视频信息、音频信息和数据信息等。数字化是要将人们在现实中可以体验的复杂的信息形式进行数字化处理，帮助人们进行云体验，而这种数字化技术也离不开计算机技术的发展。在高度数字化的现代社会，互联网已然成为人与人、人与社会链接的方式，甚至是人们赖以生存的手段。

目前的学术界对于数字品牌营销还没有一个清晰的定义，"数字营销"与"网络营

销"两个概念有细微的差别，但在市场营销中，常常将之与网络营销相混淆。那么，"数字品牌营销"到底讨论的是对于"数字品牌"的营销方式呢，还是在"数字化"之下的"品牌营销"之道呢？从市场营销的实践基础出发，通过对品牌进行细致分析发现，直接用二分法将所有品牌划分为"数字品牌"或"非数字品牌"的方式是粗鲁的，换句话说，不存在完全的"数字品牌"或纯粹的"非数字品牌"。现如今，大量新兴企业从互联网中诞生，这些品牌所提供的产品与服务基本上都是依托于数字技术。比如，微博、微信、抖音等。虽然它们依托于数字技术，但是我们还是不能将这些品牌判定为"数字品牌"。原因是，即使像抖音这样的互联网原生品牌，也不能完全依靠互联网虚拟世界完成与消费者的所有互动，品牌仍然要开展线下的营销活动，以此来构建更加鲜活的品牌形象，从而更好地拉近品牌与消费者之间的关系。传统品牌也要顺应发展，积极地将数字技术运用于品牌，期望通过互联网能够增强品牌与顾客之间的沟通交流，使得品牌与消费者之间更加紧密。很多奢侈品以其神秘、稀缺的特质来维护品牌形象，因此在数字品牌营销刚开始出现的一段时间里，许多奢侈品品牌都是抗拒的态度。但是随着数字化在人们生活中越来越普及，这些奢侈品品牌也开始运用数字技术进行营销与宣传活动。既然所有品牌都必须使用线上与线下手段全方位地进行品牌建设，那么区分是否为数字品牌就失去了意义。

更重要的是，许多品牌都用尽浑身解数将传统媒体与数字媒体进行有效融合，通过即时互动开展创新性的品牌营销活动。这也为企业品牌营销带来了新的思路，品牌可以通过多种媒体交互融合，提高营销效率。

有部分学者认为数字品牌营销就是借助于计算机网络通信技术、互联网信息技术和交互式数字媒体技术三大先进的技术，从而实现数字品牌营销目标的一种高效率、高层次的营销手段。其目的是最大限度地运用比较先进的互联网信息技术来开拓新市场，发掘新客户，维系客户关系，从而实现精准的数字化营销，并且能够将营销效果进行量化，合理、有效地帮助企业建设品牌和实现营收。换句话说，数字技术的发展使得品牌营销沟通获得了更加多样的手段与途径，以再造品牌的智能化为核心理念，以升级品牌关系为主要目的，满足了任何消费者在任何时间、任何地点体验品牌信息的需求。

简而言之，数字品牌营销就是指品牌通过利用数字媒体渠道来进行品牌宣传推广活动，从而能够精准地传达信息，提升与顾客的双向互动，增强品牌在消费者心中的好感，增加用户黏性，最终实现有效销售的营销活动过程。

数字品牌营销既是技术性层次的变革，更是对传统营销理念的革命；既包括了数字媒体渠道，也包括线下的高科技数字渠道。综合了目标营销、直接营销、双向互动营销、虚拟营销、线上交易、客户体验式营销等多种营销模式。数字品牌营销为营销组合赋予了全新的内涵，它的主要功能包括信息互换、网上订购、虚拟货币、数字媒体广告、品牌公关等，是品牌数字化时代进行营销的主要方式和发展方向。利用海量数据的研究和分析，同时利用数字媒体进行品牌营销，从而实现品牌营销的精准化以及效果可量化。

结合数字品牌营销的不同视角以及理论基础，本章将着重讨论：①如何借助数字媒体渠道建立品牌与用户的联系；②如何线上线下增强用户的品牌体验；③如何通过互动沟通打造品牌形象。同时本章也将以这些问题为导向，结合具体的内容和案例，为数字品牌营销的发展提供新思路。

## 二、数字品牌营销产生的背景

随着中国互联网技术的快速发展，"新基建"加快布局，拉开高质量发展序幕；国民快速的互联网化，使得通信方式、娱乐消费、信息获取都发生了显著的变化，互联网已经成为人们生活的重要组成部分；随着 5G 网络覆盖工程的深入拓展，农村和城市"同网同速"的时代正在到来，中国已经进入"全民互联网的时代"。

### （一）互联网、数字化工具改变人们的生活方式

（1）信息获取从被动接收转为主动搜索。全民移动互联时代加上智能化营销工具的普及，在影响人们获取信息和沟通方式的同时，也深刻改变了人们的生活方式。在人人都是自媒体的时代，人们时刻都处在各种信息的包围中，而人们迫切需要的是屏蔽不需要的信息，所以人们可以选择接收信息的方式，既可以被动接收，也可以主动搜索，从而节省时间。

（2）信息获取从电视、报纸转向互联网信息。人们获取信息的方式从传统的电视、报纸、户外广告，逐步转到网络新闻、社交媒体、网络视频等形式，传播也从单纯文字和图片向短视频过渡。

（3）线上线下和社群成为居民的主要生活场景。伴随着即时通信技术和社交网络软件的普及，人们从原有的线下实体生活场景，发展到了线上、线下和社群三大生活场景；现有的经济活动如果忽视了线上和社群的场景，就意味着放弃大部分的市场份额。

（4）从线下消费转为线下线上相结合的消费形式。受新冠疫情的影响，数字媒体零售成为新趋势。第 52 次《中国互联网络发展状况统计报告》显示，截至 2023 年 6 月，中国的网络支付用户规模达 9.43 亿人，占网民整体的 87.5%。

### （二）时代背景颠覆了传统的商业模式

（1）信息传播打破了原有传播结构。随着社交媒体的普及，人人都是自媒体，因为自媒体具有强大的传播力，任何人都可能发起一次传播，掀起一个热点事件，形成一个传播浪潮。而随着传播渠道、传播工具的互联网化，传播载体也从文字图片发展到动画、视频，动画到 VR 虚拟实景传播，所以营销传播也变得更加复杂，从产品、品牌传播到 4P[产品（product）、价格（price）、渠道（place）、促销（promotion）]营销理论传播，到一切皆可传播。

（2）打破传统商业盈利模式的基础。传统商业盈利模式是赚取进销差价，即"售价-进价=利润"的模式。在移动互联网与现代物流的冲击下，"赚取进销差价的盈利模式"，失去了"信息不对称"与"物流不对称"两个存在的基础。另外，互联网极大地削弱了原有的信息不对称现象，使得如今仅在极少数特别关键的领域内才存在显著的信息不对称，普通产品的供求信息、价格信息已经透明化，所以也就失去价差存在的基

础了。

（三）新旧媒体从竞合到此消彼长

传统媒体的没落与新媒体的强势崛起使得如今的传播渠道发生了深刻的变革，并且新媒体在赋予用户自主权的同时也改变了人们的消费习惯。传统媒体的广告份额减少趋势明显，而新兴媒体的广告份额则增长迅速，这就使得新旧媒体的市场格局由竞合走向此消彼长，在这种营销局势下，品牌方所面临的营销局势也发生了翻天覆地的变化。

（四）消费习惯从趋同到个性

相较于传统的消费者，数字时代的消费者不论是从触媒习惯、消费习惯还是消费行为上都存在很大的变化，他们更加追求个性化、定制化的产品与服务，他们越来越在意自己的消费自由，表现为不再追求大众化的产品，而是比较崇尚可以体现自我个性的产品。

新媒体时代的品牌面临着向数字化营销转型的危机。新媒体的日渐崛起导致营销环境变得复杂，传统媒体的营销效果直线下滑，并且用户变得更加聪明，而品牌主更加难以捕捉用户心思。品牌主在营销传播上面临着更艰难的挑战，传统品牌营销亟须数字化转型。

## 三、数字品牌营销的历史沿革

数字品牌营销在不断发展的过程中，历经了不同的阶段。

在中国，数字品牌营销从 20 世纪 90 年代末开始萌芽，并在之后的 20 年间飞速发展。新意互动诞生于数字营销的萌芽期，这个时期，中国第一支展示广告出现，随后搜索引擎也开始加入售卖广告的行列，然后出现了富媒体广告、广告联盟以及广告网络，并且他们开始飞速发展。

2010 年左右，PC（personal computer，个人计算机）端广告业务开始出现下滑，但是移动互联网的迅速崛起，掀起了新的品牌营销浪潮。可以这么说，数字品牌营销发展的前十几年都是行业的红利期。从程序化广告变革，到人工智能、大数据等信息技术的加持，数字品牌营销始终走在高速增长的发展阶段。

2020 年左右，移动互联网发展趋缓，流量红利逐步消失，品效合一——营销声量和销量兼具成为行业共识。最早踏入数字品牌营销行业的新意互动，不仅是行业内最早提出品效合一营销理念的公司之一，并通过大数据全面驱动营销价值，而且将品效合一的施策方法进行升级，提出"内容、流量和数据"三位一体的常态化运营理念。其中，内容搭配数据与创意加持，既在品牌端形成传播力，也在效果端形成流量池效应；流量方面，即媒介渠道资源，新意互动已与许多第三方机构达成了合作；数据就是新意互动最突出的专业优势，新意互动构筑了中国首屈一指的汽车行业数据智能平台——中国商务广告协会汽车营销研究院，旨在为汽车产业提供前沿的数据分析与智能决策服务。

实际上，近年涌出不少被消费者称为"网红品牌"的新品牌。它们往往迅速崛起，并且在众敌环伺的饱和市场中脱颖而出，如汽车领域的特斯拉，美妆领域的完美日记，潮玩领域的泡泡玛特，餐饮领域的喜茶等。对这些新品牌进行研究发现，它们都有一个共性，也代表一个不容忽视的势头，即从过去将产品卖给经销商、中间商，不直接和消费者发生连接和关系，变成了直接面对消费者的商业模式。

随后演变出了"CIG-营销增长框架"，即品牌要从底层摸索怎样去实现"数字化背景下用户终身营销价值"，通过Brand4.0数字品牌营销模型，实现企业的数字化品牌资产增长以及数字化客户管理的双重目标。立足用户驱动的"液态营销"理念，将营销增长构建于"数字化客户终身营销价值"这一基石之上，结合"数据运营"+"用户运营"，帮助广大企业塑造智能营销创新体系，最终实现营销效力+营销效率双重提升，以及数字化品牌资产+数字化商业的长效增长。

## 第二节　借助数字媒体渠道建立品牌与用户的联系

品牌可以借助数字媒体渠道更好地了解顾客的真实需求，从而建立起品牌与消费者之间的联系，在与顾客进行沟通交流的过程中有效地传达出产品的信息和品牌的核心理念；但是，由于每个类型的数字媒体都存在较大的差异性，且适用于品牌营销的不同场景，这就要求品牌在选择媒体进行营销传播时要进行充分整合，有针对性地实现营销目标。

### 一、借助社交媒体沟通品牌与用户

移动互联网媒体娱乐使用时长不断增长，"去中心化"的移动社交媒体与人们的衣食住行紧密关联，社交媒体也在改变着人们的触媒习惯，它无处不在，无时不在。具有互动性、公开性以及连通性，并且高度社群化的微博与微信是最具代表性的两大社交媒体，它们为数字媒体时代的用户提供了与品牌平等对话的机会和平台，与此同时，品牌也可以借助社交媒体快速并且高效地寻找到需要的目标用户；品牌也可以通过与用户的双向互动，及时获取消费者的真实需求并且获得创意与灵感，用户在互动沟通的过程中也成为品牌的最佳合作者和受益者。

#### （一）明确自身定位

品牌定位在数字化媒体时代依然有效，只要品牌的定位是正确的，那么品牌完全可以将之与社交媒体结合。品牌要利用社交媒体来开展营销活动首先就是要明确自身的品牌定位，这就要求品牌的营销活动始终围绕品牌的定位以及用户的特点来进行。定位的心法就是让品牌在顾客头脑中占据一个不可替代的位置，那么当顾客对这个定位词有需求的时候就会主动搜索品牌。比如，完美日记对自己的品牌定位非常清晰：极力挖掘欧美的时尚趋势，将之与亚洲女性的面部肌肤特点结合，从而研发出"高品质、精设计"的美妆产品，实现年轻女性"享受色彩，享受生活"的愿望。用通俗的话来说就是更适合亚洲女性的美妆品牌。完美日记很早就在所有的社交平台上大规模地使用了 KOL，截至 2020 年，B 站上与完美日记相关的视频多达 12 328 条。所以我们看到完美日记对新兴社交渠道的重视远超其他品牌，完美日记官方微博也始终围绕自身的产品和用户来进行宣传，独特清晰的定位使其微博的活跃度和转发量始终居高不下。

### （二）专注内容建设

首先，优秀的内容不仅能够实现引流、聚集粉丝的目的，还能够为品牌赢来好感，增强品牌美誉度，所以内容建设是品牌进行社交媒体营销的基础。对于品牌而言，不仅要深刻认识新媒体，还要挖掘数字媒体的特点，勇敢地尝试数字媒体。在数字品牌建设时要坚持"内容为王"的准则，不仅要有深度更要有广度，同时内容还要符合时代要求和特色，以个性化、多元化为创新点，"质"与"量"并驾齐驱，把握好时、度、效，内容要具备吸引力与感染力，要避免出现模式化、概念化、套路化的情况，从而增强品牌信息传播的体验感和代入感。比如，品牌产品发布采用直播的形式，把消费者带入"第一时间、第一现场"，也可以通过微博与用户进行线上互动，在潜移默化中影响和感染顾客，使其产生共鸣，为品牌赢得口碑，奠定更坚实的口碑基础。

其次，品牌的社交媒体营销人员必须将社交媒体作为一个"给予"的平台，只有在其中为消费者创造有价值的内容，才能够为品牌官方账号吸引更多粉丝；品牌方在社交媒体中所展示的内容要做到专业化，专业性是顾客信任一个品牌的前提。品牌社交媒体账号在开通初期要以提高知名度、增强影响力为主要目标，更多地发布专业性内容，将专业内容与兴趣话题的比例控制在 7∶3 左右。

最后，品牌方在社交媒体平台的内容不是随意发布的，而是需要采取一些策略和方法，其中，设定微博话题和选择合适的表达方式尤为关键。比如，如果品牌发布的文章是提问的形式，或者是留下悬念，自然就会吸引粉丝参与并进行思考，浏览量和评论的人就会暴增，也会给观众留下深刻印象。

### （三）注重双向互动

大多数传统媒体都是单向传播，信息传播由一方主动发布信息，另一方被动接收信息，如报纸、书刊、电视等，而在单向传播中，顾客只能被动接收信息。另外，由于受到传播终端的限制，信息传播者难以有效地和受众进行互动，更别提能够及时接收到用户的反馈。数字媒体平台与传统媒体相比较，数字媒体平台已经将单一信息发布平台升级成为信息发布方与信息接收方之间进行互动沟通、交流和探讨的桥梁。数字媒体平台是一个双向沟通的平台，品牌方能够精确并且及时收到消费者所反馈的信息，并且及时进行营销调整。消费者也不再被动地接收信息，他们在获取信息的时候可以主动选择，还能够将所获信息进行二次传播，还可以随时跟踪信息，并且留言，与信息发布者或其他受众进行互动，甚至还可以跨平台互动。

"关系"和"互动"是社交媒体两个最重要的特征，因此营销人员在运营的时候，要避免给受众一种冷冰冰、不近人情的感受，而是在有品牌自身的特点和个性的前提下，给受众一种亲切、温暖，且有感情、有思考、有回应的感受。社交媒体的互动性是一个重要的元素，品牌的粉丝如果都不发声，是非常危险的，这些粉丝会渐渐忽视品牌发布的内容，甚至还可能离开品牌。所以，品牌的社交媒体平台持续发展的关键就是保持双向互动性，其中要注意的问题就是，品牌宣传的内容不能超过全部内容的10%，最好能控制在3%至5%之间，大多数内容应该将粉丝感兴趣的话题融入其中。社交媒体互动的主要形式是"活动内容+奖品+关注（评论/转发）"。与此同时，品牌方还应该做到及时、认真地回复粉丝的留言和评论，与粉丝进行深入的沟通等。

### （四）依靠名人引流

随着社交媒体的发展，"红人"的定位从依靠网络获得名气的人，演变为在各个领域拥有号召力和影响力的名人，在数字媒体平台上，红人营销也从"锦上添花"的小技巧转变为提高曝光、促转化的主流趋势。与品牌直接通过传统媒体向消费者打广告不同，红人营销品牌通过特定的影响者，为品牌传递个性化信息。这些影响者不单单是拥有大流量的人，更是真正能够影响消费者采取行动的红人，如大V、网红、明星、草根大号、行业专家等。有将近一半的人在购物前会先在社交平台上看影响者的推荐，每5个看过网红帖子的人中会有1人被调动起来，分享自己的使用体验，且将近40%的人反馈他们曾通过网红的分享帖跳转下单。

常见的影响者营销活动主要有三类：第一类是请影响者分享产品的使用体验、测评等内容，比如，美妆行业的新品使用测评活动；第二类是邀请影响者代言，比如，安踏邀请奥运冠军谷爱凌代言；第三类是邀请影响者联合推出福利活动，激励顾客，比如，DW（Daniel Wellington，丹尼尔·惠灵顿）手表将新品赠送给大量网红，提供95折到8折的个人专属折扣码，激发网红创作优质的推荐内容。一时间，掀起DW潮流，销售额五年之内从100万美元涨到2.2亿美元。

品牌方根据自身产品的需要与消费者画像进行分析，然后决定合作的对象。国外社交媒体管理平台Hootsuite提出的3R法能帮助品牌选择一个合适的影响者，通常需要满足relevance、reach、resonance三个维度。

（1）relevance（关联度）：红人所在领域要与品牌受众的爱好相吻合。作为饮食爱好者圈子里的领头羊，尽管他的粉丝远远少于流量明星，但当他推荐厨具品牌时，带来的转化率也许会比流量明星高。

（2）reach（受众覆盖程度）：粉丝越多，品牌透过这位红人影响到的受众就越多。

（3）resonance（共鸣度）：红人能在多大程度上引起受众的共鸣，可通过日常的互动热度、内容二次传播热度，甚至过往与品牌合作的表现来考量。

## 二、以搜索引擎连接品牌与用户

在数字化时代下，用户对搜索引擎有了更深刻和多元化的要求。一般情况下，具有高度购买意向的消费者会主动对品牌信息进行搜索，在品牌通过各种营销手段去吸引消费者关注的同时，消费者也会通过搜索进一步了解品牌和产品的信息。因此，从搜索到购买的环节要尽量减少，才能将搜索营销的最佳效果发挥出来。

从目前来看，丰富的搜索场景和全面覆盖的品牌词，让搜索引擎能够充分承接品牌自然搜索流量和推广流量，一站式流量收口，从而高效连接品牌与用户。搜一搜超级品牌专区涵盖微信生态聊天会话、公众号文章、朋友圈等搜索场景，可以满足用户边聊边搜、边看边搜的好奇搜索诉求，实现搜索流量的充分收口。例如，搜一搜超级品牌专区最高支持单个品牌配置1000个品牌相关词，更全面地覆盖用户的搜索意图，与此同时，搜一搜超级品牌专区的价值还在于更高级的品牌塑造和全方位展示品牌官方形象。搜一搜超级品牌专区通过开阔的品牌展示区域和丰富的品牌展示能力，打造兼具官方感和品质感的"品牌门户"。

搜索引擎还能够支持展示品牌基础介绍、官方账号、线上商城及线下门店等信息，品牌内容的聚合搭配和有序展示，让用户从纷繁复杂的信息中快速识别官方身份。同时，丰富的品牌展示能力让品牌能更立体地塑造品牌形象，品牌背景支持视频自动播放，品牌故事跃然显示屏上，快速渗透用户心智。搜索引擎是消费者连接互联网的入口和出口，成为品牌与消费者建立联系与互动必不可少的平台。那么品牌是如何在搜索引擎上做好品牌维护的呢？

企业品牌有几个问题亟须解决：①对自身网络品牌现状不满；②担心潜在风险暴露在网上；③品牌信息发布内容不被推荐；④品牌形象受不实言论困扰等。

以上问题从品牌维护角度可以分成两大类。一种是防御型，主动维护。利用有限的内容将宣传做到极致，从而达到品牌保护的作用，依托品牌搜索词进行搜索结果占位。另一种是事件型，被动维护。一般遇到这种问题，品牌应当快速进行事件界定，明确责任，表明态度，转危机为机会。根据企业危机内容和等级进行相应的补救措施。

针对防御型品牌维护，在搜索引擎上要聚集有限的品牌优势信息，呈现出可控的搜索结果，来达到品牌保护的作用。主要可以通过以下三种方式来实现：一是官网优化，加强官网信息建设；二是信息整合，搜索引擎基础信息优化；三是营销推广，通过广告提高品牌市场占有率。下面具体展示三种方式如何做。

1. 官网优化

官网优化是一项非常重要的工作，官网用户体验直接决定了品牌的形象。网页的打开速度快慢，品牌个性化展示强弱，导航栏是否清晰畅通，站内搜索是否有逻辑等这些都是搜索引擎品牌维护重点关注的因素。官网是根基，巩固好根基，加强官网基础信息建设是首要工作。另外除了官网站内的优化，要保证官网内容全面真实权威，像官网蓝V认证，通过优化将官网优化到搜索引擎排名前三，官网的TDK（title，description，keywords，标题、描述、关键词）被搜索引擎收录等，都是做官网优化的基础工作。品牌做官网优化不要仅局限在官网站内，站外的占位才是品牌维护的关键指标。

2. 信息整合

信息整合主要表现在搜索引擎基础信息的建设上。上述对搜索引擎的搜索结果进行了解析，搜索引擎抓取的内容主要来自以下平台：百科、地图、小程序、自媒体、新闻媒体、口碑平台、工商信息等。各个平台输出的内容根据一定规则排列组合，都会出现不一样的搜索结果。

3. 营销推广

营销推广指通过广告来提高品牌的市场占有率。这是企业见效最快的营销方式。在搜索引擎中主要通过以下三种方式进行推广。

品牌广告：树立良好的品牌形象，从而达到提高品牌市场占有率的效果，最后使得品牌形象变得更加知名。品牌主可以自己定义购买时间跟媒体询价，时间不一样价格也是不一样的。

搜索广告：根据购买关键词并以图文广告形式拦截搜索引擎头部流量，以富媒体形式完整展示广告主品牌、服务内容及特点等。此部分资源是实时竞价，按照CPC效果收费，按照点击成本在后台扣费，选择的关键词竞争越激烈，付出的点击成本就会越高。企业主可以根据自己的品牌及服务选择对应的关键词。

信息流广告：利用大量的用户数据和信息流，根据浏览定向、到访定向、用户兴趣、精准捕捉用户意图等，对品牌精准人群进行广告推送。此部分资源有多种购买方式，企业根据自身资源位置的需要可以采用竞价的方式，也可以采用位置包断的方式。

针对事件型-品牌维护的解决办法有以下五种。

舆论建设：根据头部媒体、行业重点信息展示规则，完善品牌信息媒体、类型、内容的基础建设和运维。掌握舆论主动权，维护品牌的互联网舆情口碑。

媒介公关：保持与重点媒体的关系与沟通，在发生危机事件时把握媒体传播内容观点的客观性和正倾向性。对企业进行全面的品牌宣传报道，扩大品牌影响力，在公众面前树立良好的形象。

申诉删除：以正常媒体投诉、举报渠道完成对个人或第三方恶意传播、诽谤、虚假、侵权等行为的防治，达到删除相关信息防止再次传播造成重大影响的目的。

搜索屏蔽：实施搜索屏蔽策略，以消除相关媒体内容、移除搜索信息映像与快照，从而降低不良信息的曝光率和影响力。

信息压制/话题稀释：科学处理，制定符合公众期望的负面新闻处理方案，积极正面地回应问题。同时，根据媒体信息传播的规律，精心策划并发布正面信息，以有效稀释负面信息的曝光度，降低其不良影响。

## 三、借视频直播拉近品牌与用户的距离

要理解消费者，就要拉近与他们的距离，融入消费者习惯。对互联网营销来说，短视频就是这样一个阵地。《2022年中国移动互联网春季大报告》中显示短视频应用MAU已超过10亿，刷视频、直播内容已经成为用户日常生活的特定场景。当下品牌要在这样的内容平台做好营销，就必须先观察消费者都在这个场景中做些什么，有什么样的行为和心理。

2022年，"边刷边搜"成新的常态，整合营销后端迎来新的机遇，消费者早已习惯在抖音讨论自己钟爱的品牌，一边种草，一边交换心得。品牌自然不会错过这些趋

势，很快就开始建立营销体系。不过，短视频直播内容平台的营销，往往以种草最为突出，而种草后如何承接消费的延伸关注、促进下一步的转化，却极容易被忽视。短视频平台的广告位和投放工具，满足了触达消费者的需求，但在触达与最终转化之间，还应当存在一个深度培育用户的好感与认知的环节。搜索环节存在于整合营销偏后端，它应当能够沉浸式融入用户的日常使用场景，同时又能从信息轰炸中脱颖而出，使用户感到耳目一新。比如，以抖音现有的用户为例，从一些种草、测评内容来看，当用户围绕某个话题围观或参与讨论时，往往是他们自发主动地去了解相关品牌的时刻，如果在抖音评论区存在一定的联想搜索提示，用户有了解品牌的倾向，就会想要获取更多信息，而在抖音的短视频、直播、热榜等场景受到触动后，用户也可以点击放大镜开始"边刷边搜"。这种搜索行为往往存在于种草后、购买前，连接认知触达与后续转化，具备主动性。

2020年8月，巨量引擎的搜索日页面浏览量达到5亿次，抖音用户平均每人每天都会搜索一次。其中，关于电商的搜索量增长了238%，57%的用户习惯先浏览后搜索。显然，短视频进一步激发了消费者的搜索和消费行为，"边刷边搜"已经成为一种新的常态。2022年6月中旬，抖音#千万别搜#吸引了众多用户主动参与，可口可乐、vivo、上汽大众途观三大品牌也借此成功打出营销"组合拳"。这正是利用了搜索的特性，让用户使用搜索工具，先收获惊喜的体验，再带动更大的受众群体。

2021年，吉利星越L在盐城试验基地进行首测。当天吉利全程现场直播了星越L与三款竞品的百公里加速及百公里刹车、麋鹿测试全球公开对比测试，为了让星越L的用户有身临其境的"亲测感"，吉利还联合了大疆签约摄影师，使用无人机进行了全球首个第一视角沉浸式直播。不过，这还不是吉利第一次用"花式直播"来与用户进行互动，吉利还在此前的广州车展前一天发布了专属频道——1760频道，这也是汽车行业首个视频化的用户生态体系计划，与此同时，吉利在短视频平台推出了很多款直播节目，引发了巨大的轰动。在2021年的上海车展上，吉利汽车为了将用户感兴趣的并且有价值的内容进行可视化，推出了数字化媒体中的首个关于汽车技术的Talk科普直播，同时为不能亲身来到现场的粉丝举行为期六天的车展探馆直播。车展第二天，吉利汽车就与中国汽车工业协会以及知乎联手发布了关于中国汽车品牌的技术科普战略，同时以"智能时代，汽车就是手机+四个轮子吗？"为主题，进行了科普，又通过"汽车只是够硬、抗撞就是安全吗？""后疫情时代，汽车如何保障我们的健康出行？""中国品牌能造出世界级的高性能汽车吗？"等三个话题，与千万网友一起见证了CMA[①]超级母体的各方面硬核实力。在探馆直播里，吉利为没能来到现场的粉丝全方位展示了吉利汽车的展台与旗下产品，吉利不仅不断提高自身的产品质量，还能够勇于利用数字化媒体进行品牌宣传活动，及时与用户沟通，占据了沟通的主动权，和用户拉近了距离。

由以上案例可以看出，视频直播对品牌营销的意义十分重大。视频直播可以大幅度提升品牌的曝光度和知名度，而且由于其强互动、低门槛的特性，还可以实现全民参与，另外，由于网红和明星自带流量，视频直播可以最大限度地将产品和品牌信息曝

---

[①] CMA全称为compact modular architecture，意为中级车基础模块架构，由吉利汽车和沃尔沃汽车联合开发的模块架构。

光；视频直播的转化率也非常高，在直播场景中，由于粉丝对于主播或名人的信任，加上视频直播的透明性，减轻了消费者的疑虑，所以很容易产生购买行为。不同的模式在很大程度上决定着直播的效果，下面介绍六种不同的直播模式。

### （一）直播+电商

"直播+电商"是常见的直播营销场景，在网络店铺中应用广泛，主要通过直播的方式介绍店内的产品，或传授知识、分享经验等。因为电商平台用户众多，流量集中，观看直播的用户目的明确，他们会对某类型的产品感兴趣，因此，"直播+电商"不仅能够非常迅速地进行流量变现，还提高了实际销售的效果。

### （二）直播+发布会

品牌方抢夺线上流量、营销造势的武器之一就是"直播+发布会"。直播平台上的直播地点不再局限于会场，与观众进行互动的形式也丰富多彩，十分有趣。直播可以对产品进行直观展示和充分的信息说明，并结合电商等销售平台，将直播流量直接转换变现。比如，小米曾经的一次无人机发布会就放弃在北京新云南皇冠假日酒店这种传统线下场地举办，而是通过数十家视频网站和手机直播 App 进行线上直播，发布了人们期待已久的无人机。单单是小米自有的直播 APP，当日同时在线的观众最高就超过了50万人。

### （三）直播+企业日常

在数字化社交时代，品牌的营销活动要符合用户的需求，比如，用户都有好奇心，会对品牌产生兴趣，那么品牌与顾客建立紧密联系就需要营销活动人员在直播时能够向观众分享企业的发展现状，分享品牌在做的日常的事情。比如，宝马与《时尚先生 Esquire》杂志进行联手合作，连续三天在直播平台对杂志拍摄现场进行直播，直播的主角还是知名的明星，因此利用明星效应吸引了众多年轻用户。最终，这场直播累计了530多万人次的观看量，对宝马新推出的 Mini Clubman 进行了一次非常有效的宣传。

### （四）直播+广告植入

直播中的广告植入能够摆脱生硬感，而原生内容的形式能收获"粉丝"好感。在直播内容的加持下，主播能更自然地向观众推荐产品或者传达品牌信息。例如，很多主播通过直播与"粉丝"分享化妆秘籍，植入面膜、去油纸、保湿水、洁面乳等护肤产品广告。同时，导入购买链接，获取购买转化。

### （五）直播+互动

直播有一个无法比拟的好处就是它能给观众直接地展示开箱使用体验，与观众消除时间、空间距离进行即时沟通，及时打消观众疑虑。品牌进行"直播+互动"的方式有一个巨大的魅力，那就是在与观众互动沟通的同时带入品牌，将人气链接到品牌与产品中去。品牌方在直播中即时回答顾客问题，帮助客户解决问题，将产品全方位地向用户解读，从而为品牌赢得大量曝光。直播时互动形式多样，如弹幕互动、产品解答、打赏"粉丝"、分享企业的独家信息等。企业或商家通过发布专属折扣链接、爆款产品提前购、红包口令、新品预购等信息和福利，可以让"粉丝"感受到企业对他们的重视，从而增加"粉丝"对企业的忠诚度。为了实现企业产品与品牌的宣传与销售转化，直播活动中应引导用户进入购买页面，同时，可通过营造紧迫感，促进销售转化。

（六）直播+访谈

"直播+访谈"就是品牌通过第三方角度来传达对品牌的态度与观点，如可采访行业意见领袖、特邀嘉宾、专家、路人等，利用第三方的观点来增加产品信息的可信度，对于传递企业文化、提高品牌知名度、塑造企业良好的市场形象都有着促进作用。这种直播方式切忌作假，在没有专家和嘉宾的情况下可以选择采访路人，以拉近与观众的距离。

## 四、利用网络游戏构建品牌与用户的关系

利用网络游戏构建起品牌与用户的关系称为游戏化营销，就是品牌在进行营销活动时将品牌贯穿于游戏中，既能通过游戏吸引用户，又可以将品牌或产品在顾客玩游戏过程中不知不觉植入他们的脑海，从而形成品牌印象；还有一种方式是品牌通过在游戏中埋藏奖励进行营销，以达到扩大产品消费人群、提升消费者黏性、扩大品牌知名度和提高产品销量的目的。游戏化营销具有以下四个显著的特点。

一是品牌性。品牌利用游戏来进行营销活动，始终不能忘记初衷，所以品牌元素应该穿插进游戏中，借助游戏对品牌进行传播，将品牌渗透进用户的脑中、心中。有时候品牌就是游戏的名称，有时候品牌只是在其中扮演了一个角色。

二是趣味性。用户玩游戏是为了娱乐，为了赢得游戏的愉悦感，所以游戏最主要的就是要好玩，所以品牌必须将资源和创意投入到设计游戏的趣味性和游戏体验中去。只有具有趣味性的游戏才能吸引玩家参与，并且使得玩家长久地在品牌的游戏中沉溺下去。作为一种营销手段，游戏的设计不能太过复杂，否则会让玩家不耐烦或是没有信心继续玩下去。

三是互动性。品牌方与玩家在游戏中的互动包括新手指导教程、新手奖励、信息提示、签到奖励、反馈建议、晋级活动等，就是这些看起来无关紧要、不起眼的东西，为玩家营造出了游戏的氛围，打造了品牌游戏风格，使得玩家更容易沉浸其中。

四是社交性。除了一些小游戏和单机游戏，很多联机游戏、网络游戏都是具有社交性质的，人们将游戏当作结交朋友、维系关系的手段；更重要的是，几乎所有的游戏都可以在社交平台进行传播和分享，所以能够方便朋友之间互动沟通的游戏更容易走红。

通过游戏构建品牌的方式对营销的要求比较低，反而是倾向于要求游戏更加具有创意，因为与一般的传统营销和网络营销相比，游戏化营销更侧重于"游戏开发"而不是

"品牌营销"本身。很多品牌都已经能够游刃有余地进行游戏化营销，虽然不是所有的企业和品牌都能够适用于游戏化营销，但是对于品牌的推广和在消费者心中建立品牌认知来说，游戏确实能够有效吸引用户，并且提升用户的参与度和传播度。目前为止，出现得最多的游戏化模式主要有线上游戏产品、线下体验、与知名游戏进行联动三种。

（一）线上游戏产品

大多数情况下，数字化品牌更加倾向于去开发一个与品牌相关的并且具有趣味性的游戏。利用微信等此类 APP 的 H5（HTML5，超文本标记语言第五版）和小程序功能，品牌可以在短时间内运用工具或者是模板开发出一款以游戏化营销为目的游戏，比如，曾经非常火爆的跳一跳、网易云的音乐人格测试、支付宝的集五福活动等，这些小游戏依附于数字化媒体平台，方便使用，玩家能够利用碎片时间进行操作，然后借助平台的社交功能不断传播。品牌利用数字化平台所开发出的游戏简单又方便操作，传播效果非常不错，但是这类产品已经遍地开花。所以为了能够通过游戏最大化地让用户了解到品牌信息和产品，一些大品牌不惜花费大量财力物力，用心地开发高技术含量的小游戏来赢得玩家的"赏识"。比如，Nike 的一款知名的游戏 NikeFuel，旨在通过游戏鼓励用户进行运动，NikeFuel 中有一项可以进行运动测量的技术，可以将用户日常的运动量化，用户还可以将成就进行分享，达到一定的目标时可以获得奖励。在 NikeFuel 中，玩家可以互相进行运动比赛，互相挑战，甚至还能够挑战知名运动员的纪录，故而受到了大量运动爱好者的追捧。

（二）线下体验

为了带给游戏玩家更多的真实感和刺激感，很多品牌都愿意投入更多的资源，利用先进的技术尽可能地满足玩家的游戏需求，如利用 VR 让玩家进入游戏世界。Nike 非常热衷于使用游戏化营销来调动客户的兴趣和参与度，除开发线上游戏外，还愿意设置线下的 VR 体验区。2016 年新产品发布之际，Nike 就在上海淮海路的体验店推出了 VR 跑酷类游戏，玩家只需要穿戴上 VR 设备，就能做出跳跃、弯腰、躲避等动作，来跨越障碍，拾取道具和奖励，或者对攻击者进行反击。线下的游戏体验更具有真实性，但往往比较耗费时间成本。但从游戏体验上来说，线下的游戏化营销应该是体验效果最好、印象最为深刻的模式。当然，在以往的直销门店当中，还可以借助收集卡片、徽章、印章等形式来获得奖励或者优惠，这就是较为简单的线下游戏化营销模式了；此外，还有借助 KOL 发起的一些挑战形式的游戏，如前几年风靡一时的"冰桶挑战"，不过这类游戏主要借助 KOL 的自发性。

（三）与知名游戏进行联动

品牌进行游戏化营销，不仅可以自己研发游戏，还可以和一些知名的游戏进行联动，让品牌成为游戏的一部分。这种跨界营销不仅省去了游戏创意的设计，还能够借助已有玩家基础和游戏热度，在短时间内为品牌获得更广的知名度，并拥有更丰富的内涵。麦当劳是这种游戏化营销模式的经典案例，早在 1987 年麦当劳就与游戏《大富翁》进行了游戏卡的联动。《大富翁》当中设置了关于麦当劳的游戏卡任务，只有在麦当劳进行消费才能够收集到，而集卡越多就越有可能抽到最终大奖，这一联动让很多人不由自主地走进了麦当劳进行消费，并且成功地延续至今，还有了线上版本。

游戏化营销的三种常见模式虽然在具体的形式和目的上略有不同，但其本质是一样的，那就是游戏和参与。不管哪一类模式，要做好品牌的游戏化营销，都需要具备游戏思维和游戏创意。了解了游戏化的几种模式后，那要从具体的实施上来看，品牌营销游戏化如何才能够做好呢？

首先，突出品牌性，以其为核心打造游戏。要借助游戏来做营销，提升口碑的认知度，必须以品牌为核心打造游戏，让玩家在玩游戏时难以忽略品牌，并在玩的过程中对品牌产生一定的印象和认知，最为简单常见的是将品牌的视觉元素和风格植入游戏当中，此外，利用品牌 IP 故事充实游戏内容、在游戏中凸显品牌精神也是有力的方法。

例如，网易游戏《第五人格》和网易云音乐共同推出的人格心理测试，一度刷屏朋友圈，这款心理测试与游戏《第五人格》的品牌名看似有着非常紧密的联系，很容易让人将测试的内容与这个游戏名结合在一起；并且进入测试页面，在结果生成后会据此来向用户推荐歌曲，可以直接将歌曲当作游戏内的 BGM（background music，背景音乐），与网易云音乐的性质相契合。总之，虽然游戏化营销较为看重游戏性，但要达到营销的目的，还是要低调、自然地体现出品牌的存在感，将品牌的核心点融入游戏当中。

其次，突出游戏的趣味性和"上瘾点"。要吸引玩家并留住玩家，游戏就必须做得好玩有趣，并且容易让人上瘾。游戏的趣味性并不一定要求玩法要多复杂、多新颖，而是需结合用户普遍的喜好和习惯来设计。例如，当下很多上班族闲暇时间少、压力大，于是通过玩游戏来放松，并且基本上都是利用业余的碎片化时间来玩，那么游戏可以设置得简单明了且容易操作，并且在游戏内容上能够让人放松，获得精神上的舒适感。

例如，《羊了个羊》在此前大热的原因正是如此。微信小程序无须下载，玩起来非常方便，只需要一只手轻触屏幕就能够操作，全部消除同样的图形即可通关，通过加入羊群让玩家获得成就感，游戏的高难度让玩家产生较强的竞技感，使玩家在不知不觉中就陷入游戏之中。总之，《羊了个羊》的成功显示出了当下休闲游戏玩家的诉求，并且在其大火之后，很多品牌也植入游戏当中，通过观看视频获得游戏道具，突出品牌的存在。除了趣味性外，"上瘾点"也很重要，通过通关加入自己省份的羊群使玩家"情不自禁"，而麦当劳、星巴克这样的集卡、积分等形式也是让人"欲罢不能"，在这一点上可选择的切入形式有很多，但是要根据游戏和玩家喜好来设置。

然后，构建游戏、社交、推广为一体的生态平台。品牌要在营销上进行成功的游戏化，不仅仅是设计一个游戏这么简单，换句话来说，营销游戏化要打造的是一个集游戏、社交、互动、推广为一体的生态平台，当下的很多游戏都社区化了，因为社区的文化氛围和活跃度具有很强的留人能力，让玩家在情感上产生一定的依赖性和归属感。

例如，三丽鸥公司为了进一步提升 Hello Kitty 这一品牌的价值和创收能力，推出了多人游戏 Hello Kitty Online。在这款游戏中，游戏好友间可以共同完成任务，一起玩小游戏，或者是仅仅用来聊天。虽然 Hello Kitty Online 作为游戏产品在功能上已经"越俎代庖"，但更加全面的玩法，包括任务、游戏、互动、社区等，能够让玩家沉浸在其中，这样一个生态系统，可以维持用户的活跃度和参与度，同时也能够减少渠道成本。游戏的社区化已经成为一种新趋势，打造游戏中的生态系统会让品牌更具有凝聚力，品牌在进行游戏化营销时，游戏的社区化是需要注意的一点。

最后，可适当添加"彩蛋"和优惠。适当地在游戏中添加一些惊喜，会让玩家有参与的动力，也能够让玩家对品牌产生好的印象。品牌在设计游戏时，可以在设置关卡挑战成功时获得惊喜，额外的彩蛋、奖励和实际中的消费优惠，可以让游戏更加有趣，同时也可以借此塑造品牌形象，尤其是在消费上的优惠，这种奖励方式不显得突兀，还能够刺激消费欲望。

例 OPPO R7s 手机在推广时推出了一款扁平化风格的 H5 游戏 "R7s 闪充之旅"，游戏规则很简单，只需要点击左右来躲避路障吃到闪充，就能够获得加分，当命中率达到 90%以上时，就能够进行抽奖，奖励都是在现实生活中较为实用、具有 OPPO 品牌特色的奖品，并且价值可观。有趣、简单的小游戏给了人们轻松的减压方式和游戏快感，而奖励则是一个目标，是吸引用户参与并不断尝试的动力。游戏的惊喜体现了对玩家的激励和奖赏，更体现了品牌的自然融入，达到了更好的推广效果。

游戏化营销的侧重点是游戏，通过游戏对人们的吸引力达到传播品牌的目的。玩家在沉迷游戏的同时，也不知不觉接受和认同了品牌，将品牌的核心价值理念深深刻在心中，这实质上就是以游戏为工具让消费者沉浸在品牌的氛围之中。

## 第三节　线上线下结合增强用户的品牌体验

随着 5G 与 VR、AI 等技术的高度结合，线上与线下的场景融合正在不断加快、加深，一个崭新的"以场景为核心的 3.0 时代"已经到来。可以说，全场景正成为零售发展的潮流趋势。线上线下联合运营主要就是以线上门店拓宽公域流量的触达广度，线下以用户为中心，聚焦服务和体验，精细化运营私域流量的深度和复购率。真正的线上线下结合，是为了更好地满足顾客的体验，让顾客感觉到无处不在的关怀和体贴，不管在哪里与这个品牌产生关系，都有更完美的感受，线上和线下都能充分发挥自己的优势，才能打造更有价值的品牌。

### 一、数据精准定位与把握消费者偏好

企业发展与产品服务的改善和迭代，离不开对消费者透彻的认知。在企业发展过程中，需要深入了解用户特征，洞悉用户习惯与偏好，及时发现用户需求。依托强大的互动网络、先进的大数据技术、专业的服务与分析团队，为品牌带来深入的消费者洞察，助力品牌实时把握消费者行为变化，预判消费体验需求趋势，帮助企

业根据实时市场形势做出更为合理的市场和销售策略与销售资源配置，从激烈的市场竞争中脱颖而出。

面对行业变革，搜狐集团在行业浪潮中不断定义自身，在持续的探索和实践过程中，逐步明晰了为全天下提供"资讯+娱乐"的定位，在这一使命驱使下，搜狐集团更是在大数据技术层面及早布局和发力。截至2016年，凭借集团下几大资产，搜狗拼音输入法PC端4.61亿、移动端2亿网民；搜狗搜索4.87亿用户搜索行为；搜狐网日均浏览量6646万，手机搜狐网日均浏览量8000万；搜狐新闻客户端总装机量4.06亿，活跃用户数量4685万；搜狐视频总装机量超过7亿等。由此可以看出，搜狐实现了对用户在输入、搜索、浏览、阅读等行为的收集和分析，因而能够为搜狐用户提供定制化的资讯和娱乐服务，并实现精细化营销的商业模式。另外，搜狐借助大数据，对用户的搜索行为、浏览行为、阅读行为、购买行为、分享行为等数据进行深度挖掘，指导用户细分、销售转化、客户关系管理和二次消费等具体工作，将广告内容植入用户行为的每个细节中去，完成广告的告知和引导任务。为应对客户的不同推广需求，搜狐集团推出了汇算与品算产品，汇集了搜狐门户资源：搜狐网、搜狐新闻客户端、手机搜狐网、搜狐视频、搜狐焦点网等最优质的平台资源，以及晶茂院线等线下资源，为广告主提供多维度、全方位的优质流量矩阵，让广告主只为精准用户的主动观看付费提供高效精准的广告展示机会。

## 二、增强线上线下体验的关联性

无体验，不营销。体验式的场景营销已成为每个品牌商和销售商可以运用的强大武器。随着移动互联网技术的发展，体验式场景营销利用大数据和GPS、Beacon定位等技术手段，紧密贴近消费者当下的心理需求和消费需求，最大限度地触发消费者的购买欲望，进而促使消费者完成消费行为。构建体验式营销场景将成为品牌的必选题。

在当今数字时代，品牌开始研究主力消费群体的消费重点，只有准确地把握好目标消费群体的重点关切和潜力需求的发展方向，才能有针对性地打造相对应的场景营销。因此，场景营销其核心是全面研究消费需求，重点把握潜力消费需求。在移动互联网时代，在打造场景营销的过程中，除了场景设计的激发作用，还必须融合线上线下渠道，以满足目标消费者的需求，用有效的方法增强消费者的体验感，激发需求动机。所以，从本质上讲，移动互联时代的线上线下融合场景营销是通过新的技术手段满足个性化新需求的过程。

线上线下交互场景营销是品牌营销方式的创意突破，只有设计符合消费者需求的个性化场景，才能调动起消费者的体验感和参与感。现阶段，创意的"场景营销"类型分为六种。

（1）生活场景：贴近人们实际生活来设计场景，激发人们感官认知，如宿务航空"雨代码"、WWF（World Wide Fund for Nature，世界自然基金会）全球变暖菜单。

（2）艺术场景：人们在休闲生活中进行设计，从艺术氛围中提高广告的审美素养，如五月花的卫生纸画廊。

（3）运动场景：改变运动中的某些元素，给消费者带来新鲜的运动体验，如 Nike 夜光足球场。

（4）消费场景：对商业链条中的关键环节"消费"进行深入剖析，增强消费者的参与度，如麦当劳鸡翅优惠风暴。

（5）节日场景：利用节日噱头进行场景促销，品牌自创节日增强消费乐趣，如"双11""双12"等。

（6）虚拟场景：这也是迎合现今互联网的发展优势，利用移动互联网的场景，设计营销手段，突破了时间、空间的消费限制，消费用户只需在平台上根据自身需求去挑选即可。

### 三、让消费过程变得有意义

伴随着消费者意识的崛起，多元媒体渠道的涌现，人们的消费观念正在发生变化，从最早期的"功能式"消费，演变为后来的"品牌式"消费，再到"体验式"消费，而现在，已经进入了"参与式"消费时代。这也意味着消费需求发生了一次关键的跃迁——消费需求第一次超出了产品本身，不再囿于产品的物化属性，而是更多延伸向了社会属性：买东西能让我参与到什么样的新体验中去。与此同时，一些知名企业也迅速调整营销手段，参与式营销随之走红，国内最知名的案例，莫过于小米手机的参与式营销。众多广告主通过开展创新性的参与式营销，将品牌建设的"话语权"交到了网络用户手中。

首先，品牌不再高高在上，消费者已经上升到最高的位置。在 Marketing2.0 时代，任何品牌如果简单地按照自己的推断去制定品牌策略，满足消费者体验，则意味着冒险和错误。品牌要想得到消费者的认同，一个最好的办法就是让消费者参与品牌建设，由他们主动提供自己的想法和做法。

其次，传播主体中心化的趋势日益明显，媒体不再是信息的唯一制造者和传播者。在 Web2.0 的世界中，网络媒体更像是一个信息支持平台和人气聚合平台，消费者已经不再是传播的终点，而是成为传播过程中的一个节点，甚至在一定意义上是媒体。在众多的营销活动中，消费者既接收来自各方面的信息，同时也在制造信息和向各方传播信息。

最后，消费者真正成为上帝。品牌和媒体不再像以往那样能控制所有的品牌体验和传播资源，由品牌主导消费行为的时代已经一去不返。以往的专业和正统营销理念正受到消费者自我意识的强大挑战，只有引导、迎合消费者的行为和体验，才能使品牌的营销效果得到最大限度的释放。

随着数字化媒体使用率的进一步提高，年轻人，尤其是 90 后、00 后消费人群作为互联网的一个主要用户群体，其营销价值和用户地位得到了前所未有的重视。在一些发达地区，青年族群和高收入市场已经步入体验消费时代，推动消费者体验价值得到更充分的展现。

## 第四节　通过互动沟通打造品牌形象

长久以来，人们都把营销视作一场零和博弈：一方的收益意味着另一方的损失，品牌主和消费者有意无意地总是处在对立的两端。品牌主想方设法地从消费者身上攫取注意力、好感度和金钱，在这样的思维导向下，用户往往被视作一个个静止的"猎物"，被各式各样的广告信息"围猎"并"俘获"。

社交媒体的崛起打破了这种不平等的对立局面。渠道的下沉与碎片化，给用户手里递去了"麦克风"，他们对品牌的意见能够轻易被发表、被聆听，并且容易对其他潜在客户产生影响。这些普通用户，以及他们中的意见领袖，取代了广告话术和明星代言人，决定着品牌、产品的口碑和命运。

在新的传播环境下，品牌主想要使自己的信息得到大量传播，就不能再将用户视作"猎物"，而要将他们视作亲密的"队友"：给予他们充分的激励，调动他们在整个营销过程中的参与度，并促使他们输出正向评价。

### 一、与用户互动沟通是打造品牌形象的捷径

企业要改变传统营销传播的单向传递方式，必须通过传播过程中的反馈和交流，实现以消费者需求为中心、双向的沟通。有效的沟通进一步确立了企业、品牌与消费者之间的关系。品牌主需要运用各种手段建立企业与消费者的良好沟通关系。这种沟通关系不是企业向消费者的单向传递信息，而是企业与消费者之间的双向交流。

未来，大部分的企业必须转型，为品牌赋能内容。之前，很多企业采取发稿的形式，对品牌知识、品牌理念的内容进行单向输出。现在这种形式已经被淘汰了。因为用户在决策的过程中，会自行过滤掉广告信息。这种情况下，品牌内容的互动性就尤为重要。品牌必须通过内容分发，提高用户参与度，使用户自发分享内容，传递品牌信息。其中就涉及内容的分发与各平台的算法机制。品牌必须对媒体进行归类，探索适合自己的内容互动媒介组合，并且建立在目标消费者需求的基础上，这样才能迎合消费者的利益，引发消费者的兴趣和关注。企业要明确传播目的，给目标消费者留下深刻的印象。与目标消费者的双向沟通，能够增强消费者对企业价值、品牌的认同。与目标消费者关系的建立，能够巩固企业的品牌形象。同时，也使企业的各种资源得到有效的整合和优化，从而减少企业生产和流动的成本。

### 二、品牌与用户进行互动沟通的方法

数字化品牌营销战役想要与用户达成更好的沟通，传播内容与沟通方式都十分重要。但如何操作才能取得更好的营销效果，依旧是困扰品牌的一大难题。而企业品牌如何做到与年轻用户群体的深度沟通和互动，以及在内容打造和沟通方式上的创新，都是要探讨的重要问题。

数字化品牌建设，"用户沟通"是关键。品牌经过多年发展，多数已经拥有了成熟的产业基础，产品研发、生产制造、服务建设和品牌传播等产业链已经成熟，在数字化技术强驱动下，品牌数字化转型升级在即，数字化品牌策划营销有体系、有方法，更有数字化技术的加持，数字化品牌营销策划有了更快的发展，品牌与用户沟通有了更全面的沟通方式以及沟通方法，品牌的数字营销策划创新突破在即。

强大的品牌，需要更加专业化的"品牌用户沟通"。数字化品牌与用户深度沟通，有"四大方法"值得推行。

（1）刷新品牌识别，让用户清晰认识到品牌价值，其中产品是开路先锋，品牌核心识别的独特性、价值感是关键。对于优秀的品牌来说，首要任务就是让用户知道自己，认识自己，让用户认识到品牌的价值。产品大多是"首先可感知"的介质，因此，品牌要有明星产品，有显著的品牌认知，有个性化的品牌识别，我们才能更好地认识到数字化品牌营销的价值。专业化的品牌建设，需要各品牌有清晰的"核心品牌识别"，以便与其他品牌进行区隔，此种"核心品牌识别"不仅仅是指核心的品牌设计要素及品牌感知体验，而且包括强大专业的"核心品牌特质识别"，特质持续长久，辨识度高，有自己的专业价值及品牌特色。

（2）明晰品牌内涵，以前期品牌形象感知为指引，强化产品的多用途挖掘，连接产品消费多场景。每个优秀的品牌都应有自己独特且个性化的"品牌内涵"，有自己的品牌价值支撑，更有自己的品牌形象感知，以产品为媒介，以"产业品牌化"为感知，刷新品牌的价值特色，点亮产品的多重用途和多重价值。品牌不仅要有价值，更要有品质感知，有品牌特色。品牌内涵是在前期客户辨识品牌之后所做的"品质感知"，其结合前期品牌价值表现，充分点燃品牌的"内涵表现"与"价值认知"，以前期品牌形象感知为指引，强化产品的多功能、多场景和多价值挖掘，连接产品的家用、商用、公共用及联合用等消费场景。品牌与用户互动沟通，始于产品，强于认知，盛于价值。

（3）高效品牌互动，传播品牌价值，亮化品牌形象，提升用户对品牌的认同感。数字化品牌营销，其首要在于明晰企业数字化技术的布局，刷新企业数字化转型升级意识，融入新零售策划运营创新，刷新用户的产业品牌认知，强调品牌的高效互动，以高品牌知名度吸引消费者，以高品质感知提升品牌的美誉度，强互动、强媒介传播、强品牌价值传递，自然会有强大的品牌认知。高效品牌互动，是基于企业的产业竞争优势展开的，是基于企业品牌策划营销的创新与落地实施推进的，更是基于新媒体创新传播及数字整合营销策划推进的，优秀的数字化品牌，必能点亮品牌核心价值，刷新品牌策划认知，推动用户对品牌的强大认知与价值认同。

（4）提升用户黏性，让品牌与用户更亲近，产品价值更突出，品牌与用户联系更紧密。数字化品牌营销策划史，是一部技术驱动下的品牌营销策划进化史，更是一部品牌化营销与体验式沟通的互动史，品牌专业价值越强，用户的黏性越强，品牌与用户的关系越亲近，产品的价值越突出。品牌建设的过程，需要持续刷新品牌营销思维，点亮品牌与用户的亲密关系、有效认同与价值认同的过程，品牌与用户的互动，开始于产品购买，验证于产品消费，裂变于口碑评价，凡此种种，品牌与用户之间沟通越多越具有商业价值，越具有品牌建设意义。

纵观国内品牌营销策划史，数字化品牌策划营销升级了品牌定位的"定位说"，提升了数字化技术在数字营销策划中的价值，加快了企业数字化转型升级步伐，刷新了品牌识别认知，充分重视了产品价值，丰富了品牌内涵及品牌形象感知，连接了多元化、复合式的消费场景，推动了品牌的高效联动，全面增强了用户黏性，极具商业策划创新价值，且更具有实战力度和践行意义，值得企业奋力推行！

## 本章小结

本章从浅显到深入地依次介绍了数字品牌营销的概念、数字品牌营销产生的背景、数字品牌营销的历史沿革、借助数字媒体渠道建立品牌与用户的联系（借助社交媒体沟通品牌与用户、以搜索引擎连接品牌与用户、借视频直播拉近品牌与用户的距离、利用网络游戏构建品牌与用户的关系）、线上线下结合增强用户品牌体验、通过互动沟通打造品牌形象等内容。

数字品牌营销概念：数字品牌营销就是指品牌通过利用数字媒体渠道来进行品牌宣传推广活动，从而能够精准地传达信息，提升与顾客的双向互动，增强品牌在消费者心中的好感，增加用户黏性，最终实现有效销售的营销活动过程。

借助数字媒体渠道建立品牌与用户的联系的方法：明确自身定位、专注内容建设、注重双向互动、依靠名人引流。

视频直播可以大幅度提升品牌的曝光度和知名度，视频直播由于其强互动、低门槛的特性，还可以实现全民参与，可以最大限度地将产品和品牌信息进行曝光，视频直播的转化率也非常高。

游戏化模式包括：线上游戏产品；线下体验、收集等游戏互动环节；与知名游戏进行联动。

数字化品牌与用户进行深度沟通，有四大方法：①刷新品牌识别，让用户清晰认识到品牌价值，其中产品是开路先锋，品牌核心识别的独特感、价值感是关键；②明晰品牌内涵，以前期品牌形象感知为指引，强化产品的多用途，挖掘、连接产品消费多场景；③高效品牌互动，传播品牌价值，亮化品牌形象，提升用户对品牌的认同感；④提升用户黏性，品牌与用户更亲近，产品价值更突出，品牌与用户联系更紧密。

## 思考题

1. Hootsuite 提出的是什么方法？具体包括哪些？
2. 品牌维护主要有哪几种？具体方式是什么？
3. 视频直播的模式有哪些？各自有什么作用？
4. 游戏化营销的特点是什么？如何做好品牌游戏化营销？
5. 使用数字化媒体渠道构建品牌与用户关系的方式有哪些？如何实现？
6. 通过互动沟通打造品牌形象需要注重哪些问题？企业能利用哪些方法实现？

7. 企业如何做到线上与线下结合？线上线下结合对企业有什么意义？

# 案例分析

## 一汽马自达是如何打动年轻人的

随着年轻一代成为消费主力，品牌亟待构建新型消费者关系，而直播营销正是实现这一目标的有效手段之一。备受年轻人喜爱的直播营销不仅以他们喜爱的方式展开平等对话，实现"带货"功能，还能传递引发共鸣的信息，以更贴近生活的方式赋能品牌效应，进而提升消费者对品牌的忠诚度。在直播带货崛起的营销时代，众多企业纷纷抓住机遇，积极掘金。据统计，2019年淘宝直播平台创造了高达1221亿元的惊人交易额，成为直播带货领域的佼佼者。

### 一、直播营销新策略：以实际成果展示实力

2020年1月20日晚间，新春佳节即将来临，我国潮奢汽车领导品牌——一汽马自达紧抓时机，携手我国最大汽车新零售平台、淘宝汽车新零售垂直领域TOP1店铺——弹个车，共同举办了一场线上线下融合的直播营销活动。此次活动，一汽马自达邀请国内著名主持人李晨及汽车领域知名KOL"南哥说车"担任嘉宾，与广大车主及观众实时互动，呈现了一场集品牌推广与购车服务于一体的盛宴。

此次活动成果显著：观看人次超过187万，获取高意向用户5400余名，推出的全新一代阿特兹及全新MAZDA、CX-4两款车型在直播中瞬间售罄。相较于1月汽车行业直播数据，此次直播在观看人数和促销车型成交数量上均实现了显著跃升。在汽车市场整体形势严峻的背景下，一汽马自达紧跟时代步伐，精准把握消费者需求变化，勇于创新，借助直播这一新型营销模式，成功吸引消费者关注，使潮奢品牌形象更加深入人心。

直播营销的成功并非偶然，天时、地利、人和三者兼备。互联网时代，消费者需求不断升级，对价值性内容的获取成为满足底层需求与欲望的关键。因此，明星、网红、KOL、创作者及时尚博主等受到广泛关注。品牌要想在直播营销中取得成功，就必须站在粉丝立场，构建内容，输出价值，与观看直播的消费者建立情感联系，将观看转化为购买力及对品牌的信心。

一汽马自达直播活动的成功，证实了优质直播营销不仅能提升销售业绩，还能传播品牌价值和理念，后者的影响更为深远且持久。在这场精彩直播的背后，是一系列环环相扣的策划与准备，包括品牌流程化管理、精准市场调研、受众定位、直播平台选择、直播方案设计以及后期反馈等。

一汽马自达与弹个车的直播活动，同样经过了严谨的策划与筹备。一方面，一汽马自达选择了具有强大带货能力的大型平台"淘宝"，并与汽车新零售领域最具影响力的品牌"弹个车"展开合作，奠定了"优势平台+顶尖媒介"的基础。另一方面，直播主

题明确，即"直播带货"。无论是一汽马自达倡导的"辛勤一年，给自己一个奖励"，还是弹个车的简洁明了的"直播带货，助力集客"，都明确了本次直播的转化目标。

在直播方案设计上，包括预热、直播、全网传播三个环节，环环相扣。直播前一周，通过弹个车和淘宝双渠道扩散直播信息，投放海报和H5，借助明星/KOL的声量以及弹个车线下销售团队的推广，锁定精准意向客户。直播当天，KOL亲自试驾，实战式讲解，详解车型细节和汽车金融服务政策，增强真实性和可信度。直播结束后，通过传统媒体、微博、微信、汽车论坛等社交媒体进行全网传播，最大化释放直播效果。

直播的核心在于提升用户参与感，塑造亲民品牌形象。一汽马自达通过直播形式，打破了汽车品牌的"高冷"形象，以更有温度的方式接近消费者，传递出温馨的品牌形象。在具体直播内容上，一汽马自达展现了接地气的举措，直观地呈现出一个有温度的汽车品牌应有的形象。

## 二、以真挚之心与卓越实力，不断突破营销的极限

本次直播活动的时机选择颇具匠心。正值岁末临近，全民归家之情日渐浓厚，"春运"成为舆论关注焦点。以"#在哪儿过年#开新车'狠'简单"为主题，巧妙借力春节这一备受关注的重要节日，将过年与购车相结合，与春节出游、回家过年等话题无缝衔接，成功捕捉新春佳节的热度，赢得广泛关注。

在直播内容方面，"#在哪儿过年#开新车'狠'简单"的话题丰富了当晚直播的互动性和趣味性。一句"在哪儿过年"成为主持人与观众互动的最佳话题，不仅拉近了彼此距离，还激发观众积极参与，互动活跃，情感共鸣深刻，深入人心。这种至关重要的情感联系并不会因直播结束而消失，而是在观众心中留下长久印象。相较于纯促销主题的直播活动，此次直播实现了品牌与观众间的强烈共鸣。

在直播主持人和嘉宾的选拔上，一汽马自达兼顾了促销诉求与品牌传播。知名主持人的加入提升了直播规格，营造了热烈的氛围；汽车领域意见领袖亲自试驾，详解促销车型的各项细节，激发消费者购买欲望；新老车主分享驾驶体验，使一场直播涵盖了明星、品牌、消费者三者之间的关系，满足了观众全方位需求，实现了全面触达，让观众宛如置身4S店，享受VIP服务。

直播人选相当有学问。明星效应无疑是品牌长期发展的重要考量因素，因此，选择与品牌文化及产品优势相契合的明星，有助于鲜明地传达品牌理念，提升公众好感度。本次直播的主持人李晨，以其独特的个性和在音乐、时尚界的深厚造诣，成为直播的一大亮点。他不仅在国内音乐主持领域独树一帜，更是时尚潮流的引领者，拥有自己的潮牌事业。李晨的气质与形象与一汽马自达的品牌理念高度契合——时尚潮奢，二者的受众群体具有高度重叠。

在年轻人成为消费主力的时代背景下，"潮奢"不仅代表一种生活习惯和方式，更是年轻人群对生活态度和自我表达的积极选择，彰显了一种精致生活与特立独行的"潮奢精神"。一汽马自达的市场定位正是"潮奢"，与"潮奢"文化紧密相连。通过与李晨的直播互动，一汽马自达成功强化了其"潮奢"品牌形象。

除了与品牌气质完美匹配的主持人，本次直播还邀请了拥有千万粉丝的汽车电商媒体"南哥说车"主理人南哥。他以真实分享用车感受著称，具有极高的粉丝号召力。汽车直播不同于其他快消品直播，购房购车往往是中国人的两件大事，所以买车并非如购买口红般简单。本次直播通过现场试驾，提供第一手、最真实的用车感受，极大地提升了用户信任度和黏性。

在本场直播中，李晨与南哥通过生动有趣的问答和游戏互动，与直播用户共同参与一系列富有创意的游戏环节及点评。在潜移默化中，他们深入展现了车型的优势卖点，使产品信息得以有效传递至潜在消费者。此外，直播过程中还设有多轮抽奖活动以及丰厚的优惠政策，进一步点燃了直播间的热烈气氛。如此既潮流又实惠的汽车品牌，无疑是令人难以抗拒的。

### 三、一场直播盛宴，实现销量与品牌双赢的局面

尽管 2019 年汽车行业的发展速度有所放缓，但其仍然构成了一个千亿元规模的市场。在这种情况下，我们认为这并非汽车市场的"寒冬"，而是为汽车品牌提供了调整和重塑的机会。谁能准确把握这一机遇，谁就将成为汽车市场的新赢家。

在这场竞争中，汽车品牌的内容营销成为必要手段，对于品牌和产品的推广具有重大价值。直播营销作为一种创新的内容营销方式，为企业带来了意想不到的巨大动能。因此，有人说汽车销售已步入"直播"时代。

在一众汽车品牌中，一汽马自达率先抓住直播机遇，抢占行业转型发展的先机。它选择利用当前最受欢迎的直播形式与年轻人展开对话，创新性地建立独特的场景化种草方式。相较于传统活动，这种方式进一步增强了用户体验，快速吸引消费者关注并促使其购买，使汽车品牌营销摆脱固有套路，更加贴近新一代消费群体。

通过直播营销策略，一汽马自达不仅实现了销量与品牌的双赢，还使其在汽车行业的地位更加稳固。这种勇于创新、紧跟时代潮流的做法，为其他汽车品牌树立了良好榜样。

**讨论题**

1. 直播营销有什么作用？
2. 直播营销给品牌带来了什么？
3. 直播最主要的特征是什么？
4. 一汽马自达的直播营销为什么成功？

# 05 第五章

## 数字内容营销

### 学习目标

1. 熟悉数字平台和数字平台营销的概念。
2. 了解数字营销平台的运营。
3. 掌握数字内容营销的概念。
4. 掌握数字内容营销的方法。

### 导入案例

#### 李维斯如何重新诠释"年轻化"

在我国服装市场步入缓慢增长阶段的大背景下,Levi's(李维斯)品牌面临着来自多方面的挑战。快时尚潮流的盛行,分化了市场;后方 Lee、JackJones、Jasonwood 等品牌的竞争;李维斯自身在品牌及数字营销方面的不足,以及舆论的猜疑,使得李维斯面临前所未有的困境。

为应对这些挑战,李维斯品牌决定强化其品牌形象。李维斯重新牵手曾合作长达68年的博达大桥国际广告传媒有限公司,并于2014年7月启动全球性推广活动"Live in Levi's"。此次活动覆盖全球100多个市场的数字平台、社交平台、电视、电影院、平面媒体、手机媒体及实体店,通过现实生活与虚拟活动的融合,深度接触消费者,激发其参与热情。与此同时,此次活动在全球范围内选景,展现李维斯不同消费群体在不同场合穿着的场景,借助短视频的形式,呈现品牌特性,并以跳跃、翻滚、跑步等动作凸显产品特性。

"Live in Levi's"在中国市场,尤其注重数字平台的建设。鉴于李维斯在我国的主要消费者为20~35岁追求时尚的人群,其中大部分为重度互联网用户,李维斯自2014年起调整了数字营销策略,削减了原先最大的户外广告投入,转而投向数字营销。数字平台已成为李维斯倾听消费者声音、传播品牌信息的首选阵地。

2014年8月,李维斯创建了一个名为"Live in Levi's Project"的数字互动平台,以交互式电影为主线,展现了身着李维斯服饰的人们在生活、工作及休闲时光的场景。在我国市场,李维斯除了少量传统媒体广告和户外广告外,着重发展数字营销,尤其是微博、微信、豆瓣等社交平台,其中微信成为最主要的信息传播中心。李维斯还制作了许多适合社交媒体传播的短视频,以吸引消费者关注,进而将其引导至网站浏览完整版的故事和纪录片。李维斯认为,品牌在社交媒体上有其独特的传播方式,通过推出有趣的活动,品牌能与消费者进行沟通与对话,并将忠实的消费者转变为品牌的代言人,进而吸引更多新的消费者。

李维斯在数字营销方面,注重将其与线下渠道相结合,例如,在店铺、路演和户外广告中融入互动元素,实现O2O闭环营销。2015年新春,李维斯推出了以"过年#活出趣#"为主题的广告,以微信为平台,联动线下门店,创造了有趣的线上线下互动体验。通过H5互动网站,李维斯开启了一扇时光之门,引导消费者回归纯真童年,回味温馨的过年场景和快乐的瞬间,激发消费者的共鸣,并启发他们"#活出趣#寻找最简单的快乐"。

在线下,李维斯设立了一款配备KINECT设备和技术的互动装置——李维斯新年愿望门,该装置分布在11个城市的大型商场内。消费者只需选择"趣旅行""趣探险"等新年愿望,便能置身于不同的愿望场景中,每个场景都能根据消费者的动作呈现出真实有趣的互动效果。这些"活出趣"的瞬间可通过微信保存至消费者的手机。据统计,"过年#活出趣#"活动上线仅一天,便有近万份微信优惠券被领取。微信优惠券吸引了大量人流,最高单店使用率达到了57%,活动有效提升了销售业绩,最高店铺同比增长270%。短短两周内,线上线下共有超过15万消费者参与互动。

# 第一节　数字平台与数字平台营销

李维斯积极调整数字营销的比例,以满足当下营销趋势的新要求,贴近目标消费群体生活消费模式。李维斯通过创建全新的数字互动平台,积极与目标消费者展开沟通对话,一方面留存品牌老用户,另一方面吸引品牌新用户。营销方式的转变也体现了李维斯品牌年轻化的转型,同时越来越多的企业启用数字平台并开启数字营销,这也作为企业品牌年轻化转变的途径之一。随着传统媒体向数字世界的迁移,广告生态圈也逐渐在进行数字化重构,大数据、云计算、物联网等新技术赋能广告产业,数字平台在不断发展中趋于数字化、程序化和自动化。

## 一、数字平台

### (一)数字平台的定义

本书中的"平台"一词在词典中主要是指进行某项工作所需要的环境或条件。在数字科技革新的今天,"平台"也被现代数字科技赋予了新的内容。在互联网、移动互联网、大数据、云计算等现代数字科技共同作用下，"平台"从线下端走向线上端。线上端的"平台"是为多边资源或需求提供整合的中介。"数字平台"则是指基于现代数字化技术的新型资源配置方式，其作用是为供需及相关主体提供连接、交互、匹配与价值创造的媒介组织。

（二）数字平台的优势

同其他类型的平台一样，平台优势也是数字平台的价值所在。平台优势体现为资源的整合与纳入，多边需求与供应的接入等。较其他平台的差异化优势则体现为数字平台的数字化优势，而平台数字化优势可体现在信息收集能力的增强、更好的资源管理、更客观的需求洞察力、信息匹配的敏捷性等多个方面。对于用户来说则是实用性和方便性的提高。以"美团"为代表的生活服务类平台为例，美团整合了本地生活各方服务，如美食外卖、酒店订购、跑腿配送、电影购票等，给美团用户提供了解决本地生活的一站式服务极大地节省了用户搜索与比较的时间成本，让每一份生活需求都能得到即时、贴心的满足。数字平台的出现是为解决互联网时代的海量信息整合问题，为用户带来短时间内更大的选择范围、更快捷的信息咨询搜寻，以及更省力的服务。

当下，数字平台及其技术在中国稳步发展，各类数字平台如雨后春笋加速融入中国用户的生产生活，中国数字平台的发展无论是在其规模与影响方面，还是在创新力与活力方面都位居世界前列。除了信息技术、数字技术、智能技术等深度应用、商业模式不断创新等因素，还有两点关于中国社会的原因解释数字平台在中国兴起且发展良好的局面。一是中国是世界人口大国、消费大国、制造业大国、资源大国，存在大量人、财、物等闲散资源；二是全社会供需之间的匹配程度并不太高，存在诸多痛点、难点与堵点。因此在大量无序且闲置的资源和社会供需匹配效率低的背景下，数字平台应运而生。

**二、数字平台营销的概念**

著名管理学家彼得·德鲁克将"营销"定义为"营销的目的在于深刻地认识和了解顾客，从而使产品或服务完全符合顾客需求，形成产品的自我销售"。数字平台营销就是数字化平台使用其数字化的媒体资源，或结合新兴技术应用形式推广产品或服务的营销传播活动。数字化平台营销模式包括社群营销、直播营销、短视频营销、移动营销、搜索引擎营销、电子商务营销和元宇宙营销等，而应用在数字平台营销的新兴技术包括大数据、人工智能、VR、AR、MR（mixed reality，混合现实）等。

# 第二节　数字营销平台

**一、数字营销平台的定义**

数字营销平台指的是在互联网广告生态中，为了让媒体和全部广告资源最大限度地合理使用，以及让广告主迅速找到合适的媒体资源，最大限度地触达目标用户并实现营销计划，由广告媒体或第三方搭建的广告营销平台。具体包括广告联盟（Ad Alliance）平台、广告交易（Ad Exchange）平台、需求方平台（demand side platform，DSP）、供应方平台（supply side platform，SSP）等。

## 二、数字营销平台的演进

### （一）早期网络广告交易

拥有包罗万象的信息和网站是早期的互联网最凸显的优势之一，但其管理处于混乱粗放状态，用户信息的获取和浏览变得分散和碎片化，从而导致这些海量但无序的信息利用率极低，这也给广告的投放和管理带来麻烦。为了让广告内容到达更多的目标用户，广告主不得不采取"广撒网"策略。然而通过对浩如烟海的网站进行筛选，再分别与网站管理者就广告位的定价谈判，网络广告的投放变得复杂且烦琐。因此早期的广告主不得不选择少数几个大型网站进行广告的投放，这也造成了众多的广告主需求与少数大型网站的有限供给之间的矛盾，市场中供给小于需求会使稀缺广告位资源变得千金难求。一方面是居高不下的广告价位和市场需求，另一方面是大量闲置零散的中小型规模网站的广告位，因此第三方网络广告联盟平台应运而生。

### （二）广告联盟平台

广告联盟平台聚合起各中小网站的广告资源，制定联合的标准与方法，并代表这些中小网站主与广告主谈判，将其形成一个整体打包出售给企业。广告联盟平台与广告主达成交易之后，代表中小网站主将广告资源的使用权交付企业使用，收取的费用按照联盟协议分发给各中小网站主，同时联盟留存一定的费用作为"中介费"，以维持平台的运行。该过程就简化了广告主从筛选到谈判的繁杂广告位购买过程，捆绑交易的方式也增加了各中小企业的广告价值，有利于促进双方达成交易，有效地促进了市场供求平衡。广告联盟平台一出现就广受广告主的欢迎，由于马太效应的不断显现，甚至一些大型的网站也向其投来了橄榄枝。因为大型网站的广告资源并不总是受到平等的对待，总会有些不起眼的广告资源被忽视，但是将这些资源放入广告联盟平台与其他资源捆绑销售就能产生价值。

尽管广告联盟平台为网络广告市场创造的价值是巨大的，但它仍有非常明显的缺点，那就是双边交易的不透明，这也是众多中介平台的通病。该新兴市场让人眼红的巨大利益，不断吸引外来者的加入，导致了广告联盟平台不断涌现。平台的激增也使得广告资源变得分散，可选择的广告资源组合越来越多，但与广告主目标群体匹配高的组合越来越少。此时为了满足广告主的需要，平台之间相互交换手中的资源，广告资源价格也在一次又一次的交换过程中层层叠加。一方面广告联盟平台定价水涨船高，但广告资源仍然是长尾市场，这让广告主产生了价值不等的抱怨；另一方面定价权被掌握在广告联盟平台手中，随着平台规模的不断扩张，中小企业的话语权越来越小。双边交易的不透明使得供需两端对广告联盟平台产生诸多不满。

（三）广告交易平台

广告交易平台的出现改变了网络广告市场不透明的局面，同广告联盟平台一样，广告交易平台也是中介平台，但与广告联盟平台整体打包不同的是广告交易平台又细化展示了供应方，并将价格交给市场决定。广告联盟平台为供应方提供展示资源的界面，供应方不仅仅包括各网站广告资源，也包括广告联盟平台资源，并制定"价高者得"的机制，采用实时竞价（real time bidding，RTB）的技术，将原本不公开不透明的定价过程交给市场供需决定。需求方（demand side）在广告交易平台提供的统一的广告资源展示平台，自行根据其需求和市场竞争情况选择合适的单项或多项独立的广告资源交易，这样不仅节省了捆绑式购买中多余的支出，同时合理的定价机制也可以很好地控制广告资源的溢价范围。广告交易平台的需求方除了广告主也有广告联盟平台方，这是因为广告联盟平台为了让其平台能提供与广告主需求更匹配的广告资源组合，扩大其平台的市场竞争优势，同时也避免多次转手的中介费用，所以也会在广告交易平台购买相应的广告资源。

广告交易平台与广告联盟平台相比较，广告交易平台更像是股票交易所，随市场供需变动的广告资源就像交易所屏幕跳动的股票信息，需求方则是股民，而广告联盟平台更像是行业协会，通过制定协议和规则联合供求方，并代表其与广告主谈判达成交易。现今的广告交易平台和股票交易所采取的都是 RTB 技术，不像过去，因为技术的不发达而采用的"T+1"或"T+2"交易模式，使得交易变得滞后，由此带来不确定的市场交易风险。

发展至成熟期的广告交易平台也给广告资源需求方带来了新的麻烦，原因在于其平台上琳琅满目的广告资源让需求方的选择购买过程又复杂起来，需求方一边需要考虑广告资源组合的性价比，一边还要考量广告投放与目标消费者的匹配度。事实证明，事物的发展总是螺旋式上升，其发展不是在重复以往的阶段，而是在更高的基础上重复，于是新的解决方案——需求方供应平台和供应方平台出现。

（四）需求方平台和供应方平台

需求方平台出现的目的是帮助广告资源需求更加便捷地使用。一方面，需求方平台会对广告交易平台上的广告资源再做精细的筛选，对广告资源的质量和资质做出严格的评估和审核，并利用技术手段规避广告资源的作弊行为，保证平台上都是优良的广告资源，让需求方的购买交易更省心。另一方面，基于数据的人群定向（audience targeting）技术被应用。该技术通过对广告资源背后的用户行为数据进行分析，更加立体化地刻画出用户的消费特征，并将其整理归类，从而将众多的广告资源转化为特征更为清楚的用户群体。基于数据的人群定向技术的运用颠覆了 Ad Exchange 广告位展示系统，在需求方平台上广告位对应的不是生硬的广告资源，而是更加立体化的目标受众，便于需求方的挑选。

于是，需求方平台成了连接广告交易平台和需求方的中介，就好比股票代理人，利用相应的技术和专业知识帮股民挑选股票、规划资金分配，让股民的利益最大化。

需求方平台是帮助需求方更好地使用广告交易平台的工具，供应方平台则帮助供给方管理资源和收入，并为广告资源寻找匹配的需求方，使广告资源利益最大化。供应方平台通常为供给方提供广告位管理、广告展现控制、资源补余设置等服务，满足其在广告定位、投放、分析、反馈等环节中的自动化与定制需求。在供应方平台上，供给方不但可以将自己的库存广告资源进行实时展示，还可以与广告交易平台、需求方平台等进行对接，实现即时售卖，获得最优化的展示收益。可以说，供应方平台的出现，使得大型媒体进行最优化售卖、中小媒体直接介入广告交易变得简单。

### 三、数字营销平台的类别和运营

数字营销平台分为两大类，分别是广告联盟平台与程序化广告平台，两者差异体现在平台数字化和自动化程度，以及平台功能的细化。

（一）广告联盟平台

广告联盟平台指整合众多中小型网站广告资源，并代表其与广告需求方对接，通过平台的系统算法为需求方提供高效的网络广告推广，同时为中小网站提供广告收入的平台。该类平台有 Affiliate Network 和 Ad Network。

1. Affiliate Network

Affiliate Network 称为网络联盟，主要代理广告资源。其运作流程为：一是广告资源需求方在平台上上传其广告需求或者创意，提交订单；二是网络联盟平台接受其订单后，为其挑选购买合适的广告资源或媒体承包，并按照 CPA（cost per action，每行动成本）或 CPS（cost per sales，按成交计费）向需求方结算，留存一部分收取的费用作为平台中介费后，剩余部分交付给广告资源或媒体承包商。

2. Ad Network

Ad Network 称为广告平台，主要代理流量。网络信息的碎片化和分散化使得拥有较高流量的大型网站更受广告主的青睐。尽管部分中小网站拥有细分程度高、用户单一、投放成本低等优势，但由于其缺少精力与资源，没能找到相匹配的广告资源需求方，加上其流量与大型网站相比微不足道，被主动寻找广告资源的需求方忽视，因此中小网站的广告资源不得不被闲置。基于此，广告平台联合这些中小网站，根据对广告主需求的精细化分析，将中小网站的广告资源进行整合，并以代理批发的形式出售给合适的"流量需求方"。广告平台通常采用 CPC 或 CPM 收费。广告平台通常分为三类，分别是垂直类广告平台、盲广告平台、定向广告平台。

垂直类广告平台主要整合细分领域的相关网站的广告资源，这部分网站的广告资源对应的目标群体单一，特征明显，此类平台不需要做太多的广告资源分析整合工作。另外垂直类平台在某一领域的精耕细作也更容易获得目标更明确的广告主青睐。

盲广告平台的广告资源来源复杂，单一广告资源的特征不明显，冗余广告资源较多，需要平台花费较大精力对其做出精细化标签处理或分门别类，才能提升该广告资源竞争力，取得较高的市场价值。

定向广告平台掌握基于内容和行为的定向技术，能够使供需双方在一定的数据库中较为精准地匹配。

两类广告联盟平台的主要差别在于：Affiliate Network 平台掌握的资源是广告主需求，寻求供给方；而 Ad Network 平台掌握的资源是中小网站的广告资源，寻求需求方；而两者的共同点都是寻找供需两端的另一方。

（二）程序化广告平台

程序化广告平台相对于广告联盟平台具备了自动化和数字化功能，其属于数字化技术深入发展的产物。程序化广告流程设计的角色分别为：广告主、需求方平台、广告交易平台、供应方平台、数据管理平台（data management platform，DMP）、广告资源及第三方检测分析平台。程序化广告流程内容如下：首先，由广告主提出需求，通过需求方平台对广告主现有资源与需求分析，在广告交易平台上匹配相应的广告资源。其次，需求方在与供应方平台机制博弈后，拿到较理想的广告资源，并可利用数据管理平台进行分析，判断是否达成交易。最后，请第三方检测分析平台对广告资源供给方进行监督，保证需求目标的达成。

1. 广告交易平台

广告交易平台同时掌握供需双方资源。广告交易平台公开、透明地向用户展示广告资源，并运用 RTB 技术，尽可能地让在此平台上的广告资源交易过程变得透明。其交易运作过程为：广告需求方通过广告交易平台为供给方提供的展示位了解每个广告资源的具体信息，再根据自身需求和预算，与其他同样有意于该广告资源的需求方竞价购买，平台"实时竞价"机制会自动与价高者达成意向合作。随着科技的发展，其交易时间也越发缩短，为多方提供更快速、高效的购买体验，以减少因市场短期不确定性带来的交易风险。

2. 需求方平台

需求方平台主要用于帮助广告需求方在广告交易平台上选择合适的广告资源。由于广告交易平台发展成熟，其平台上广告资源琳琅满目，让广告需求方不得不需要花费更多的精力和时间筛选出匹配的广告资源，于是需求方平台提出了解决方案。需求方平台一面对接广告交易平台的海量资源，一面对接广告需求方。当广告需求方提出广告资源要求时，需求方平台通过先进的数据分析技术，将广告交易平台上的广告资源转化为具体精确的目标画像，并向广告需求方列出详细的数据以展示广告效果，方便广告需求方多方对比，快速抉择，一定程度上减少广告交易的沉没成本。

3. 程序化交易平台

程序化交易平台（programmatic trading desk）出现的市场背景为：需求方平台细分

种类和数量的爆发式增长，需求方平台类别可分为媒体需求方平台、第三方需求方平台、视频类需求方平台等，每种类别下又涵盖几十家需求方平台公司。除此之外每个需求方平台的购买模式也五花八门，包括 RTB、PDB（programmatic direct buying，程序化直接购买）在内的多种交易模式。还涉及程序化创意、广告验证、数据服务等领域的供应商。这时候如果再采取人工管理的方式，只会让运营效率越来越低。于是一些大型公司不得不重新寻求更顶层的广告交易渠道管理平台，程序化交易平台呼之欲出。

程序化交易平台以产品和技术驱动，整合了需求方平台、数据管理平台、程序化创意平台（programmatic creative platform，PCP）、第三方检测分析平台、Brand Safety（品牌安全）等，成为一站式智能管理平台。其运营模式大致为通过实时数据分析及跨平台自动优化技术为广告需求方提供一站式智能广告管理系统。广告需求方可在平台上利用自有定制数据或其他方数据定位于特定人群，投放自有或第三方提供的创意，还可在平台上实时查看基于投放平台和第三方监测数据自动加工形成的跨平台分析，自行或设置系统根据提前设定的关键绩效指标（key performance indicator，KPI）自动优化。

程序化交易平台对广告需求方的作用包括但不限于资源整合、品牌安全、包断资源和定制能力。资源整合是指程序化交易平台整合包括需求方平台、数据管理平台等在内的所有程序化购买服务，并提供全案营销能力。品牌安全是指为广告需求方筛选出更加稳定、安全的广告资源供应方，并对过程进行监测以保证其广告效果和质量，保证品牌安全运作。包断资源则是通过与广告供给方达成更稳定的合作协议，达成长期合作关系，以提升购买竞争优势、降低交易成本。定制能力则是指借助自身定制能力、提案能力以及跨部门协调能力等，为品牌提供更完善的定制化购买服务。

4. 供应方平台

供应方平台适用于广告资源供给方管理广告资源以及各方广告交易平台。广告资源供给方将自己的库存广告资源在供应方平台上进行实时展示，并与广告交易平台、需求方平台等平台对接实时售卖，通过多方竞价与供应方平台机制管理，让广告资源交易达到更高的填充率和价格。供应方平台除了提供广告位管理、广告展现控制、资源补余设置等功能，满足媒体在广告定位、投放、分析、反馈等环节中的自动化与定制需求，还帮助广告供给方管理收入渠道，拓展客户资源，提高广告资源收益。供应方平台的出现，使得大型媒体最优化售卖和中小媒体直接介入广告交易变得容易。

5. 数据管理平台

数据管理平台是基于未指定个人信息的受众数据和 Cookie 以及公司持有的各种信息通过 Cookie 技术和跨域追踪来收集、管理和分析数据。数据管理平台的功能大致为两种。一是数据的积累和分类，如跟踪并累积网站或应用程序上的用户行为获取用户数据，通过与 POS（point of sale，销售点）链接获取销售信息等。数据管理平台可根据产品的不同，与外部广告服务和各种服务平台链接，获取需要的数据。二是建立模型分析数据并报告分析结果，包括产品数据分析、用户画像分析、广告效果归因分析。

数据管理平台可大致分为三类，分别为数据管理方数据管理平台、数据提供方数据管理平台和数据交易方数据管理平台。数据管理方数据管理平台主要为广告主提供数据管理、分析以及智能决策服务。数据提供方数据管理平台的主要业务是收集大量数据，开放数据外接口，以实现数据变现。数据交易方数据管理平台的业务模式以电子商务交易为主，通过建立线上数据交易系统、数据标准和交易规则以撮合客户进行数据交易。

6. 广告服务平台

广告服务平台分为程序化创意平台、广告验证平台（Ad Verification Platform）、第三方检测分析平台。程序化创意平台通过技术生成成千上万的创意，并根据用户行为偏好动态调整创意的展示形式与内容，做到千人千面的广告曝光。广告验证平台为广告主服务，为其提供品牌安全、反作弊（anti-fraud）、可视度（viewability）等服务功能，事前分析广告投放过程中的虚假行为，及时提醒广告主，以保证所合作的广告资源内容的合法性、正面性，营造良好的广告交易环境。第三方检测平台用于监测广告投放的数据，防止虚假流量的产生，以保护广告主利益。

## 四、数字营销平台的交易模式

广告资源根据广告的曝光量进行分级，广告资源曝光量越高则广告越优质，反之则评判为劣质广告，广告资源的优劣影响着其销售方式和价格。数字营销平台现有的广告资源交易模式分为两大类，一种是 Ad Network 模式，该模式实际上还是传统媒体的购买方式，具有人工、非实时和一揽子售卖的特征。另一种是程序化购买的广告交易模式，程序化购买（programmatic buying）指基于自动化系统（技术）和数据进行的广告投放。

在程序化广告中，流量采买有两种方式：RTB 和 GD（guaranteed delivery，保证支付）。RTB 交易为"价高者得"的实时竞价模式，属于一对多或多对多模式，并且广告资源需求方事先对交易的广告资源并不了解。RTB 模式根据交易的公开化程度又分为公开交易（open auction）和私有交易（private auction）两种方式。GD 属于直接购买，意为广告需求方和广告资源供给方事先就某一广告资源达成协议，约定好广告位置、按照定价定量（或定返还比例）的方式在某个时间周期内发生的合约交易，该类交易模式就广告流量是否有保证又分为 PDB 和 PD（preferred deals，优先交易）两种合约方式。

### （一）剩余流量 RTB 公开竞价

该交易模式中交易对象主要是长尾市场广告资源与剩余广告资源，但这些资源并不代表劣质。这是因为这些广告资源是广告平台经过广告排期或优先交易后剩余的，其剩余原因不仅有曝光量不足还有与广告主需求不匹配等，因此对于这些剩余广告资源不能一概而论。由于这些剩余广告资源价格相对较低，因此适用于预算比较紧凑的小广告主。大广告主出于对品牌形象的考虑，极少对剩余的广告资源进行购买。由于处于公开交易市场模式，所有的广告主都可以自由地购买，因此为使广告资源取得较高的价值，公开竞价市场的竞价规则是"第二高价"，即价高者得，次高价结算。该模式支持 CPC 和 CPM 两种计费模式。因此 RTB 程序化广告模式的资源库存是不确定的，价格也由于"实时竞价"机制而不确定。

公开竞价 RTB 市场的好处是具体到点，广告主可以按单次流量付费，而不是购买打包的广告资源，有利于广告资源需求方节省不必要的开支，并且广告资源需求方还可以根据该付费模式提供的数据及时优化广告投放行为。公开交易市场模式通常是广告资源售卖流程中最后的环节，广告资源如果没有在另外三个交易模式中售出，就会通过公开交易市场进行售卖。

### （二）私有竞价

该竞价方式对应的广告资源相对公开交易广告资源位置更好，更具曝光力度。该交易模式下竞拍的广告需求方有一定条件的限制，因此该交易属于半公开的竞拍模式。同样该交易模式支持 CPM 和 CPC 两种广告采买方式。

### （三）程序化直接购买

PDB 模式的特点为保价保量，该购买方式与传统购买方式相似，属于一对一提前预约购买，即广告需求方事先了解过广告资源的详细情况，并预先与广告供给方就价格和投放量达成交易，制定排期。PDB 支持 CPD（cost per day，按天收费）和 CPM 两种广告采买方式。

### （四）优先交易

PD 模式特点为保价不保量，不保量意为事先不确定投放量和曝光量，其不确定的原因有两种：第一种是广告资源供给方通常优先选择 PDB 模式供给，余量广告资源才会选择 PD 渠道；第二种是这类广告资源的曝光量不稳定，广告供给方事先也无法确定数量。但与 PDB 相同的是广告资源供需双方都事先联系并以确定的价格达成交易。

## 第三节　数字内容营销基本理论

### 一、数字内容营销的概念

数字内容营销这一概念产生的重要变化为：由于信息内容、媒体和媒介的迅猛增加，消费者选择范围快速扩大，选择权利逐渐回归到消费者手中，消费者信息选择话语权加大。因此消费者在接受信息时，更倾向于自己感兴趣或对自己有价值的内容。同时一方面传统媒介成本居高不下，另一方面自媒体平台的创建与开放为企业提供了成本更低的展示平台。因此企业出于成本和更高效的消费者信息接收方式两方面因素的考虑，逐渐向内容营销方式靠近，最终产生内容营销这一概念。

2012 年美国内容营销协会将数字内容营销界定为通过发布有价值、有吸引力的内容来吸引、获取和聚集明确界定的目标人群，最终使这些人产生消费转化、带来收益的营销和商业过程。需要明确的是内容营销的主体为企业或品牌主自身，其利用企业自建的媒体账号或平台创作和传播内容，而不是由第三方营销公司负责。另外，内容营销的传播方法是以"讲故事"为手段，采取多种媒介形式在多种自建平台或媒体账号传播。内容营销的过程与目的是企业自行创作或利用内外部对消费者有价值的内容，吸引消费者主动靠近和关注品牌或产品，并向消费者传递品牌或产品价值，与消费者交流沟通，并建立良好的客户关系，实现最终的消费转化。而不同于传统营销通过各种媒介寻找消费者并向消费者曝光生硬的广告资讯。

## 二、数字内容营销的起源与发展

数字内容营销一词最早可追溯的相关概念是"定向出版"，定向出版是企业推行的个性化市场沟通的解决方案，包括企业建立和经营自己的媒体，或者出版社为企业的自办媒体提供专业的出版服务，这种出版形式融合了公司的推广销售行为与目标受众的个性化需求，利用期刊读物、互联网等向受众传递信息，以此引导受众的使用或消费行为。定向出版是企业内部最早用于沟通联系消费者所采用的营销手段之一，其形式包括购物杂志、企业网站等。

造纸术和印刷术的出现让信息的传播由原先的口口相传变为有据可依，各类纸张媒介应运而生，杂志成为企业青睐的营销媒介之一。早期的定向出版多指企业内部纸质印刷品的出版发行，如 1895 年发行的客户杂志《耕》（*The Furrow*），其最早刊登的内容是农业品牌的相关广告，其过渡期的内容为与农业相关的信息，现今内容呈现的是个体农民的故事。又如米其林公司发现汽车旅行的兴盛能够带动汽车轮胎的售卖，因此出版了《米其林指南》系列书籍，旨在帮助汽车旅行爱好者减轻搜集汽车旅途信息的准备工作负担，鼓励人们更高频次地选择汽车出行，以此带动米其林轮胎的出售。1904 年，杰纳西纯正食品公司（Genesee Pure Food Company）发行了《果冻食谱》（*Jell-O Recipe Book*），在这本杂志上印刷了精美的果冻图片，并配文制作的过程，教会读者如何制作美味可口的果冻，以此达到推广果冻的目的。

自爱迪生发明留声机和应用无线电技术后，信息得以依靠除文字以外的形式存在。随着广播的出现，企业开始通过广播传播内容进行营销。如 1920 年 Sears 公司的 Roebuck 农业基金会在美国经济大萧条期间推出广播节目，向农民提供该公司最新的信息。1930 年宝洁公司旗下的肥皂品牌 Duz & Oxydol 选择采用广播连续剧的方式，将营销内容传达给广大消费者。而后人们把连续剧都称为"肥皂剧"。

随着成像技术和传输技术的不断发展，电视成为新晋的传播媒介，开启了人们视觉感官上的信息感受。这一时期企业通过拍摄电视剧、动画片向消费者宣传企业形象与品牌理念等，通过影片的形式潜移默化地影响消费者心智，点亮品牌在消费者心智中的记忆点。如 1995 年，海尔集团投资出品《海尔兄弟》。动画片通过海尔兄弟的冒险经历展开，从故事中向小观众传达科学知识和道理。如今《海尔兄弟》早已不在荧幕上出现，但这部动画片直到现在仍是许多 80 后、90 后的童年回忆，为海尔公司带来源源不断的隐形收益。后来的玩具和游戏公司也十分看好动画形式的内容传播带来的巨大利益，因此也纷纷拍摄属于自己的动画 IP，如淘米网拍摄的同款游戏的同名动画片《摩尔庄园》和《赛尔号》通过电视的传播，吸引了更多的游戏玩家；奥飞娱乐拍摄的《巴啦啦小魔仙》《铠甲勇士》《火力少年王》等多部动画片也都极大带动了该公司玩具的销售。

到了互联网时代，各类新兴媒体平台纷纷涌出，企业随即展开以新兴媒体为载体的营销，如微博营销、短视频营销、社群营销、即时通信工具营销等，数字内容营销的概念与应用逐渐被推出。如2015年欧莱雅公司与YouTube等视频网站合作，通过自建的"内容工厂"，源源不断地在视频网站上传播美妆相关的视频，包括美妆产品介绍和美妆教程等，为消费者带来有价值的美妆指导和美妆知识的普及，同时也为消费者购买欧莱雅产品提供建议。

### 三、数字内容营销的类别

#### （一）用户生产内容

数字内容营销大致有三类，分别是UGC（user generated content，用户生产内容）、PGC（professionally-generated content，专业生产内容）和OGC（occupationally-generated content，职业生产内容）。UGC指用户将自己创作的内容通过互联网平台展示，其行为产生的动机有表达需求、社交需求、成就感需求等。某些平台的内容运营采取UGC的方式，提供给用户较为自由的平台使用、创造权限，并引导用户进行内容的创造与分享。这使得平台能够以极低的成本获取海量的内容，以及聚集更多的用户。UGC代表平台有小红书、大众点评、抖音等。

#### （二）专业生产内容

PGC即专业生产内容是指某一领域的专业创作者在某些特定的领域具备普通用户没有掌握的专业知识，并在该领域内容贡献超出一般水平的内容。其在内容创作方面更加专业化、优质化和垂直化，能够使人信服，属于某领域的意见领袖，如科普作者、政务微博、品牌官方等。

#### （三）职业生产内容

OGC即职业生产内容，与PGC都是特定领域的专业人士，但与PGC的主要区别在于内容创作的动机不同：PGC大多由兴趣爱好等非物质原因驱使，而OGC是出于获取工资报酬等物质原因。OGC的创作者通常是某企业、机构专门负责内容生产的团队。该类创作者的内容通常会接受创作者内部组织较为严格的把控，一方面要满足目标消费者对内容的需求，另一方面还要考量内容带来的经济效益。

企业的内容创造应以OGC内容引起话题讨论，与一些优质流量大的意见领袖合作，PGC配合OGC的模式对消费者输出，引导用户参与，鼓励用户自发地生产UGC并进行私域或公域传播，利用旁观用户的从众心理，带动更多人关注与参与。

## 四、数字内容营销的优势

### （一）有利于降低企业营销的成本

根据数字内容营销的定义来看，数字营销内容是由企业或品牌主自己创造并传播的，那么企业利用现有的内部营销机构生产内容，一方面在一定程度上节省了聘用第三方营销机构的高额咨询和策划费用；另一方面随着自媒体平台的出现与开放，给企业提供了成本更低的与消费者交流的渠道。企业在各自媒体平台上开通和运营官方账号，不仅降低了企业原本需要支付给各媒体的渠道费用，还提高了与消费者沟通的效率。

### （二）有利于企业与消费者有效沟通

原先企业的营销模式都是交给第三方营销机构完成，虽然第三方营销机构会在营销活动结束后给企业提供营销效果反馈，但出于第三方营销机构利益的考量，其很少会向企业反馈真实的消费者感受和建议。如果企业想要了解消费者的想法，又不得不重新组建团队或委托给另外的第三方营销机构进行调查，这样不仅使得营销活动反馈滞后，还使得营销成本上升。而内容营销很好地解决了该难点。在数字营销时代，随着信息渠道的多元化，以及消费者选择渠道和接收信息自主权加大，企业通过自主渠道直接联系消费者的方式变得可行。企业可以自主创作营销内容，通过自建平台或者借用第三方自媒体平台传达给消费者，并且可直接在界面内与消费者互动交流，接收消费者的意见反馈，与消费者建立更紧密的客户关系。

### （三）有利于消费变现

所有的营销模式最终的目的都是转化消费，数字内容营销强调企业通过长期创造消费者感兴趣、有价值的内容，吸引消费者关注、参与互动，通过与消费者培养良好且长期的客户关系的方式，逐渐引发消费者主动购买的行为，从而实现消费转化，获取利益。相比于传统广告通过打断消费者注意来获得关注，数字内容营销采取"讲故事"的方式更容易被消费者接受。数字内容营销中"讲故事"的方式是指企业通过创造以产品或品牌理念为主题的故事，通过合适的契机或媒介吸引消费者。由于故事情节为消费者带来了联想空间，更容易引导消费者不知不觉地接受内容设定，从而接受对产品或品牌的认知，这就达到了营销传递信息的目的。长期通过内容与消费者沟通并建立联系，有助于加深消费者对产品或品牌的印象，以至于当消费者产生与该产品或品牌相关的消费需求时，会大概率地想到和选择该产品或品牌，从而达到消费变现的目的。

例如，淘宝"二楼"打造的"一千零一夜"经济。淘宝"二楼"是独立于淘宝购物的全新空间，其开放时间在每天下午6时至第二天早晨7时，通过打开淘宝，下拉首页进入。淘宝"二楼"的开放目的一方面是淘宝内容化转型的尝试，另一方面是为了挖掘和激活淘宝的夜经济。《一千零一夜》是淘宝"二楼"打造的以深夜美食为主题的短视频栏目，并有专门的淘宝链接直接对接视频中出现的美食商品，引导消费者在观看视频时购买，直接将流量变现。据《一千零一夜》项目负责人称，以第一集视频中展示的鲅鱼水饺为例，该商品在节目播放后半天时间内，其销量已经是平常的150倍之多，这是淘宝内容化转变的一次胜利。

## 第四节　数字内容营销的方法

### 一、创作有价值的内容

有价值的内容的根本出发点是产品价值或品牌理念，营销内容的生产应该时刻围绕这两点开展。如果把内容与产品价值、品牌理念割裂开则使内容成为无根之木，内容和产品或品牌没有产生联系，则很难实现消费的转化。另外，还要考虑企业所要吸引的目标人群的内容偏好，只有投其所好，才能实现精准营销。从使用与满足理论来看，用户通过媒体平台获取内容的动机为满足其自身需求。该理论归纳了五点用户需求，分别为：认知需求、情感需求、个人整合需求（加强信心和稳固社会地位等）、社会整合需求（加强与家人、朋友等接触）、纾解压力需求。

"江小白"表达瓶也是一种内容营销的体现，其成功之处在于抓住了用户缓解压力的需求。"江小白"抓住了酒被人们用来消愁的产品价值，还有当代年轻人一方面寻找生活的发泄口，另一方面逃避孤独、渴望社交的情感需求。于是"江小白"确定了"释放情绪，社会回归"的品牌定位，并以"表达瓶"展开内容营销。"江小白"酒瓶的包装摒弃了传统酒类高大上的包装路线，采取更平易近人的简约包装风格，采用磨砂瓶身，主打蓝白色调，瓶身包装以醒目的品牌名称、抒发情感的动人文案和令人产生联想的配图三个元素构成，简单明了。表达瓶内容的创造采取"OGC+UGC"的模式，一开始表达瓶的内容由品牌方引导，奠定主题基调，之后开放瓶身内容创作权限，邀请用户上传个性化的文案，由用户自己点赞投票，最后官方选取较热门的文案印制在瓶身上。这样不仅为用户提供了缓解压力的渠道，同时也极大地调动了用户参与的积极性，为最后的消费转化奠定流量基础。至此在衡量数字内容营销的内容是否具备价值时，应该根据两个条件进行判断：一是符合产品的价值或品牌的理念；二是符合目标群体的内容偏好。

### 二、选择合适的渠道传播

内容创作完成之后，就要考虑内容的传播渠道，尽可能通过合适的渠道将信息传达给目标群体。选择内容传播渠道时，应该先考虑该渠道不同层级的用户的偏好。以抖音为例，从2020年巨量算数公布的抖音用户画像报告来看，抖音各个年龄段的用户关注点不同，95后和00后对游戏、电子产品、时尚穿搭类视频偏好度高；90后对影视、母婴、美食类视频偏好度高；80后对汽车、母婴、美食类视频偏好度高……因此在选择渠道前一方面要考虑该渠道所覆盖的群体是否与数字内容营销的目标群体相一致，另一方面内容传递的渠道要把握消费者群体特征，只有采用目标群体更易接受和喜爱的方式进行传播，才能提高内容传达的概率。例如，故宫品牌年轻化成功尝试，从 2012 年开始，故宫博物院开始尝试在年轻人聚集的新媒体上开展数字内容营销。2013 年 5 月，故宫博物院研发并发行了首款鉴宝 APP——《胤禛美人图》，该 APP 发行的主要目的是吸引年轻的用户群体深入地了解藏品《胤禛美人图》及作品背后的故事。APP 的文案既包含了雍亲王胤禛的生平简介，又对图中的 12 位美人画卷附加上了专业人士的点评，以及专家对该藏品的研究经历等，多角度加深用户对该藏品的认知。据数据统计，该 APP 仅上线两周，其下载量便突破 20 万。由此可见，想要达到与目标群体有效沟通的目的，就要采用目标群体感兴趣的内容和方式进行内容的创造与生产。

### 三、鼓励更多的用户参与创造内容

企业在某平台上发布营销内容想要吸引更多的用户参与，除了内容符合大部分用户的偏好价值外，更需要构建内外部的用户激励机制，鼓励用户生产内容、参与讨论及点赞转发等。内部激励理论认为人们从事某个活动的行为是基于个体内在需求动机所引起的，包括成就感、满足感和责任感等。外在动机理论认为人们从事某个活动的行为是为了取得外部收入或避免外部威胁，外部激励包括金钱、分数等。内容营销传播中常见的外部奖励有对外社交头衔、名誉、物质奖励等，外部强迫则有群体行为一致性要求、圈层认可等。

内容营销内外部激励的应用以"网易跟帖"为例。2008 年 12 月 30 日网易喊出了"无跟帖，不新闻"的转型口号，不仅利用"跟帖文化"重新构建了当时网易新闻生态，还主动将网民由旁观者的身份正式转化为参与者。在内部激励方面，网易整合优质跟帖，二次包装后发布可读性、趣味性和社交性较强的 OGC 专属栏目。该举措不仅是对用户创作内容的深度挖掘和拓展，而且重新塑造了转型后的品牌价值，打造了独特的品牌内容和品牌风格。专属栏目的出现，不仅有利于平台借助话题内容吸引到更多的新用户参与讨论，还能为老用户带来源源不断的新鲜感，留存老客户。例如，该栏目下的内容抛出的当下年轻人"老大难"的婚恋话题，有"婚恋观：在爸妈眼里，你还是那个不结婚的'逆子'吗"？再有"绅士的品格：什么样的男人让人感觉温暖有教养"，一石激起千层浪，引发新老用户对婚恋观和择偶选择的积极讨论和对该话题的关注，同时让用户在浏览他人的评论中激发内心的社交满足需要，主动创作内容并分享，引发更大的流量与舆论。

除了内部激励，网易新闻还建立了外部激励体系——用户积分等级体系，用于鼓励和奖赏用户的跟帖、分享行为，用户积分积累达到不同的阶段，可获得积分阶段对应的等级和头衔。并且还开启了金币奖赏模式，对用户完成一些特定的任务，会给予用户金币的奖赏，用户可用奖赏的金币兑换商品，激励机制在一定程度上激发了用户跟帖行为。

网易的跟帖功能累积的用户创作内容对于网易新闻生态构建的价值有三点。第一点是内容价值。用户的参与以及网易对新闻不同角度的挖掘，使得网易新闻内容比单纯的新闻通告更具可读性。同时平台为用户提供自我观点的展现平台，不仅收获不少用户创作的高质量内容，同时拓展了用户使用平台的新方式，有利于平台发展高黏性用户。第二点是流量价值。用户跟帖行为的实质不仅是人与信息的连接，更多的是在用户共同对某一新闻事件的看法交流中，构建了人与人的连接，因此用户跟帖互动带来平台流量的高活跃度，让网易平台不仅是单纯的新闻媒体平台，而且融入了人们的生活，变成人们在社会生活中的一种表达渠道。第三点是品牌价值。用户创作内容很好地反映了网易"有态度"的品牌文化定位，用户的高活跃度与高黏性也构成了网易新闻品牌资产的一部分，建立起网易新闻在新闻资讯类平台竞争中的护城河。

### 四、促成用户的价值转化

内容营销的最终目的是实现价值转化，为企业带来实际可观的收益。内容营销实现用户价值转化的方式有两种，一种是以内容为变现入口，另一种是内容就是销售的商品。

如果将内容作为流量入口，则需要注重转化路径的优化，降低用户转化成本。以神州专车的《寻龙诀》页面为例，首先，神州专车将《寻龙诀》官宣海报作为其引流入口的背景；其次，该内容界面较为醒目的要素为"填写手机号""领取专车券""下载神州专车 APP"，可见其内容价值转化意图明显；再次，该内容页面的标题为"舒淇送你专车券"，这点巧妙借助了明星流量与某些人愿意获得优惠的心理，引发人们关注；最后，内容底部是用户留言展示，其内容实际由算法自动生成，留言内容都为附带领券金额的评论，此举是以看似中立的第三方立场对用户进行说服，促进用户价值转化。这次活动的最终结果为神州专车增长了 40 万的新用户，由于其借助的《寻龙诀》内容是免费置换的 BD（business development，商务拓展）资源，因此此次神州专车的内容营销实际上取得了零成本获客 40 万的好成绩。总结此次神州专车成功，最突出的一点是此次的内容中借助了外部用户感兴趣的资源作为流量入口，并且在内容页面里设置了非常清晰和方便的用户转化途径，在两个因素的作用下共同促成了本次内容营销，成功完成了用户价值的转化。

另一种实现用户价值转化的方式是内容就是销售的商品，这需要引导用户对内容的消费。因此，首先要划清引流内容和付费内容的界限，用引流内容吸引用户，培养用户对该内容的偏好依赖，其次通过免费体验付费内容的方式，让用户对增值服务产生好感，最后实现消费。以喜马拉雅的付费教育途径为例，喜马拉雅用两年的时间完成平台建设后，开始了内容建设阶段。喜马拉雅以 UGC 模式快速积累内容和用户，比如，与德云社、众多网络文学平台合作，创造出大量专业创作内容，吸引更多垂直专业内容群体，扩大平台用户规模。在该阶段中，其核心策略是免费提供优质内容吸引用户，获取流量。之后则是内容变现阶段，喜马拉雅采取类似低价促销的销售方式，用优质低价的产品培养用户的付费习惯，同时让内容生产者通过规模效应获利。而后建立会员体系，区分用户价值，为平台的优质内容依赖者提供"更低价格、更多内容、一样优质"的年费会员服务，完成用户在平台的长期价值转化，并形成持续消费的良性循环。

## 本章小结

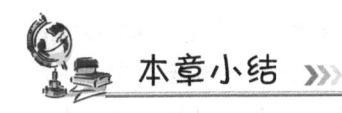

数字平台的定义为基于现代数字化技术的新型资源配置方式，其作用是为供需及相关主体提供连接、交互、匹配与价值创造的媒介组织。

数字平台的优势体现在平台优势与数字化优势。平台优势体现为资源的整合与纳入，多边需求与供应的接入等。数字化优势可体现在信息收集能力的增强、更好的资源管理、更客观的需求洞察力、信息匹配的敏捷性等多个方面。

数字平台营销的定义为数字化平台使用其数字化的媒体资源，或结合新兴技术应用形式推广产品或服务的营销传播活动。

数字营销平台指的是在互联网广告生态中，为了让媒体和全部广告资源最大限度地合理使用，以及让广告主迅速找到合适的媒体资源，最大限度地触达目标用户并实现营销计划，由广告媒体或第三方搭建的广告营销平台。

数字营销平台分为两大类，分别是广告联盟平台与程序化购买平台。广告联盟平台包括 Affiliate Network 和 Ad Network 等；程序化广告平台包括广告交易平台、需求方平台、程序化交易平台、供应方平台、数据管理平台和广告服务平台等。

数字营销平台流量采买有两种方式分别是 RTB 和 GD。RTB 模式根据交易的公开化程度又分为公开交易（open auction）和私有交易（private auction）两种方式。GD 就广告流量是否有保证又分为 PDB 和 PD 两种合约方式。

数字内容营销的定义为通过发布有价值、有吸引力的内容来吸引、获取和聚集明确界定的目标人群，最终使这些人产生消费转化、带来收益的营销和商业过程。

数字内容营销大致有三类，分别是 UGC、PGC 和 OGC。

数字内容营销的优势有：有利于降低企业营销的成本，有利于企业与消费者有效沟通和有利于消费变现。

数字内容营销的方法包括：创作有价值的内容、选择合适的渠道传播、鼓励更多的用户参与创造内容和促成用户的价值转化。

## 思考题

1. 数字营销平台是如何演进的？
2. 数字内容营销的发展历程是怎样的？
3. 数字内容营销的方法还需要注意什么？

## 案例分析

### 花露水的今生前世

2012 年，上海家化联合股份有限公司旗下的六神花露水凭借风靡一时的《花露水的前世今生》短视频，重新唤起了公众对这一品牌的回忆。六神花露水自 1990 年问世以来，以"去痱止痒，提神醒脑"为诉求点，主打传统中医药理概念，市场占有率一度超过 70%。然而，随着品牌形象老化，消费者对其产品的忽视和淡忘，以及来自国内外如联合利华、宝洁、隆力奇等快消品牌的竞争，六神花露水陷入了困境。为挽回市场份额，六神营销团队将目光投向新媒体平台，将传播焦点集中在 18~35 岁上网人群，借助丰富的历史文化积淀，将产品功能、品牌价值与花露水文化相结合，并通过动画电影形式生动展示。

短视频《花露水的前世今生》从花露水名称来源入手，讲述了花露水从奢侈品到大众商品的百年演变史，引出六神花露水品牌，并介绍其功效。影片创新之处在于，六神虽为普通家居用品，却以奢侈品方式呈现，使年轻人对"Six God"有了深入了解。短视频将历史文化与时尚语言完美结合，从古人诗句到现代生活应用，展现花露水在驱蚊、提神、洗澡、消毒、擦洗乃至清洁电子屏幕等方面的用途。最后以一句广告语"你会发现每一个被花露水悉心庇护的夏天，都值得你用心去爱"升华全篇。

相较于传统广告表达受限、成本高昂、制作周期漫长的困境，网络视频、微电影等内容营销形式突破了表达障碍，传递信息更充分、具有说服力，制作周期更短，结合热点话题，传播迅速、范围广泛。短视频等内容营销具备长期网络存在价值，与传统营销相比，投入较低，回报丰厚。六神花露水短视频的成功，归功于意见领袖与网友自发分享，以低廉成本收获高曝光量，展现了内容营销的巨大潜力。在多数企业仍花费巨资聘请营销公司进行广告拍摄和节目冠名时，内容营销这种"以小博大"的新营销方式，让品牌脱颖而出，受到更多企业关注。

**讨论题**

1. 六神花露水是通过什么方式重新回到消费者视线的？
2. 六神花露水内容营销的可取之处有哪些？
3. 内容营销的表达形式有哪些？

# 第六章

# 数字化营销模式

## 学习目标

1. 了解社群营销、直播营销、短视频营销、移动营销、搜索引擎营销的概念与特点。
2. 掌握电子商务营销、元宇宙营销的概念及特点。
3. 明确数字化营销模式的优势和特点。
4. 理解和运用数字化营销模式进行实际操作。

## 导入案例

### 直播营销走入田间地头

近年来，数字技术逐渐融入传统农业生产方式，使直播带货成为农户销售农产品的重要途径，为农产品走向千家万户的餐桌搭建了快速通道。电商直播的兴起，促使众多乡村青年回归农村，由城市务工者转变为乡村新农人，共创乡村宜居宜业新生态。电商直播与农业创新的深度融合，已成为乡村振兴道路上的一道靓丽风景线。

直播电商经济的蓬勃发展，开创了网红经济新模式，为"互联网+农业"的乡村振兴注入新活力。数据显示，2018年至2021年，全国农产品网络零售额逐年上升，分别为2305亿元、3975亿元、4158.9亿元、4221亿元。直播电商可大幅减少农产品销售的中间环节，扩大销售范围，借助网络聚集效应开拓更大的市场，挖掘潜在客户。消费者可通过直播更直观、全面地了解农产品特性，激发购买欲望。从长远来看，直播电商将推动农产品生产向品牌化、集约化、名优化发展，促进农民创新创业，推动农业产业链与创新链融合，实现农业高质量发展。

直播电商为农业注入数字经济的翅膀，拓宽农副产品销售渠道。以赵文为例，他是一名80后大学生，毕业后返乡养猪。借助互联网技术实现猪场生态化养殖，优质猪肉获得市场认可。截至2022年，他已经拥有两个占地200余亩（1亩≈666.7m²）的生产基地，年出栏土猪约 3000 头，年产值 1000 多万元。

直播电商打破时间、空间限制，提供新的宣传途径。借助有影响力的人物进行产品宣传、试用，提前释放口碑，形成话题、口碑、销售量的三位一体宣发联动。例如，张同学通过抖音发布乡村日常短视频，两个月内粉丝增长 1600 万人。他的一场直播带货共卖出农产品 9.1 万单，销售额达 300 多万元。张同学希望借助自己的影响力，帮助家乡产业发展，带动家乡经济腾飞。他的做法得到了官方肯定，第一书记亲自现身直播间为他背书，借助线上直播销售形式，让农副产品走出大山，销售至全国各地。

# 第一节 社群营销

随着社会的发展，市场竞争不断加剧，再加上互联网信息技术的普及使企业能找到与消费者接触以及有效的变现方向，社群营销正是在这种背景下得以孕育发展。社群营销通过聚集群体并不断引流裂变能够有效洞察消费者需求并尽可能地减少成本支出。如今的人们越来越热衷于社群营销，社群营销的平台很广且不局限于网络，如线上的论坛、微博、QQ群、贴吧等，以及线下的社区，都可以是社群营销的平台。

## 一、社群营销概论

### （一）社群营销的含义

社群是在具有相同价值观或兴趣爱好的人们之间的关系得到进一步强化的基础上形成的稳定群体。社群能够突破时间、空间的限制聚合而成，是能够实现实时互动的群体。

社群营销是基于社会化媒体营销和网络数据化营销形成的。社群扩展是指具有共同的兴趣爱好或者共同的价值观的群体聚集在一起进行沟通交流，逐渐形成一个稳定的群体并不断地向外传播社群文化，将社群文化渗透到新的群体，实现社群的不断壮大发展。社群营销则是基于这一类群体进行的网络营销模式，通过虚拟社群中的人际关系进行口口相传，为某一特定兴趣爱好或价值观的群体进行专门化的营销。

### （二）社群营销的优势

1. 用户定位更加精准

社群营销的基础是拥有共同的兴趣爱好而聚集的群体，基于这一特点，该群体具有较为稳定的组织结构和一致性的群体意见。因此社群营销可以针对群体内成员共同的偏好进行营销，精准定位该群体成员消费需求，提供这一群体适销对路的产品，激发成员的购买欲望。而且这一群体往往成员众多，产品成交率、销售转化率高。

2. 利用社交工具传播更加便捷

利用社群裂变所产生的营销效果巨大。互联网络平台的出现促使社群营销更加便捷，并且，企业通过链接分享等形式可以迅速地推广产品，消费者也可以快速、高效地了解相应产品信息。社群营销也建立起了消费者之间、企业和消费者之间沟通的桥梁，社群中的消费者不仅能对产品进行口口相传分享购买经历，扩大受众面，而且经过社群营销传播的用户购买的可能性相对较高。消费者也可以及时对产品进行反馈，有助于企业及时了解消费者的消费偏好并做出相应的营销策略调整。

3. 易于维护用户提高忠诚度

社群营销能打破传统营销中买卖双方联系单一化的模式，通过网络社交平台建立有效维系消费者与店铺之间关系的桥梁。通常的方式是店铺创建微信群聊，将有消费经历的客户拉入其中，在发布本店产品的同时，定期维系与用户的关系，更好地服务用户，以此来提高用户二次购买的可能性，增强消费者对本店产品的黏性和忠诚度。

（三）社群营销的要点

1. 形成群体化观念

维系社群长远发展主要依托于成员形成的共同价值观。价值观的形成不是一蹴而就的，是用户在日常生活中长期发展形成的，因此价值观具有不易改变、稳定的特点。针对这一特点我们可以认识到，若想改变用户的价值观并非易事，所以要针对不同群体的价值观进行辨别和划分，并巩固社群内所达成一致的价值观，这种价值观包含对某一事件的高度认同感、作为社群成员的责任感等。

2. 活跃用户和组群

用户在进入社群后，还需要在社群内活跃社群成员，定期巩固内部成员所形成的共同价值观。社群管理者可以把符合本社群标签的热门话题或事件在社群内部进行传播，提高成员参与社群话题讨论的积极性，加强成员内部的熟悉度，并通过反复提及的方式形成群体成员的集体记忆，实现社群的可持续发展，塑造具有本社群特点的文化氛围。

3. 保证社群的纯洁性

社群的低门槛准入性使得社群扩大十分容易，增加社群成员的复杂性。所以当外界用户不断加入时，要加强辨别有别于本社群认同感的能力，以防止其他文化对本社群文化的渗透，同时要保证社群共同的认同度不被影响。因此，社群管理者可以通过制定相应的规则和准入门槛，设定能够有效区分不同社群特点的简单题型，将不同特点的成员划分至特定的社群，以此来保证社群内部价值观的统一性与纯洁性。

## 二、社群的构建

社群的构建总共可分为五个部分：共性、结构、输出、运营以及规模化（图6-1）。

它以共性为开端,找到社群内成员的共性后,经过一系列处理,最终将社群规范化处理后进行规模化复制。

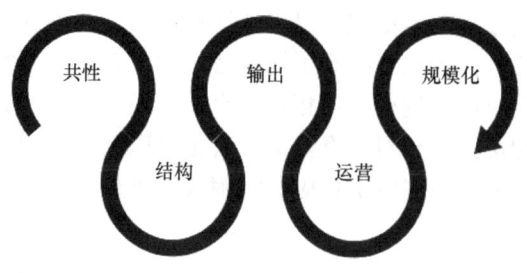

图 6-1　社群的构建

### (一) 共性

共性是一个社群内部成员都具备的特点,可以是对某一事物达成一致的观点或采取一致的行为。社群的共性体现的是价值观的趋同和一致性。只有具备了共同的信念,才能使内部成员聚集起来共同维护社群团结,并上下一心推动社群发展。在日常生活中,有基于兴趣爱好组建的社群、基于组织团体组建的群体、基于共同信念或理念组建的组织。

### (二) 结构

只有对社群结构进行合理规划,才能有效推动社群内部长效健康发展。主要包括对成员构成、交流平台、准入原则、管理制度方面的规划。

首先,要了解产品特点并根据产品属性精准定位目标客户。针对性选择目标社群,着力营造并强化社群氛围,提升社群内部成员的文化认同感。

其次,搭建起符合本社群特点的交流平台。明确社群成员感兴趣的话题,通过不断制造话题进行互动讨论,实现社群氛围的强化和升华。适当地引入新话题丰富讨论内容,满足社群成员不同方面的需求,让每位成员都能找到自己能够参与的话题,这样才能够充分调动每个成员参与社群活动的积极性。

再次,组建好一定规模的社群组织后,要形成专业的运营团队对社群进行管理,促使社群成长,推动社群不断迭代发展壮大,焕发生命力。所以管理运营对于社群的发展起着重要的推动作用。

最后,组建分工明确、相互配合的管理团队,做到合理分工、划分职权。这样不仅可以缓解任务过重导致的压力,还可以有效激发他人参与社群工作的积极性,将任务特性与个人特长相结合,最大化发挥社群成员优势,以此来确保任务工作高效完成。

### (三) 输出

要确保社群能够为用户持续输送有价值的内容。保证社群生机和活力的重要因素是确保社群能够提供满足用户需求的因素,其中尤为重要的就是要确保高质量、持续性的内容输出。在社群成立初期，通常都能做到不断输出，但过了一段时间就会产生倦怠心理，从而疏忽内容输出的重要性，这样往往会导致成员因为丧失群体共同信念而先后退出团体。内容输出不仅要讲究持续性、稳定性，还要做到全面性、个性化，只有兼顾各个社群成员的需求，才能使每一个成员在社群中找到自身存在感，提升对社群的忠诚度。

（四）运营

好的运营管理有助于打造社群自身内动力。只有科学、有效的运营管理才能确保社群持续健康发展，做到仪式感、参与感、组织感、归属感的提升，打造社群自身内动力。

（1）仪式感。仪式感是指为了使社群建立共同的信念，而采用特定的形式来提高社群成员对社群行为的认同。比如，通过欢迎仪式对新加入的社群成员表示欢迎，对在某方面表现优异、做出成绩的社群成员进行表彰等。

（2）参与感。参与感是指动员社群成员积极参与社群内部活动、激发社群管理的积极性，不断引导成员间进行互动，保证社群内部成员认为自己也能参与社群决策。

（3）组织感。虽然社群的建立具有自发性，但是也需要一定的规章制度对其进行管理，合理划分职权，推动内部成员分工合作，共同促进社群建设和管理的规范性。

（4）归属感。归属感就是个人被他人或团体认可与接纳的一种感觉。缺乏归属感的成员会对社群组织活动缺乏激情，不利于社群的长效发展。所以要增强社群成员的身份认同感，确保社群具有源源不断的凝聚力，提升成员对社群的黏性。

（五）规模化

当社群管理日趋规范化时，就可以进行社群复制，不断扩大社群规模。社群的复制并不是一件容易的事情，在过分追求规模化的过程中往往会由于管理不当而产生适得其反的效果。所以要综合考虑社群的人力、财力、物力、精力等方面后再做出决定。另外，要考虑是否需要通过复制的方式实现社群的规模化，社群的成长阶段和周期应该遵循其应有的原则，盲目复制实现规模化不利于社群的健康发展。

## 三、社群营销的模式

社群营销的模式主要分为三种类型，包括营销型、内容型以及服务型。它们有不同的特点及适用场景，具体见表6-1。

表 6-1 社群营销模式

| 模式 | 具体类型 | 模式描述 | 适用类型 |
| --- | --- | --- | --- |
| 营销型 | 折扣型、裂变型、通知型 | 通过营销活动和优惠分享，销售转化为目标 | 普遍适用 |
| 内容型 | 教程型、话题型、视频型 | 打造品牌内容运营 | 母婴、运动、服饰、美妆 |
| 服务型 | 售前服务、售后服务 | 以咨询为导向，提供售前、售后服务 | 家电、3C |

注：3C 指的是 computer（计算机）、communication（通信）、consumer electronics（消费类电子）产品

## （一）营销型

营销型社群是指一种专注于高频营销活动的社群类型，其核心目标直接聚焦于优惠信息的分享、营销活动的推广以及销售转化的实现。营销型社群可以分为折扣型、裂变型和通知型。折扣型社群是以高折扣、抢购、秒杀等活动为主要特征的社群，而裂变型社群则主要承载着拼团、砍价、助力等功能。两种社群在执行上也经常交叉使用，组合发挥出更优作用。例如，日用品类的消费者大多对价格比较敏感，追求性价比，永辉生活、沃尔玛、每日优鲜、钱大妈、兴盛优选等生鲜商户就通过折扣来吸引新用户人群并活跃顾客，再运用拼团、助力等方式扩大社群的规模。

## （二）内容型

内容型社群模式则是打造品牌内容运营主阵地，可以分为教程信息导向、话题讨论导向和直播短视频导向。通过在群内有计划地发布教程、话题、视频等方式，触达用户并持续解决疑问、满足需求，维持群内成员活跃度和互动性，并进一步寻求销售转化。内容型社群在母婴、运动、服饰、美妆等行业的运用最为广泛。作为"知识密集型"的品类，母婴行业的消费者对孕前、孕中、产后育儿等全链路的知识有着强烈需求；服饰行业的消费者，注重上身试穿的实际搭配与效果展示；美妆行业的消费者则希望获得时下流行的妆容趋势，学习各类妆容的化妆技巧和产品上脸使用效果。

## （三）服务型

服务型社群是指重视售前服务以及售后服务的社群模式，以咨询为导向，用户为主体。通过完成售前咨询促进交易完成，并提供完善的售后服务提升复购意愿，加强对社群的管理和服务，定期从用户和销售的维度监测管理数据，同时从用户反馈的维度优化经营和服务内容，并利用企业微信等数字化工具增强对运营成本的控制，提高销售和经营效率。服务型社群的构建要做好以下几个方面。首先，建立管理人员和管理机制，有效维持日常沟通和社群活跃度，培养群成员的信任感。其次，要建立社群的分层管理，基于社群与群成员不同的生命周期，不断筛选用户价值更高的群成员进行重点运营。最后，群活动和群内容的重点应指向活动与内容对用户黏性的培养，以促进购买转化。比如，利用文字、图片、短视频、直播等内容体系，拼团、分享礼券、红包等营销手段，或者更大规模的社会化营销事件。

## 四、社群营销的应用

### （一）社群营销之QQ

QQ巨大的注册用户和在线用户为QQ社群发展奠定了强大的基石。人们通过建立QQ群的方式将具有某一共同属性的群体聚集在一起，可以在QQ群里实现在线聊天、文件共享、视频互动等，实现用户之间的沟通联系和社群内部成员关系的维系。

设定具有社群特点的标签，精准定位社群用户。群名不仅要符合社群的定位，同时也是展现群特色的关键词，当用户进行 QQ 群搜索时，就是根据自身感兴趣的话题的关键词进行搜索，所以一个好的群名能够有效缩小用户的搜索范围。QQ 群也要重视群标签和群介绍的作用，为群拟定符合本群宗旨内容的介绍能够在用户进行选择时使本群获得优先挑选权，成为区别其他社群的关键因素。

设定相应的群规则和准入门槛。要想营造社群内部健康的交流环境，就需要制定相应的规章制度对成员的行为进行约束，保证社群环境的纯洁性。一旦出现与社群无关或相悖的内容，如广告、链接、刷屏等形式，就会引起成员的不满，甚至会动摇社群共同的价值观。建立准入门槛可以通过缴纳会费，成员初筛等方式。

（二）社群营销之微信

利用微信进行社群营销也是重要手段之一。微信平台营销主要利用熟人关系搭建营销圈，实现人际交往圈由点至面的扩大。微信的营销价值主要体现在基于熟人社交下的社交价值以及基于公众号孵化社群下的自媒体价值。

社交属性是微信平台的典型特征，通过微信不仅可以实时和朋友进行沟通交流，还可以从社交网络中结识来自天南地北的人群，对于熟人关系稳固以及社交人脉的积累都有积极意义。微信群的建立也促进了社交效率的提升，通过线上沟通交流到线下活动参与的转化有助于实现网上交流的弱关系到线下接触的强关系转化。

微信公众号已经成为微信平台实现社群运营的主要载体。企业通过建立微信公众号进行内容输出，以此吸引粉丝。此举已成为企业进行宣传和品牌传播的重要方式。借助这一平台不仅可以运用文字对品牌进行塑造，还可以运用图片、视频等手段延伸品牌宣传途径。而且这种用户对推文进行讨论互动、公众号平台进行回复的形式提升了用户的话题参与度。

（三）社群营销之微博

如果说微信是利用熟人圈子进行营销，那么微博则是面向公众从而进行的营销平台。微博通过搭建一个平台使受众群体跳出熟人圈子的限制，为普通人与某个专业领域有影响力的人物搭建起了可以互动沟通的平台，丰富了媒体和信息传播的方式。微博的营销价值主要体现在品牌传播、客户关系管理、危机公关这几个方面。

企业可以借助微博，快速提高用户关注度，持续提升品牌知名度与品牌好感度，增强用户对品牌的黏性，提升用户的品牌忠诚度。利用微博进行品牌传播就要兼顾用户、情感、行为三者的关系。用户是指根据品牌特征定位目标客户人群，企业可利用意见领袖和忠实粉丝在用户群体中的作用提升品牌知名度。情感是指为用户进行信息传播制造理由。企业通过开发与品牌形象相匹配的话题，运用情感输出获得用户的情感共鸣。行为是指引导用户进行内容的创造，鼓励用户参与话题讨论等，扩大品牌影响力、认知度。

客户关系维护主要体现为：用户能够借助微博发表自己对产品的看法；通过微博晒

图分享@官方微博的方式，能够有效传播产品使用的体验；企业及时发现问题并采取相应的措施进行改进。微博通过维护客户关系，打造了一条高效的用户反馈机制。

鉴于微博受众人群广泛这一特点，当企业出现有关产品质量和企业信用等公众事件时，可以通过微博及时发布相关公告引导大众舆论，降低危机对企业的负面影响，这有利于企业形象的重塑。

## 第二节 直播营销

直播营销作为互联网快速发展的产物，已经逐渐成为新兴的营销方式，其长远发展有赖于主播与消费者的关系。借助互联网平台，通过线上对产品进行介绍、展示、试用等方式，消费者可对产品进行咨询，主播再进行答疑，实现了买卖双方的良性互动。

### 一、直播营销概论

#### （一）直播营销含义

直播一词由来已久，最开始是基于传统媒介方式，例如，电视、广播进行实时播放的方式。但考虑成本或媒体的限制难度较大，直播仅仅是在重大晚会、重要节目中使用，还未实现大范围的普及。随着互联网络技术的发展，移动网络速度的提升使得直播营销得以孕育。

直播营销打破了传统营销方式受时间和空间限制的局限，是一种借助互联网利用手机等智能设备进行实时互动的方式，是通过更加直接地与用户进行接触获取直播变现的商业形态。

#### （二）直播营销产生背景

1. 互联网技术以及 4G、5G 的快速发展

技术与基础设施的完善是支撑我国直播营销经济飞速发展的必要条件，互联网时代的到来以及 4G、5G 技术的出现与普及为直播营销经济发展提供了沃土。4G 网络的快速、低时延、高安全性与低资费服务使得越来越多的人选择直播营销的方式。

2. 我国众多的网民基础

第 53 次《中国互联网络发展状况统计报告》显示：截至 2023 年 12 月，我国网民规模达 10.92 亿人，较 2022 年 12 月增长 2480 万人；互联网普及率达 77.5%，较 2022 年 12 月提升 1.9 个百分点。网民增长的主体由青年群体向未成年和老年群体转化的趋势越发明显。越来越多的人愿意在空闲之余运用移动设备进行休闲娱乐，这为直播营销奠定了良好的用户基础。不仅年轻人喜欢这种社交传播方式，中老年人也将直播作为丰富业余生活的一种形式。

3. 移动支付技术简化支付程序

移动支付技术的快速发展，使得消费者通过手机就可以实现购买行为。扫码支付、指纹支付、刷脸支付、免密支付等支付方式的出现不断简化支付程序，使得购买行为变得更加便捷，不同于线下购物消费者需要排队缴费，线上购买支付能够优化流程，减少等待时间。

（三）直播营销优势

1. 打破时间空间限制

由于互联网的特点，直播营销不受时间、空间限制，无论何时何地只要通过移动设备就可以进行。对于消费者而言，观看直播不同于逛街购物，不需要有特定的时间或者到达指定的区域进行，消费者可以运用碎片化时间进行观看，了解产品属性，帮助消费者缩短选择时间，提供更便捷的购物体验。

2. 产品更加直观，互动性强

主播通过试用体验能够更加直观地将产品效果展现在用户面前，有助于用户更好地了解产品属性。直播营销可以实现主播和用户的实时沟通，便于用户针对产品及时提出疑问，主播针对用户的问题进行回答，为用户提供针对性、个性化的服务。借助直播平台，用户可以根据自身需求畅所欲言，主播精准定位消费者需求进行答疑，这种互动更加真实有效。

3. 较低的营销成本，更大的受众群体

一场简单的直播仅需要一台移动设备就可以完成，相比于传统营销方式，大大降低了营销成本。而且不仅直播时可以观看，直播结束后也可把视频上传各大平台反复观看，扩大了直播的受众范围，拓宽了直播的宣传渠道。

4. 营销转化更加有效

直播营销能实现从产品推荐到商品购买的快速转化。直播带货通过把产品展示到用户眼前，增强了顾客的体验感，同时网上聚集和疯抢也容易导致冲动消费。通过支付宝、微信或平台自带的在线付款方式便可以支付成功，只需几秒就可以完成操作，简化付款方式的同时，也会提高营销转化率。

（四）直播营销要素

1. 主播

主播作为直播营销中的主要人物，对直播效果起到了关键性作用。主播的外在形象、沟通交流能力、对产品的了解度都会对直播效果产生巨大的影响。

一方面，直播营销往往依托颜值营销开展。直播公司在主播选择中对于外在形象气质有一定的要求，因为高颜值容易吸引用户的驻足，从而引起大量粉丝关注，积攒人气，聚集的流量能够快速提升曝光度。

另一方面，仅仅凭借外在形象无法获得粉丝的忠诚度，因此，主播需要通过沟通技巧和自身能力留住用户。主播在直播过程中要把握交流、聆听、互动三者之间的关系，用轻松、愉快的语气和用户进行沟通。最重要的是，主播要打造具有自身特色的风格，创造无可替代的属性，打造个人专属IP，这样才能获得用户的持久关注。

2. 产品

产品在直播带货中也是极为重要的一环。用户作为理性人，产品是决定用户是否购买的核心要素，其中以质量与价格最为关键。所以一方面产品质量一定要过关，尽量满足用户预期；另一方面在价格方面要足够优惠，通常要低于一般市场零售价或给予相关赠品，这样消费者才更愿意选择主播推荐的产品。

3. 场景

场景是指直播时的氛围，包括直播背景，灯光，装饰，构图等因素。直播场景是除主播之外的第二张脸，通过搭建起舒适、俏皮的场景能更好地吸引观看者的注意，提高粉丝转化的概率。但要注意的是，场景的搭建要符合主播风格，例如，搞笑型主播可以布置一些奇异搞怪的道具；游戏型主播布置一些游戏的海报，主播的比赛奖项；运动型主播可以播放激情热血的歌曲等。需要注意的是，一旦场景搭建与直播风格不符，就会使用户产生突兀感，极大地降低用户的观看兴趣。

4. 内容

只有符合消费者需求的内容才能赢得良好的直播效果。通过打造独一无二的原创内容，有效区别其他主播，从而获得忠于自己平台的粉丝；通过创造有价值的内容，在内容创造过程中重视直播内容的深度和广度，从而提升直播平台的吸引力以及销售转化率。

## 二、直播营销运营

（一）明确直播思维

明确的直播思维有助于打造本直播频道形象，有效区别其他直播平台获得专属本频道的直播红利。直播较低的准入门槛使人们在短时间内纷纷加入直播行业，以期通过直播营销的方式获得更广阔的消费市场，这导致如今的直播市场质量良莠不齐，而要想直播实现长远、可持续的发展，必须明确好直播思维，定位直播主题，只有这样才能获得高效的直播营销效果。直播思维的确定可以从产品思维、市场思维、用户思维等方面考虑。

（二）锁定直播平台

明确好直播思维后要依托恰当的直播载体才能更好地传播。现在的直播平台根据功能可大致分为电商类直播平台、游戏类直播平台、教育类直播平台、娱乐类直播平台、生活类直播平台。

1. 电商类直播平台

电商类直播平台自身的商业属性就表明具有较强的营销目的。这种营销方式以其较低的成本和较高的变现转换率获得各大企业的青睐。电子商务的发展使得网络平台购物成为人们购物的主要方式。但是网络平台购物仅有产品图片的展示，使得经常发生消费者购买后发现图片和产品不一致，感到被欺骗的情况。电商类直播平台的出现克服了平台购物这一缺点，使产品更加立体化地呈现在观众面前，例如，衣服上身试穿、产品质量、功能现场测试等，而且主播和用户的良性互动，也更容易激发用户的购买欲望。

电商类直播平台可以分为两类，一类是基于淘宝这种自身具备购物性质的平台，可以实现观看直播和购买商品的便捷快速转换；另一类是抖音、快手这一类短视频平台，它们具备大量的用户规模，可以通过引流的方式开展直播并向淘宝、京东不断输入用户，但如今这一类内容营销平台的直播方式也逐渐向第一轮直播平台靠拢，并建立和完善自身的购物商城。

2. 游戏类直播平台

游戏类直播平台是依托网络电子游戏开展的实时直播平台。随着互联网发展，电子游戏直播市场应运而生。游戏类直播主要分为两种主播类型：娱乐型和教学型。教学型主播通常具有较强的电子竞技能力，例如，现役的游戏竞技选手、退役的选手教练或者游戏天赋较高的大神等。观看这类直播的观众，期望在直播中学习到某种游戏技巧或加强游戏理解，对直播的互动性要求相对较低，所以教学型直播的准入门槛较高，也不易实现营销转化；娱乐型主播主要通过诙谐的语言互动，搞怪的游戏内容等吸引观看者，观众对这类主播的游戏能力要求不高，所以准入门槛也相对较低。

中国电子竞技用户逐年增加，使得游戏类直播在未来的发展中具有较强的发展潜力和成长潜能。

3. 教育类直播平台

教育类直播平台是以直播方式向观看者传授某种类型的知识的平台。新冠疫情的暴发使得教育类直播平台快速发展，一方面通过线上直播的方式能够减少人际接触，另一方面在线教育的形式不受时间地点的限制，能够实现千人甚至万人同上一节课。另外，教育类直播汇聚了强大的师资力量，能够实现实时答疑从而保证直播课程的质量，有助于欠发达地区教育水平的提升。

教育行业与其他行业不同，它传播知识、解惑答疑的特点使得教育类直播平台对主播的专业技能和素养要求较高，往往是某一专业领域的顶尖人才为用户提供专业知识解答。所以在教育类直播平台观看直播通常需要付费，但是由于网络监管尚有不足，教育类直播平台的直播质量也参差不齐，观看者在付费前应仔细审视主播背景、教学能力，谨防上当受骗。

4. 娱乐类直播平台

娱乐类直播平台的核心策略聚焦于颜值营销与才艺营销两大方面。一方面，在颜值营销策略下，平台挑选并邀请颜值出众的网红或明星担任主播，他们的服务与形象紧跟时尚潮流，旨在为用户带来视觉上的极致享受与心灵的愉悦放松。另一方面，才艺营销则强调主播个人才艺的展现，如唱歌、跳舞等，这种方式极大地增强了与观众之间的互动性和参与感。

娱乐类直播平台的主要盈利模式包括用户互动打赏及基于庞大粉丝基础的广告宣传收入。通过构建活跃的社区氛围，鼓励用户通过打赏表达喜爱与支持，同时，当主播积累了一定数量的忠实粉丝后，平台还会利用这一优势引入品牌广告合作，实现多元化收益。在这一领域，抖音、YY直播等平台凭借其独特的运营模式和丰富的内容生态，成为行业的佼佼者。

5. 生活类直播平台

生活类直播平台聚焦于分享日常生活点滴与表达个人态度感受，以此触动观众心弦，产生共鸣。该平台中的直播往往摒弃了繁复的场景布置，追求真实与亲近感，使"分享"与"陪伴"成为其发展的核心动力。生活类直播平台的一大魅力在于低门槛进入特性，任何人都能轻松加入，分享自己丰富多彩的生活片段，内容广泛而自由，不局限于特定主题，这为平台带来了无限的活力与多样性。这一类直播平台有：抖音、快手、B站等。

（三）打造直播特点

只有打造了具有自身直播特色的卖点才能够在直播行业中占据一席之位。打造直播特点要从完善直播策划、丰富直播内容、营造直播体验等方面进行。

1. 完善直播策划

一次完美的直播营销离不开前期的策划与筹备。首先，明确的思路设计是直播营销的灵魂，企业在策划直播主题时要将抽象化的思路明确到具体的方案中进行。其次，顾客至上的法则是完善策划的有效途径，所以策划要从用户角度深入考察，并对其进行完善和升华，实现从用户出发并最终落实到用户。最后，实时观测用户需求是不断升华的关键，只有充分了解用户需求并采取相应措施才能制订较为完善的策划，才能满足用户多元化、个性化的需求，才能实现直播营销的成功。

2. 丰富直播内容

直播营销时代的到来使得直播大军浩浩荡荡，但普遍存在直播内容形式单一、质量参差不齐的问题。如果直播仅仅是对产品或服务的特性做刻板化的介绍，很难赢得用户信任使其购买商品或服务，同时产品特点介绍大多趋于一致，要想从众多主播中脱颖而出，打造区别他人的有价值的内容就显得尤为重要。所以直播必须注入能吸引消费者的、形式多元的内容，才能更好地获得消费者满意度并引导用户消费。

品牌生产内容（brand generated content，BGC）依托产品品牌，主要针对产品品牌的价值观、文化、内涵进行宣传。在直播中对产品品牌理念、历史进行介绍，使得产品在用户心中品牌化，丰富产品品牌内涵，有利于塑造产品品牌形象，彰显品牌内涵。

专业生产内容（PGC）依托有影响力的人物，如明星、网红、专业领袖等，通过邀请他们加入直播，吸引粉丝聚集，有利于提高品牌曝光度、关注度，并且打造明星同款产品，吸引粉丝争相购买。

用户生产内容（user generated content，UGC）依托用户，用户参与是直播营销的核心。用户可通过发表弹幕、后台评论等方式进行沟通反馈、从而实现用户与主播、用户与用户之间的互动。精准洞察消费者需求，实现主播和用户在情感上的共鸣。

3. 营造直播体验

用户体验的关键基本上七个字、三个点就可以概括，"不卡、不掉、不延迟"，分别对应播放流畅、交互稳定、内容实时。另外，要注重场景营销，打造沉浸式体验。直播场景应该依据不同的内容进行场景塑造，避免采用消费者反感或引起消费者不适的画面。

（四）实现直播变现

营销的本质是盈利，进行直播营销的最终目的是变现。直播最有力的变现方式是吸引用户下单购买，把用户流量转化为实际的销量。因此，可以从全方位的产品展示、必要的饥饿营销、高额的优惠力度等有效提升用户的购买意愿。

1. 全方位的产品展示

直播不同于购物平台的重要一点就是可以更加立体化地展现产品特点，让用户更加深入地看到产品的优势，了解产品相关信息。通过试穿试用、产品细节展示以及个性化展示等方式体现产品特点。试穿试用是指主播本人通过镜头展示产品，通过远景、近景分别展示，让用户更有效地了解产品属性及特点。产品细节展示是指让用户更好地把握产品整体特点，全面地了解产品性能。个性化展示是根据用户需求呈现产品，有助于消除用户对产品质量性能等方面的疑虑。

2. 必要的饥饿营销

直播中主播通过"限时购买""特价秒杀"等字眼以及在直播间里反复强调即将售空、缺货等信息，吸引人们要及时抓住购买机遇，让消费者产生一种不买即亏的想法，让用户沉浸在购物的氛围中，这种方式曾经也广泛运用于传统营销当中，如今又在直播营销中大放异彩。

3. 高额的优惠力度

物美价廉的产品是刺激消费者购买的重要因素之一。首先，可以通过在直播标题中加入"优惠"等信息，吸引用户注意力，激发用户的购买欲望。其次，高性价比的产品是获得用户购买意愿的关键因素。主播在进行选品时要挑选那些优惠力度大、质量高的品类，因为只有物美价廉的产品才能吸引用户。最后，在直播过程中发放福利，比如，赠送小礼品、限时返现、优惠券、抽奖等方式不仅能吸引用户观看直播，获得流量，还能刺激他们产生购买行为，为直播变现打下良好的基础。

## 三、直播营销的应用

### （一）直播+电商

直播+电商通过直播直接将用户和商品连接起来，实施营销活动，这是直播最常见的营销场景。淘宝直播、京东直播两大电商直播平台发展迅猛，在近几年颇受用户喜欢并打造了不少直播营销的成功案例。在传统电商模式中，企业仅搭建了一个销售产品的平台。而在新型电商平台中，想要顾客为产品买单，就必须先取得用户信任。而直播营销就是通过充分挖掘用户信任，进而引发消费者购物欲望的有效方式。加入直播，可以让用户更直观地了解产品，增强用户对产品的信任感，进而提高销量。

在"直播+电商"的营销下，电商想要通过直播获得更多的流量，可以不定期地为用户提供互动奖励，与用户实时互动，在直播中带动气氛，促进销量的增加。美妆品牌欧莱雅在直播时就经常使用用户奖励机制。比如，对于在直播期间下单购买的用户提供额外的折扣优惠和赠品奖励；开展不定时抽奖活动。同时，欧莱雅还利用直播积分系统对用户进行激励。用户在直播期间购买商品或参与互动，均可获得一定数量的积分。通过这种直播+电商的营销活动，电商平台和品牌方都取得了显著的成果。直播期间的销售额大幅提升，用户参与度和互动度也明显高于平时。

### （二）直播+个人 IP

直播平台成为网红经济的一个有力出口，为以个人为主体的网络主播提供了更广阔的粉丝平台，并降低了直播行业的准入门槛。粉丝基础和粉丝互动也成为个人 IP 的核心因素，也是个人 IP 平台化的出发点。在直播中要想获得较高的营销盈利，必须符合当下年轻人的口味，将自身特色与时尚和潮流紧密贴合，同时借助专属的美颜功能以及唯美的滤镜为直播人物提高颜值，加深观众的第一印象。主播还可以通过增添趣味性的贴纸、华丽的特效美化直播场景，提高直播的画面感。在这类直播中，用户可以通过各种方式来表达对直播的喜爱，直播也可以选择和其他直播进行 PK 的方式吸引用户进行礼物赠送。除了需要付费的送礼物方式，点赞爱心和评论也能提升直播间的热度和话题度。这种直播需要具备良好的创意，原创的内容才具有吸引力，Papi 酱正是通过内容创作迅速走红，随后她的首次广告通过淘宝直播竞拍，最终在 8 大直播平台展示了直播首秀，并与美即面膜合作发布了第一支硬广告，成功运作个人 IP 最大价值平台化。Papi酱的直播首秀，在微博上引发热议，成为同期直播事件之首。

### （三）直播+旅游

随着人们生活水平及精神生活上的追求越来越高，旅游越来越成为人们空闲时光放松身心的重要选择。新冠疫情结束以后，国民旅游热情越发高涨，但许多人受限于时间与经济问题，无法实现出游愿望。因此直播旅游逐渐受到人们青睐。直播+旅游打破了只能依靠图片和文字对旅游这种个人体验项目描述上的局限，通过直播的方式让用户足不出户有身临其境之感，突破了时间和空间的限制。要想全面利用直播进行旅游营销，旅游企业不仅要配合好旅游场景，在场景的选择上必须突出景区特色，而且要配合好主播的介绍和体验，让用户看到美丽风景的同时领略当地风俗文化。另外，设备的选择尤为重要，直播要着力为用户创造一个全面立体化的视觉体验，仅仅依靠手机拍摄的图像局限性较大且无法全面展现出景点特色，所以要利用好新技术和新设备。借助 VR 设备打造直播旅游，能提升用户的沉浸感、想象力、交互性，使用户更加清晰、更加真实全方位地了解旅游产品的特点。

直播不仅是宣传景点的有力方式，而且能够吸引用户线上观看到实地观赏的转换。与此同时，通过直播能更好地让用户及时咨询和反馈出行前的问题，从而大幅提升服务效率，另外，借助 VR 等设备和技术可以让直播内容更加真实和客观，全景和全面展示旅游场景，更能体现旅游景区的特色从而实现更好的内容转化和流量转化。

## 第三节　短视频营销

互联网的内容形式不断更迭，实现了从图片、文字到视频的进步，实现了内容形式的可视化。网络视频的爆发力逐渐显现，基于其更加高效、低成本、易操作的特点，越来越多的企业或个体利用视频这一形式作为宣传的有力载体。

### 一、短视频营销概论

（一）短视频营销的含义

短视频是指时长控制在 5 分钟以内的短片。短视频的社交属性满足了当今用户对于人际交往与休闲放松的需要，短小精炼的内容符合人们碎片化阅读的需要，受到了大量用户的推崇和喜爱。目前常见的短视频平台有抖音、快手、秒拍等。

短视频营销是指企业或组织机构将品牌或者产品融入视频中，通过剧情和段子的形式将其演绎出来，使用户产生共鸣并主动下单和传播分享，从而达到裂变引流目的的一种营销方式。短视频营销以短视频为主体，以内容为核心，以创意为导向，实现产品营销和品牌传播相结合。

（二）短视频营销的优势

1. 传播速度更快

短视频在发布后能够在短时间获得较大的曝光率，一旦获得较大的热度后就能实现视频更大范围的传播。短视频营销的视频时长较短，甚至有些仅仅只是十几秒的视频，其转发和传播的速度较传统视频更快。

2. 目标定位精准

短视频营销可以有效确定目标受众群体，通过对视频命名和视频介绍等为视频内容赋予标签，并依据大数据为对产品、品牌、视频内容等方面感兴趣的用户推送。对这一内容感兴趣的用户也可以通过转发等形式扩大受众范围，实现由受众者到分享者的转化。

3. 效果可预测

短视频营销效果往往是通过浏览量、转发量、评论量、收藏量等指标展现的，借助这些指标可以有效检测营销效果并根据这些数据确定营销方案。

4. 互动性较强

短视频具备评论和回复的功能，创作者与用户、用户之间能够有效互动。评论区已经成为短视频构成的重要部分，评论越多的短视频也就是用户感兴趣的话题。回复即是一种造势，回复数量越高的视频，往往热度越高，传播能力越强。

5. 符合当下消费者需求

短视频这一传播方式能有效地满足当今消费者的休闲与社交需要。如今的消费者大多背负沉重的生活压力，他们往往没有时间和精力去关注时间较长的内容，而短视频则可以通过简短的内容使消费者得到片刻的放松，这是短视频能够迅速走红的关键之一，而短视频营销则恰好可以利用这一点做到"抢占"客户的时间。

（三）短视频营销类型

1. 植入型

植入型短视频营销强调产品宣传和视频内容能够无缝地融入视频内容中，成功的植入型短视频营销标准是用户几乎察觉不到视频是具有广告性质的，这能使用户在接受视频内容时无意识地接受与商家有关产品信息的植入，潜移默化地影响消费者的消费意愿。

植入型短视频营销能够让视频和产品融合为一体，起到"润物细无声"的作用。通过一系列的场景渲染和体验使用感知能够让用户在不知不觉中受到品牌影响，让宣传在悄无声息中完成。植入型短视频营销相比生硬、直接的广告宣传模式更能够获得消费者认同，所以这种形式也逐步获得了企业的认可。

2. 访谈型

访谈型短视频营销是指通过对专业领袖或业界有影响的人群进行访谈，通过以问答形式提出一些针对性的问题并进行解答。借助访谈，通过媒体宣传产品与服务，扩大品牌影响力，使品牌更具有说服力、公信力。

访谈型短视频营销能够引发大规模影响，运用这一形式进行宣传的既有娱乐性较强的影视内容推广，也有大众消费品的上市预热，但要注意的是，访谈型短视频营销的效果在很大程度上取决于被访谈人物的影响力以及其在消费者心中的口碑，如果在营销活动持续期间，被访谈者出现"塌房"，则有可能对营销活动造成毁灭性打击。

3. 自制型

自制型短视频营销强调通过发挥主观能动性进行内容创造，通常没有统一的规范和标准。根据企业实际情况，自己制作相关视频内容，并把所传播的品牌信息合理地融入视频中去，借助互联网络进行推广和宣传。

自制型短视频制作门槛较低，不需要高成本、大制作就可能产生裂变式效果。这一形式的短视频营销重视的内容更多符合消费者需求，能够引发消费者共鸣。

## 二、短视频营销的策略

短视频营销策略可分为整合传播策略、创意孵化策略与连锁传播策略三类。三种营销策略的营销目的不同，传播方式与传播特点也有明显差异（图 6-2）。

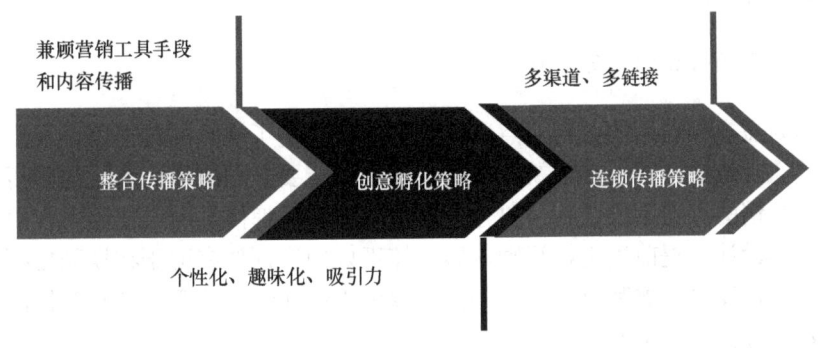

图 6-2　短视频营销的策略

（一）整合传播策略

整合传播不仅要运用各种营销工具以及营销手段，还要重视内容传播，做到系统化的管理。在传播时要以用户体验为中心，重视产品和服务，借助互联网络进行传播。

在渠道方面，不仅要在线上进行传播，也要重视线下渠道的铺设和建立。通过整合线下活动资源和媒体资源进行品牌传播，扩大品牌影响力。

在类型方面，善于把不同类型的短视频模式和类型进行整合，例如，微电影、创意短视频、植入型短视频可以进行整合，组合成不同的营销方案，满足不同渠道的需求。

（二）创意孵化策略

创意孵化策略强调短视频的个性化、趣味性、吸引力。要从构思、实施等各个环节体现创意性。有创意的短视频，甚至不用过多的宣传和推广就可以获得病毒式的营销效果。

在内容方面，要创造出符合用户需求的、有价值的视频内容。可以通过故事性叙述方式，推动消费者深入其中，也可以使用事件营销的方式，利用事件发展制造话题，产生营销价值。

在形式方面，营销人员和制作人员根据内容选择最贴切的形式，以获得更好的传播效果。

（三）连锁传播策略

单一的传播渠道涉及面较小，而采用多渠道、多链接的传播媒介，能打造具有连锁性的传播方式，进一步扩大短视频的影响范围，获得爆炸式的营销传播效果。短视频制作完成后，借助多个热门传播平台打造传播媒介体系，扩大传播广度，提升营销效果。一旦视频获得了较好的反响后，要"趁热打铁"进行相关话题的创作和推送，打造一系列连锁反应，持续话题热度。

## 三、短视频营销的内容

（一）短视频营销的内容设计

内容作为短视频营销的关键卖点，其好坏直接决定了视频的传播度以及影响力。短视频的时长通常较短，所以在短视频内容创作中一定要兼顾故事完整性与转折性。短视频营销作为营销的有力手段之一，要合理地把产品和品牌信息融入视频内容中去。

（1）内容设计。提前确定好视频内容，梳理好内容框架有助于在视频拍摄过程中更好地演绎，经过反复推敲和打磨内容的细节保证视频在情节、逻辑和观赏性的价值，以获得视觉效果和情感效果的双赢。

（2）角色选择。在角色选择时要依据短视频或者产品品牌定位，借助角色自身特点反映出产品或服务的特点，要实现产品和人物有效融合，尤其不能有悖于品牌概念。

（3）拍摄制作。如今热度较高的短视频背后都有大量专业的摄影师、剪辑师为其视频保驾护航。随着短视频数量的激增，消费者的审美观念也随之提高，而短视频仅靠自己的"草根"视频博主越来越难以脱颖而出，因此，必须通过专业化的拍摄，以及对声音、特效的后期制作等方式来提高短视频质量。

短视频设计要明白一个至关重要的前提，即短视频正在建构一种新的媒介关系，这种新的媒介关系是从过去的单向传播转变为了一种更为深入的互动。短视频营销绝不是传统媒介时代下品牌的简单自我宣扬，而是要进入到短视频独有的话语体系之中，用娱乐互动、融合新场景、情感化叙事等符合短视频特性的对话方式，在向用户传递品牌之外，输出有价值的、能够打动人心的内容，从而创造社交的扩散，帮助企业更好地传播品牌。

（二）短视频内容沟通 5i 模型

在内容方面，内容的本质是信息的传达和沟通。要想提升短视频的内容沟通效率，就需要探索观众的信息加工心理机制。根据哈佛大学赫伯特·C. 凯尔曼（Herbert C. Kelman）提出的说服效应理论和密苏里大学理查德·E. 佩蒂（Richard E. Petty）、爱荷华大学约翰·T. 卡乔波（John T. Cacioppo）提出的精细可能性模型（elaboration likelihood model，ELM），并结合短视频信息沟通特点，可以将短视频沟通的内在心理过程机制做如下刻画与拆解，并总结抽象出优化短视频内容的五大要素，形成短视频沟通 5i 模型（图 6-3）。其中，吸睛力、交流感、信息量是所有短视频普遍值得遵守的基本方向，内化力和认同力则可以根据短视频创作者的实际诉求进行侧重选择。

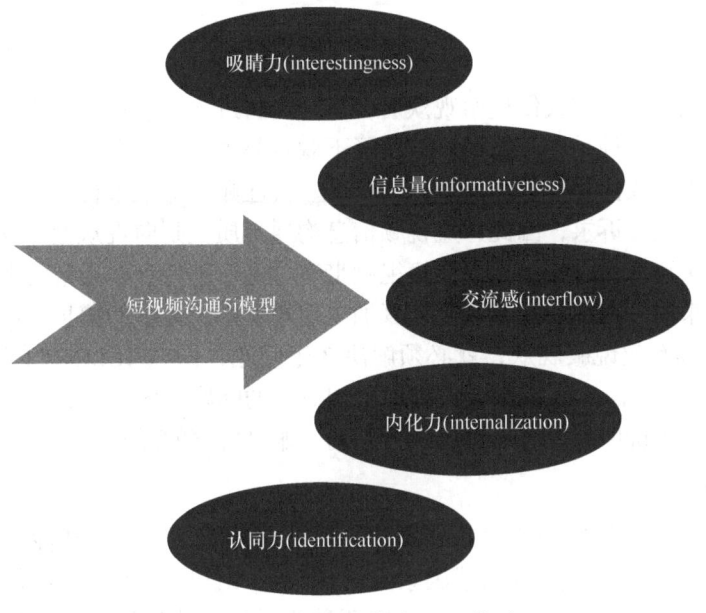

图 6-3　短视频内容沟通 5i 模型

1. 吸睛力

首先短视频需要在前 3 秒内激发观众兴趣、争取观众留存。短视频的上下滑动机制为消费者赋予了灵活的自主选择权，也对短视频的第一眼吸引力构成了极大的考验，如果第一眼无法激发观众兴趣，观众就会在没有对短视频内容形成基本认知的情况下划走，更不必谈交互行为和引导效果了。因此，吸睛力是短视频价值的基础和前提。吸睛力由五大要素构成：美、直、奇、名、热。这五大要素不需要面面俱到，一条短视频内容能在其中某一个或某几个方面表现出色，就可以提升观众的留存可能。

2. 信息量

3 秒之后，短视频需要向观众输入足量的信息以供加工。移动互联网时代，信息流动速度极快，在养成了两倍速刷剧、观看高密度剪辑、接受多渠道信息轰炸等习惯后，观众往往会对低密度信息丧失耐心。因此，在短短十几秒的沟通时间中，要尽可能在横向、纵向、维度上做信息延伸，将短视频信息量做厚，这样才能使观众不会因无聊而流失，也借此为撬动观众心意提供更多抓手。

3. 交流感

信息需要以类似"交流"的方式传达，因此，短视频要与观众有对话感，不能冰冷、生硬。与图文、图片等介质的冰冷感和单薄感不同，短视频场域的一个突出特点在于，内容制作者可以充分调用视听资源向观众传递情感温度。因此，从图文向短视频的转变不应止步于静态素材向动态素材的更迭，更应是情感温度与情绪沟通的全面升级。

在短视频中要使用具有指向性的语言风格和极具情绪感染力的词语,与观众产生交流感和对话感,要避免生硬地进行广告口播或冰冷的产品特写。交流感的行为衡量标准包括包括观看均次进店率(平均每多少人观看会有一个人进店)、用户互动率与短视频账号价值。

4. 内化力

足量信息以交流的方式传递给观众后,下一步将进入信息加工过程。观众信息加工的通路有两种,第一种是中心路径。该路径下观众是理性加工者,需要理解并接受短视频的论证内容以形成内化,以触发进店、互动、关注账号等效果行为。短视频以直接或间接销售货品为主要诉求,因此,短视频信息沟通本质上是向观众论证商品价值并促使消费者形成购买意愿的过程。然而,短视频带有"逛"的特点,通常消费者不是带着明确的主动诉求来的,因此观众未必会认真加工短视频中所提供的信息。因此,短视频要想通过论证内容有效说服观众,就必须解决3个问题,即 WILLING(意愿)、ABLE(能力)和 RTB(reason to believe,有理由相信)的问题。内化力的行为衡量标准以平均每次观看的进店价值为主,这也反映为互动、账号价值的提升。

5. 认同力

观众信息加工的第二种通路是外周路径。该路径下,观众是感性加工者,他们不加工论证的内容,而因偏爱等情感因素对短视频形成认同,进而产生行为。在与短视频的互动中,消费者也是通过中心与外周两种路径进行信息加工及决策的。因此,中心路径(即通过论证内容来改变消费者态度)并非影响观众行为的唯一路径,有时观众也通过外周路径来加工和处理信息,这就意味着观众因为短视频中的人设、娱乐性、知识性等因素而产生偏爱和认同,并受其影响,而这并不是一个理性思维的过程。

短视频营销内容还包括以下几个要点:①人设。通过一整套相互协调和连贯的视频风格构建起视频主体的"人设",由此吸引匹配的观众。②娱乐性。通过轻松娱乐的氛围,吸引观众的兴趣。③知识性。通过教程、科普、攻略等形式,令观众在知识上有所收获。

## 第四节 移动营销

移动营销已经到来,但它是什么?与数字营销交互组合的四个基础(搜索、社交、网页设计和电子邮件)不同,移动不是一个特定的营销渠道。移动是一个交付平台,在这个平台上可以传递数字信息,优化并量化数字客户交互体验。移动平台包括智能手机、平板电脑和其他设备(如智能手表)。移动是一种被称为"SoLoMo"趋势的一部分,在这种趋势中,营销顾名思义就是社交、本地和移动。这一趋势有时也被称为数字融合,因为来自许多媒体渠道的内容在数字设备上会汇集在一起。

## 一、移动营销概述

### （一）定义

移动营销这一概念源自营销传播。许多学者对于移动营销的定义，大多嵌入在技术中，因此有将技术误认为概念本身的趋势。举例来说，2005年MMA行为准则将移动营销定义为：通过移动媒体对消费者进行的任何形式的营销、广告或促销活动。Bauer 等将移动营销定义为：使用手机作为向客户传达商业内容的一种手段。Facchetti 等将移动营销定义为：利用无线媒体为消费者提供对时间和位置敏感的个性化信息，以促进商品销售和服务的提高，从而惠及所有利益相关者。

上述定义都围绕移动媒体技术展开，把移动营销视作利用无线通信媒介和无线渠道来展开营销。虽然移动营销技术的发展将移动营销活动传达给营销实践和学术研究，但现在的营销人员都认为，移动营销只是一种技术工具，使企业能够与客户沟通。事实上，移动营销不仅仅是一门技术，而对其真实性质缺乏了解是众多移动营销举措失败的部分原因。手机是移动营销传播的主要媒介，因此有必要将概念与其基础技术分离，以找到不受技术变化影响的稳定的概念。因此，基于这些见解，我们提出了以下概念：移动营销是将移动媒体作为营销传播手段，通过互联网展开的营销活动。

### （二）驱动力

移动营销的驱动力主要包括两个方面：娱乐和信息价值。精准把握消费者的娱乐与信息需求，凸显移动营销信息与活动的重要性至关重要。唯有当这些营销信息融入创新元素与娱乐性质，或提供高度实用与有价值的信息时，方能激发消费者的正面情感共鸣，进而促使他们形成积极使用移动营销服务的行为意向。

营销工作的重点是娱乐还是信息，取决于单个产品或服务的整体传播策略，并且要考虑到预期的传播工作整合。然而，我们应该明确建议营销人员不要使用非人格化的大众信息来传播广告内容。这些类型的信息既不提供有针对性的内容也不提供娱乐价值，极有可能引起消费者的负面反应。同时，风险感知决定了人们对移动营销的态度。

移动营销环境下的风险感知主要来自对数据滥用的恐惧和对不想要的移动营销信息的接收。显然，作为一种通用营销传播形式的移动营销，建立一个充分的信任基础是所有广告公司的主要目标。这是消费者愿意允许在其手机上接收广告信息并为这些信息的个性化提供个人数据的先决条件。因此，这也是消费者接受移动营销的首要因素。

## 二、移动营销的渠道与技巧

### （一）移动营销的渠道

随着消费者越来越多地通过各种不同的移动设备与品牌互动，深入理解并满足不同移动渠道的多样化需求，同时确保客户在任何连接方式下都能享受到卓越的体验，这对于移动营销而言，是无可替代的核心要义与战略高度。

移动渠道的一些关键做法和建议如下。

（1）减少转换触摸步骤的数量——研究表明，客户购买所需的步骤越少，他们购买的可能性就越大。

（2）移动交互设计——关注触摸驱动的控制，使用移动显示控件（如滑动、收缩和缩放）并简化交互和导航按钮。

（3）优化速度——移动页面加载延迟一秒，转换率就会下降一大部分，整合动态媒体内容和响应性设计以适应设备类型和网络。

（4）使内容的"可查找性"变得容易——大多数移动客户都从搜索开始，因此优化网站搜索功能至关重要。

（5）从一开始就整合分析——能够直接测量访客行为，对于理解移动渠道的有效性和投资回报率非常重要。

（6）优先考虑平板电脑和手机载体——网站从平板电脑和手机获得的流量比台式电脑多，平板电脑和手机用户每次在线购买通常花费更多。

（7）优化移动社交媒体渠道——检查客户是否可以通过其移动设备点击社交媒体渠道中的产品。

（二）移动营销的技巧

APP 应用程序和短视频平台，日益成为移动营销的主阵地。各种 APP 应用程序充斥着生活的方方面面，截至 2020 年我国短视频用户规模已达到 8.18 亿，短视频 APP 已成为新媒体和年轻人生活娱乐的新宠，短视频广告和带货已成为移动营销的一种重要方式。

价值共创和热点营销带动消费者参与。在短视频时代要想充分挖掘短视频的营销能力，就要在热点事件上具有敏锐的洞察力，生产出源源不断的优质短视频内容；也可以通过粉丝经营的方式收获流量。首先，企业在投放营销信息时可以给予粉丝一定的折扣或优惠，为粉丝带来一定的增值。其次，把与粉丝用户的互动和体验放在第一位，培养良好的"朋友"关系，将广告和带货作为这种关系的延伸，实现粉丝经济。最后，要适应人们不断增长的精神物质需求。通过了解粉丝用户个性化的需求，构建他们的客户画像，努力建立起从用户兴趣到内容营销的体系构架，实现短视频与消费者的良好互动。

## 三、移动营销的类型

（一）二维码营销

1. 二维码营销概述

二维码（quick response code，QR Code），也称 QR 码，是近几年发展较为迅速的一种编码方式，它通过图像输入设备或光电扫描设备自动识读信息，然后按一定规律在平面上分布类似于迷宫的黑白相间的几何图形，与传统的条形码（bar code）相比，它能够表示更多的数据类型，能够把文字、图片、音乐、视频、网站链接等"编码"成一个图像，同时它也能够存储更多信息，当使用第三方特定软件扫描二维码时，之前输入进去的信息就会显示出来。二维码营销是企业把二维码应用到移动营销中来，随着二维码技术的不断进步，企业在进行产品或服务的推广时加入了更多的创新元素，增强了企业与用户的交互体验，建立了企业与消费者之间互动的营销关系。

2. 二维码营销的优势

Narayanan 认为，有许多使用环境涉及个人创建与使用二维码作为传递信息的工具。例如，包括在 QR 码中编码以供他人在其设备上扫描和解码，或扫描某人的 QR 码以将其细节加载到读者的手机上，即将 QR 码用作机器可读的个人卡，或者发送和接收邀请，即对活动的详细信息进行编码，包括二维码中的位置。二维码可以发布在网页上或打印在其他媒体上，供希望获得邀请的人扫描。作为二维码营销的优势概述，它们包括：可以决定您希望客户采取的行动；遵循 ISO[①]标准；提高品牌知名度；通过口碑传播、在线互动和口碑创造来加强品牌宣传；提高客户参与度；建立庞大的客户数据库；提高销售额和客户保留率；完全可测量；向消费者提供即时信息；减少广告材料的印刷等。因此，它作为一种成熟的营销工具，其中较为明显有益的优点如下。

（1）运营成本低。这里的成本低不仅是对外广告成本，而且包括二维码本身的制作成本也低。相比大众媒体广告、传单广告等营销手段，二维码营销大大减少了版面数量，降低了印刷成本，有着绝对的成本优势。同时，二维码生成器一般是免费的，制作方法十分简单，无论何种规模与何种领域的企业，都可以利用二维码进行营销。在效果上，二维码可以传递的信息之多，超过之前任何一种广告情形，可以同时给中小型企业提供向客户群体精准发布信息的平台，有利于给本企业提供的物品或服务做宣传，提升企业的关注度。

（2）使用方便。二维码营销作为一种新型移动营销方式，在网络通畅的情况下，所承载的信息几秒之内即可被读取出来。它解码的速度之快，信息传递便捷、快速，使得二维码成为企业营销的必要方式之一。

（3）精准营销。二维码营销可以有效传递数据，不受时间、地域的限制，每个专用二维码都有自己的独立信息，通过目标人群使用智能手机设备扫码读取内容，与目标消费者进行匹配，实现精准营销的价值。同时，二维码营销可以有效地整合线上线下不同类型的资源，实现网络空间和实体空间的结合，由此，商家可以在后台获取所有数据来进行数据分析，通过数据挖掘进一步掌握消费者行为，实现更好的精准营销，并取得良好的营销效果。

3. 二维码营销策略

（1）二维码植入产品内容。随着二维码在购物和消费品之外的传播和发现，二维码已经进入了杂志、小册子和各种手机。移动设备的摄像头可以作为扫描仪读取二维码，并通过应用程序读取二维码，将图像转换为易于使用的信息。二维码可以支持从营销和规划到活动本身的活动和活动组织。另外，企业可以将二维码放在产品商标或产品介绍

---

① International Organization for Standardization(国际标准化组织)

的旁边或在快递包裹、商品包装上，使消费者在看实体物品的同时，能轻易地发现旁边的二维码，并以提供服务或优惠等方式吸引消费者扫描二维码，通过扫码来引流或增强黏性，将顾客引向企业设定的营销传播活动中去，促进消费者做出购买决策或二次购买。

（2）二维码植入品牌广告。广告本身作为一种诱因，吸引着人们去获取更多信息。通过在广告中植入二维码，人们可以快速跳转到品牌广告网站，进而了解更多产品与品牌的信息。现在很多广告或电视节目都会植入二维码，同时，植入式广告在电影、电视、游戏、视频的使用也很广泛，它们只需将二维码放置在屏幕或者界面的一角，以此来吸引客户扫描二维码，进而促进产品销售并扩大品牌影响力。

（二）LBS 营销

1. LBS 营销概述

LBS（location based services）是指基于当地位置所提供的服务，它借用无线通信网络和外部的定位方式获取用户移动端的位置信息，在地理信息系统平台的支持下，为客户提供相应的服务（图6-4）。LBS 包含用户使用移动终端确定准备的位置坐标和提供与位置有关的各种信息类服务。传统的营销针对性不强，且费用昂贵，而现在的手机 APP 应用几乎都会涉及 LBS 应用，尤其是娱乐餐饮及地图软件，通过 LBS 营销可以节约成本，实现精准营销目标客群，在确定用户的位置后为其推送相对应的移动广告消息，提高营销活动的转化率和回报率。

图6-4　LBS 营销

2. LBS 营销应用

（1）基于 LBS 的广告提供了大范围营销的可能性。根据企业或商家的需要，LBS 有以下几种类型：位置触发广告、基于位置的社交媒体、基于位置的比赛和基于位置的游戏、本地搜索广告、品牌 LBS 应用、近距离营销、嵌入 LBS 应用中的图标位置触发广告等类型。

（2）基于 LBS 的社交媒体营销应用。LBS 为围绕特定场地建立的社区营销提供了机会，LBS 能对所有商家的服务进行精准的划定、分类，并整合应用平台内各类的服务商，使用户与公众利用他们的社交网络分享他们在消费地点的体验，并提供双向沟通和直接对话，以此增加客户反馈的可能性。在消费者所处的地图节点推送相应的服务，可以提供商业机会，在店内创造一种互动体验，这种体验将使消费者从线上浏览者转变为线下买家。具体来说，一方面，是位置参考服务，如场地社交推荐网络服务，其中用户公开分享他们对特定餐厅或商店的意见和经验，此外，社交媒体和基于位置的服务的交叉导致了基于位置的社交网络或位置共享服务的发展，其可定义为可通过移动设备访问的社交媒体或网络，允许用户的位置或地理标签创建的内容。考虑到基于位置的社交媒体如何利用位置概念，可以将其划分为："在该位置""关于该位置"。"在该位置"服务可以定义为在该地理位置创建基于位置的内容的服务，"关于该位置"服务可以定义为指向特定位置的服务，但内容不一定是在该特定物理位置创建的。另一方面，考虑到服务的专用功能，可以将基于位置的社交媒体为：基于位置的社会网络或位置共享服务；具有地理标记功能的社交媒体。基于 LBS 在社交媒体的应用，可以实现在适当的时间、地点为不同的用户提供恰当的信息和服务，从一次性客户转变为忠实的粉丝。

（3）基于 LBS 的广告精准投放。广告通过各种传播渠道与产品或服务的推广相联系。基于位置的广告可以被视为基于用户地理位置通过文本或多媒体消息发送的促销消息。通过 LBS 的精准定位，对用户信息进行收集和整理，记忆并分析消费者个人信息、购买行为、购买习惯等，建立用户的多维、深度标签，理解消费者的个性化需求和消费行为习惯，为每位消费者建立一个"用户画像"，将不同的内容投放给用户，通过先进的沟通服务体系，为其提供产品或服务，从而进一步提升用户体验，实现真正意义上的商业模式创新。

（三）APP 营销

1. APP 营销概述

APP 是移动终端设备上的应用程序，APP 营销是通过智能手机、平板等平台上运行的应用程序来开展营销活动，主要包括品牌 APP、联盟 APP、APP 广告植入和 APP 广告投放等模式。手机 APP 营销能通过 APP 将产品信息呈现给用户，只要用户打开 APP 就能接收到产品信息和移动广告。因此，APP 营销成本低、持久性强，它创立了与用户沟通的新模式，可以为每个用户提供单独的定制体验。

2. APP 营销策略

（1）丰富广告投放形式，为消费者提供最佳体验。如今信息传播形式的多样化与受众乐于接受新事物、喜欢挑战的心理相契合，结合 APP 功能的多样性，实行广告内容创新和投放形式创新。拥有较好口碑的 APP 应该具有明确的定位和独有的特性，如使用便捷、娱乐生动、设计新颖等，这是决定 APP 能否得到用户认可的关键。通过在 APP 里投放多样的广告表现形式，企业可以精减广告数量，提升受众对短视频平台消费的认可度及广告投放的接受度，丰富受众观感且能依据受众反馈对广告进行及时调整。

（2）注重APP推广，实施精准营销。目前市面上的推广手段较多，主要包括付费广告宣传与免费口碑营销。企业应深入对受众群体的洞察，提升广告的垂直细分强度，实施智能推广，提高广告投放的精准度，了解消费者的APP使用习惯，加强数据精准和平台优选，建立良好的营销环境和有秩序的消费市场。

### （四）移动广告

移动交互已经爆发，大多数广告现在都可以在移动设备上打开。事实上，随着智能手机和移动设备的网速越来越快，视频广告、视觉图像以及游戏都成为移动平台的良好应用。全球广告支出正以两位数的速度增长，超过了报纸或电台。

同时，因为数字广告通常每天都在快速移动和变化，我们就会遇到这样一个问题，即用户花费的时间和花费在广告上的金额之间的脱节。在过去几年中，数字广告发展迅速。例如，在手机屏幕上的网络浏览器刚出现时，最初想法是让广告商及其代理机构将互联网广告视为电视广告的一种小形式，这些广告格式被称为横幅广告。它们的点击率最初很高，直到后来用户习惯了这些广告，最终变得没有价值。而今天成功的广告是视觉的、互动的，它通常以视频的形式呈现。互联网广告具有一系列被视为"新星"的格式，包括多媒体格式。这些广告通常具有较高的参与率，有时比传统横幅广告高出两到三倍。

## 四、移动营销的作用

移动营销可以用来做什么呢？这个问题的答案可能需要写一整本书。因为移动本质上是人们获取在线信息和服务的一种全新的和方便的方式，所以可以利用移动营销来实现与任何其他形式的数字营销相同的商业目标。它的作用我们列举如下：提升品牌、产品或服务的知名度；培养与在线社区对话的习惯；收集关于消费者行为的宝贵信息；将迭代式客户参与提升到更高层次；利用消费者的智慧；推动潜在客户开发和新业务开展；通过计划、竞赛和奖励提高忠诚度；建立更深入、更个性化的品牌体验；根据人口统计、地理位置和行为更有效地瞄准用户市场；留住更多客户，减少客户流失；倾听客户和学习知识等。随着互联网连接的移动设备的大规模使用不断加速，我们需要将移动营销作为其数字营销战略的基本组成部分，移动的潜力是深远的……未来，移动营销的影响只会越来越大。

## 第五节　搜索引擎营销

搜索引擎营销（search engine marketing，SEM）允许公司通过在搜索引擎上放置广告来瞄准消费者，已被证明是一种有效的受众获取策略。与传统的在线广告不同，广告商只在用户实际点击广告时才付款。而搜索引擎营销成功实施后，可以产生稳定的流量和巨大的投资回报。搜索引擎营销允许公司从受众获取的角度密切跟踪其投资回报率。

在 20 世纪 90 年代末的互联网热潮中，公司会在广告上花费数百万元，但对广告的有效性无法准确地测量与预测，而如今，高管可以进行详细的成本效益分析，这使得现实的商业模式具有明显的回报。随着搜索引擎营销变得越来越普遍，竞争水平正在推动投标价格飙升。许多广告商发现，他们已无力再为搜索率最高的词进行竞价。相反，他们被迫将营销范围扩大到多个搜索引擎和数万个关键词。广告商还面临着点击丢失的问题（他们支付的费用与他们的网站实际收到的费用之间的差异），这通常是由点击欺诈造成的。尽管存在这些障碍，搜索引擎营销仍然可以提供比其他营销渠道更好的投资回报，因此，搜索引擎营销应该成为任何复杂广告活动的一部分。

## 一、搜索引擎的定义

搜索引擎（search engine）是互联网的一种信息检索工具，通过计算机程序将互联网上海量的信息进行整合、加工以及重组后，用户在搜索端输入关键词以进行检索，如谷歌、百度等搜索引擎。第一款搜索软件——Archie 于 1990 年出现，它是由加拿大 Alan Emtage（阿兰·埃姆塔吉）研制出来的，而后来 Robot 和 Spider 的诞生标志着搜索引擎的起步。

## 二、搜索引擎营销概述

### （一）搜索引擎营销的定义

搜索引擎营销是一种网络营销，它包括通过优化和提高广告网站在搜索引擎结果页面（search engine result page，SERP）中的可见性来推广网站，是为网站带来高质量访问者的关键技术。当我们寻求新产品、服务或娱乐时，都会自然而然地转向搜索引擎，而国内使用较多的主要包括谷歌、百度、搜狗、360，或其他国际和区域搜索引擎。如今，搜索引擎是电子商务网站使用的最重要的促销手段，它是用户发现新网站的最常见方式。

### （二）搜索引擎营销的优势

1. 机会

与其他任何网站相比，主流的搜索引擎可以吸引更多不同的访问者。小型和大型公司以及消费者都将从搜索引擎营销的机会中获益，其中拥有大型网站和许多产品的大公司可以销售更多商品。而对于那些拥有全国性业务的人来说，搜索引擎营销是将该业务推向更高水平的途径。拥有更多专业产品的中小型企业可以接触到更广泛的受众，并可能推动更多销售到国内甚至国际市场。同时，搜索引擎营销是通过使用最流行的搜索引擎和广告位置来发现较少品牌识别的小型企业的一种方式。

开展营销活动的机会包括：低成本效益（与其他形式的营销相比）；有针对性的营销；增加贸易；提高盈利能力；全球市场；广泛的客户群；全天候贸易；广告公司成本效益；在任何地方交易；增强竞争力；鼓励增长。

2. 好处

众所周知，已经具有购买欲望的潜在客户更有可能购买商品和服务。通过搜索引擎和列表查找网站的人更适合作为产品和服务的目标，因为他们通过输入与网站内容直接相关的搜索短语来积极查找网站。通过关键词研究，搜索引擎营销活动确定了最佳搜索词，以吸引更多潜在客户访问网站。在线广告预先确认了客户的资格，并推动了网站的流量。在整个过程中，营销人员可以实时跟踪在线广告的效果，对不断变化的市场条件做出反应与相应的调整。网络可以完全跟踪几乎任何基于网络的活动，最终实现对投资回报的全面衡量。与电视、广播或印刷广告不同，互联网广告主可以精确测量广告被观看和回复的次数，这就是搜索引擎营销带来的好处。通过搜索引擎营销的网站为消费者提供了他们正在寻找的信息，而搜索引擎提供了网站接触其受众的工具，因此搜索引擎营销成为网站与受众之间的催化剂。

### 三、搜索引擎营销的模式

搜索引擎通过调整其算法，使搜索引擎营销技术随着时间的推移而不断变化。一般来说，搜索引擎使用复杂的算法程序，这样做的目的是确保访问者找到有意义的内容。搜索引擎营销可以使用三种方式，其中搜索引擎优化是最主要的方式，我们将对搜索引擎优化着重介绍。

（一）搜索引擎优化

1. 搜索引擎优化的策略

搜索引擎优化（search engine optimization，SEO）是互联网广告市场的一个显著特征。这是一种由搜索引擎优化公司提供的服务，可以帮助广告商的网站在人们搜索相关关键词的有机结果中尽可能接近顶部。因此，搜索引擎优化是搜索引擎营销的重要组成部分。通过搜索引擎优化技术，公司采用多种技术将其网站与特定关键字相关联。这种技术包括页内和页外方法。例如，网页设计师可能会在网站主页上显示带有多个首选关键字的文本。目前，为了创建反向链接，各公司向第三方网站提交方案。由于消费者倾向于更信任有认证的链接，广告商通常试图通过使用统称为搜索引擎优化的技术对搜索引擎的排名算法进行优化，来增加他们在随机列表中的可见性。

内容构建是搜索引擎优化的重要因素。具有高质量内容的网站将为搜索引擎优化提供更好的竞争环境。内容构建阶段分为两个步骤。第一，网站承载着高质量的内容，这让用户有理由留在网站上并返回网站。如果用户在某个特定网站上找到了最相关的信息，那么他们大概率不会再访问其他网站，而是始终坚持访问该特定网站。用户留在或返回网站的主要目的只是查找或搜索信息。第二，用户也可以提供搜索引擎想要的内容来获得额外的好处或信用。搜索引擎将存储有关用户业务和产品的更多信息，该信息将直接转化为基于相关关键字短语的用户网站排名。需要注意的是，在内容构建阶段，媒体组件在网页上的外观同样重要。

网页优化分为四个步骤，即网页标题、网页内容探索、目标关键词短语和网站大纲。首先是网页标题，网站上的网页标题不仅包含公司名称或"欢迎"标签，还包含网页上最常用的目标短语，后面跟公司名称。其次是网页内容探索，网页主要是文本和图像等媒体组件的集合。再次是突出目标关键词短语，虽然目标关键词的存在不足以提高网页的排名，但目标关键词在网页上的位置也同样重要。例如，与将同一段落放在网页底部或中间相比，网站的第一段带有目标关键字短语的段落更具有竞争性。此外，字体大小和字体样式（粗体、斜体和下划线）较大的文本样式可以增加其重要性，并根据目标关键字在网页上的展示对网页排名产生积极影响。最后是网站大纲，当用户访问主题网站时，他们会找到所有的链接列表，这些链接将引导他们访问网站的重要网页。

2. 搜索引擎优化的挑战

然而，搜索引擎优化对搜索用户满意度的影响是模糊的。一方面，搜索引擎优化技术可以帮助许多网站更容易地被搜索引擎抓取和索引。另一方面，他们可能利用搜索算法的漏洞来操纵正常排名。因此，搜索引擎优化给互联网呈现的内容带来了额外的"噪声"，并对搜索引擎的内容和页面排名提出了挑战。同时，搜索引擎优化的存在明显干扰了有机搜索结果，影响了搜索引擎的质量。搜索时间是衡量有机搜索质量的重要指标之一，因为互联网用户花费大量时间在搜索引擎上寻找相关信息。作为信息检索工具和广告媒体，互联网搜索引擎有几个独特的特点。最重要的一点是，互联网搜索引擎通常是免费使用的。搜索时花费的时间已被证明是在线搜索活动相关成本的主要因素，这意味着使用一个搜索引擎本身并不排除使用其他搜索引擎，前人在对搜索引擎市场结构的研究中观察到了这一特征，他们认为正是由于用户对多个引擎进行检索而扩大了搜索市场的需求。

虽然搜索引擎优化明显倾向于高质量的广告商，但消费者的利益和搜索引擎之间存在着强烈的紧张关系。随着广告商在搜索引擎优化上投入更多，消费者更有可能从随机列表中找到他们想要的东西，他们就不太可能点击产生收入的付费链接，这种紧张关系可能解释了为什么搜索引擎对搜索引擎优化采取如此强硬的立场。此外，搜索引擎可以设置的最佳最低出价正在降低搜索引擎优化的强度，这样可以帮助搜索引擎减轻搜索引擎优化带来的收入损失。然而，将最低出价设定得太高，可能会使更多的广告客户从赞助方转移到搜索引擎优化。

（二）点击付费广告

点击付费搜索引擎的起源大约在1997年，点击付费广告技术是一种非常著名的方法，能提升网站在各类搜索引擎中的可见度与排名水平。它是指企业购买搜索引擎内相关的一些关键词，当用户登录搜索引擎输入与关键词相关的内容进行搜索时，页面内的付费结果就会出现购买方的网站标题及链接。点击付费广告技术通常包含固定排名和竞价排名两种形式。广告商只有在消费者点击他们的列表时才支付他们的出价，这为他们提供了最具成本效益的方式之一，以推动目标客户导向他们的网站。这几乎重新定义了搜索市场和搜索引擎的收入流，也极大地影响了企业如何在网上营销自己，以及如何能够联系到客户。所有蓬勃发展的公司都在其网站上出售广告位置，通过使用点击付费广告技术，公司为其产品和服务创造客户或消费者。

点击付费广告词模型包括允许企业选择关键词并创建与其网站相关的广告，同时（针对竞争对手）为企业愿意花费的点击次数出价，以直接产生到其网站的流量。关键词竞价过程背后的原则很简单，如果企业愿意为该位置支付比竞争对手更多的费用，其链接将显示在竞争对手的上方。因此，关键词越受欢迎，需求越高，单次点击的成本就越高。搜索引擎公司为企业提供了一个直接的机会，可以在不同或新的地理区域竞争和瞄准新的受众，根据预算设置，让企业对其网站有更大的影响力和控制力。

另外，点击付费广告在实现方面比搜索引擎优化要简单得多。使用搜索引擎关键词进行的活动有自己独立的预算、地点、语言和网络目标设置。这样的活动可以包含多个广告组，旨在更好地扩展和定义活动中的广告。广告组使广告活动变得更加精确，能够将广告活动分解为更小的部分，每个广告组都将包含与组内产品相关的关键字列表。需要注意的是，关键字越具体，用户选择链接的可能性越高，但用户对产品不感兴趣的可能性也越高。

（三）付费搜索引擎

搜索引擎技术中的付费包含在点击付费广告技术中，搜索引擎在其搜索结果中销售广告位置。搜索引擎提供商根据输入的关键字，通过在搜索结果中列出他们的网站而获得报酬。搜索引擎充当消费者和网站之间的中介。其目标是为消费者提供最高质量网站的链接，同时通过销售链接优先位置获利。为了对网站进行排名，搜索引擎用爬行算法和数据挖掘方法从互联网收集的信息对每个网站的估计质量进行评分。现在，将网站与明确的搜索词联系起来变得很容易。根据这项技术，费用将以每年订阅一个网页的形式收取，该网页将定期自动编目。然而，也有一些公司不收取认购费，而是按点击数量收费。不同的搜索引擎以不同的方式收费，许多网站只允许付费加入。其他一些搜索引擎，如雅虎，允许混合包含，即与搜索结果有关的每页费用和每次点击费用。

# 第六节　电子商务营销

电子商务（electronic commerce）是一种新的商业运营模式，它的出现给我们的工作方式和日常生活带来了巨大的影响，电子商务已经发展成为重要的营销平台。电子商务在全球各地广泛的商业贸易活动中，彰显出巨大的现代商业价值。电子商务基于浏览器或应用软件等平台方式，使买卖双方无须见面就可进行各种商贸活动，我们可以把它理解为企业通过有线或无线的电子网络和工具来开展商业活动。

## 一、电子商务概述

（一）电子商务的定义

电子商务作为一种新兴的处于发展过程中的贸易活动，通常被理解为在互联网开放的环境下进行买卖交易，以电子方式而不是物理交换或直接物理接触方式完成几乎任何形式的业务交易。它可以提供网上交易和管理等全过程的服务以此实现消费者的网上购物，商户之间的网上交易、在线电子支付，商务活动中的商品宣传、合同洽谈、交易都通过国际互联网信息和网络软件完成。任何个人、组织和公司都可以通过在网络平台上建立属于自己的站点，以信息发布者的身份发布信息，这使得信息获取的内容变得广泛和具有可选择性。电子商务是一个不断发展的概念，它作为一种商业活动，未来将发挥出更加重要的营销作用。

（二）电子商务的特点

电子商务将传统商业活动中信息流、物流、资金流的传递方式利用现代互联网技术进行整合，我们通过理解电子商务的含义和本质，将电子商务与传统的商务活动方式相比，发现电子商务具有如下基本特点。

1. 交易普遍、成本低

电子商务作为一种新型的交易方式，大幅缩短了交易时间，减少了有关环节和费用。它将供应链中的企业以及消费者带入了一个闭环商业模式，买卖双方可以通过网络进行商务活动，共同使用网络进行信息传递，从而实现网络经济的低成本，使交易更加普遍和频繁。

2. 交易便捷、效率高

在电子商务环境中，互联网将交易中的过程标准化，彻底打破了地域，实现了全球范围内的即时交易与信息流通。这一变革使得客户能够以前所未有的简便方式，轻松完成曾经复杂的商业流程，极大地节省了人力物力，显著降低了出错率，降低了时间成本。另外通过网络银行能够全天候地查询信息、存取账户资金等，极大地缩短了时间，使交易更快捷、方便，避免了传统方式交易费用高、易出错，企业对客户的服务质量得到很大的提高。

3. 交易集成、虚拟性

电子商务以计算机网络为基石，借助信息的推拉互动机制，协调和规范商务活动的工作流程，实现对各类商务功能的整合集成，最终在互联网平台上达成便捷、高效的交易。交易可以通过互联网完成，双方将人工操作和电子信息处理整合为一个不可分割的整体，对参加商务活动的商务主体各方进行高度的集成，整个过程都是在网络这个虚拟的环境中进行，这样不仅能提高系统运行的严密性，还能提高人力和物力的利用率。

4. 交易安全、透明性

由于整个电子商务过程都在网上进行，安全性就成为一个至关重要的核心问题，因此电子商务就要求网络能提供从一端到另一端的完整的安全解决方案，这可以有效防止伪造信息的流通。电子商务作为商业活动本身是一种协调过程，通畅、快捷的信息传输可以保证各种信息之间互相核对，确保加密机制、签名机制、安全管理、存取控制、防火墙、防病毒保护等活动的顺利进行，同时包含了银行、配送中心、通信部门、技术服务等多个部门的通力协作,这与传统的商务活动有很大的不同。因此,电子商务具有更加透明化与更高安全性的特点。

## 二、电子商务营销概述

### (一)电子商务营销的定义

电子商务营销(简称电子营销)是指以电子商务为基础,利用各种电子营销方法和手段实现在线商务活动的新型综合营销模式。因此,电子营销的内容应该包括三个方面:第一,电子商务坚持电子营销;第二,电子营销是电子商务的核心业务活动;第三,电子商务与电子营销的结合将赋予电子商务新的内容,扩大电子商务的延伸范围,加快电子营销方法的运用,创造一种综合、全面的现代新型营销模式,即电子商务营销。

### (二)电子商务与电子营销的关系

电子商务与电子营销的内在关系:电子营销是电子商务的组成部分,电子商务包括电子营销。在电子商务的整体环境还不是很成熟的情况下,电子营销将成为中小企业开展电子商务的切入点。因此,电子营销作为企业实现商品交换的一种手段,显然是企业电子商务活动中非常重要和基础的互联网商务活动。可以说,电子营销是实施电子商务的重要手段,而电子商务是电子营销发展的高级阶段,因此开展电子商务离不开电子营销,但电子营销并不等于电子商务。电子商务和电子营销的共同特征包括以下几方面。

(1)具有相同的基础理论,他们都是包含了计算机科学、管理科学、信息系统、经济学、市场营销、财务会计,以及社会学、语言学(涉及国际贸易翻译)、机器人学、运筹学/管理科学、统计学、公共政策等理论的交叉应用。

(2)具有相同的基础技术,它们都涉及现代通信技术、计算机网络技术,特别是互联网技术、Web技术、无线网络技术、数据库技术、电子支付技术、安全技术等。

(3)具有相同的推广功能,如电子商务产品展示、网站推广、产品营销信息传递等。

(4)具有相同的无形特征,因为数据的表达和传输都是电子的。

(5)具有相同的时间与空间特征。业务规模都不受时间和地域限制。

(6)具有相似的商业活动内容。

(7)都可以实现低成本。它们都具有"无库存"功能,并且广告和运营成本非常低。

(8)都可以改变企业的经营模式,促进企业经营管理模式的变革。

(9)都能很好地体现 SCM(software configuration management,软件配置管理)、CRM(customer relationship management,客户关系管理)、ERP(enterprise resource planning,企业资源计划)等现代管理科学的思想。所有这些都可以加强产

品、供应、营销等多种服务的整合,密切客户关系,了解和预测客户需求,促进管理创新。

## 三、电子商务模式

电子商务模式主要根据买卖双方的性质及运行方式的不同进行分类,电子商务涵盖的范围很广,它指企业运用互联网开展经营取得营业收入的基本方式。因此,根据前述我们可以将常见的电子商务模式归纳为:消费者对消费者电子商务(consumer to consumer,C2C)、企业对企业电子商务(business to business,B2B)、企业对消费者电子商务(business to consumer,B2C)、消费者对企业电子商务(consumer to business,C2B)、线上线下电子商务(O2O),还有其他电子商务模式,如供给方对需求方(provide to demand,P2D)模式等。以上电子商务模式的建设,为广大网上商家及网络客户提供了商务活动的环境,推动了电子商务在中国的发展。

### (一)C2C 模式

C2C 模式指由不同消费者作为买卖双方,使用网络服务提供商提供的有偿或无偿电子商务平台及交易程序,开展独立的以竞价、议价为主的在线交易。简单来说,个人卖方可以在上面发布待出售自己物品的信息,买方则可以自行选择商品和服务进行购买,只要商家拥有一台互联网设备,就能通过电子商务平台进行交易,将产品出售给另外一个消费者。常见的有拍卖网站如阿里巴巴拍卖,手机应用软件如转转、闲鱼等。

这种消费者与消费者之间的互动交易行为,在交易方式上是多变的。例如,利用专业网站提供大型电子商务平台,消费者可在某一竞标或拍卖网站中,通过"价高者得"的方式售卖自己的物品。通过竞拍方式,物品销售速度更快,有利于资金回笼。特别是稀有之物如古董、字画、邮票等,采取竞拍方式往往会激发购买者的强烈欲望促使竞拍过程激烈,最终获得更高的售卖价格。另外还有直接购买方式,这种方式的主要特点就是成本少、门槛低、不受时空限制。在 C2C 模式下每个人都是消费者,同时也都可以是商家。随着网络平台功能的日益强大、在线支付系统的不断完善以及现代物流配送体系的全面升级,C2C 模式下交易变得更加便利和低成本,同时也让更多物品得到更好的利用和再次利用。当 C2C 模式发展到较高层次,个人商家在市场中逐渐壮大,他们就会倾向于更加正规化、规模化的方向发展,即转向注册公司经营的模式,进而逐步迈向 B2C 模式。

### (二)B2B 模式

B2B 模式是指企业(泛指商家)与企业之间通过互联网进行产品、服务及信息交换,主要针对企业内部及企业与上下游厂商之间的资源整合,简单来说就是商家使用各种电子商务网络平台来完成商务交易的过程。这个过程包括发布供求信息、在线订购、在线支付、线下配送、签收等各个环节。B2B 模式是现代营销的一种具体的、主要的表现形式。

B2B 模式不仅可以简化企业内部资源流通的成本，还能提供全方位的电子商务解决方案的资源整合类，具有多样化的盈利模式，如阿里巴巴。它是当前电子商务模式中份额最大、最具操作性、最易成功的模式之一。

B2B 模式按服务对象可分为内贸 B2B 和外贸 B2B。B2B 模式可使企业与企业之间的交易流程更快速，从而减少成本的耗损，通过网络的快速反应，为客户提供更好的服务，从而促进企业的业务发展。B2B 模式可以实现企业间商业交易资源交换，为中小企业提供信息平台的信息服务，以收取会员费的形式盈利。但部分 B2B 电子商务的平台缺乏创新，没有找到属于自己的发展模式和方向，所以市场上比较流行的还是几个大的电子商务平台。同时，B2B 模式也可以通过信息流、物流和资金流"三流合一"的交易服务类，以收取交易佣金的形式盈利。

（三）B2C 模式

B2C 模式一般以网络零售为主，实际上就是企业通过网络平台将产品或服务售卖给个人消费者，并提供专业优质的服务和购物便利性来吸引消费者下单，包括在线咨询服务、在线购买商品等，电子商务平台包括淘宝、拼多多、亚马逊、京东、天猫等。其本质就是企业对消费者开展电子商务活动，企业售卖产品或服务给消费者个人，B2C 模式也是国内产生最早的电子商务模式。

当前的 B2C 模式十分流行，势头很足。其 B2C 模式下的网络零售发展迅速，具体流程包括：第一步，消费者通过网站或手机应用软件等进入电子商务平台，浏览平台内的商品信息或服务内容；第二步，消费者选择好商品或服务，通过购买流程，将个人信息资料提供给平台生成订单资料和付款资料，平台将资料信息发送给商家，钱款暂由平台代管；第三步，商家根据资料信息进行配货并发送物流；第四步，消费者收货后平台打款给商家或者进行退换货售后服务，完成交易。这种模式不断创造销售额神话，常见的销售事件就包括天猫"双 11"等。同时由于技术、运作模式等原因，B2C 模式也暴露出许多安全方面的问题，如知识产权、信用问题等，迫切需要平台加强研发与监管，为消费者提供更安全舒适的网上购物环境。

（四）C2B 模式

C2B 模式是消费者对企业，其中消费者具有更强的主导性，整个购买过程以消费者为中心。在这种新型电子商务模式下，与传统的电子商务模式不同，消费者与公司（或商家）的关系发生改变，C2B 的核心就是以消费者为中心、满足消费者的个性化需求。当消费者有购物或服务需求时，消费者通过电子商务平台发送自己的购买需求，然后各商家进行竞标，消费者通过对比综合考虑，自主选择商家为自己服务，最终完成自己的购买需求达成交易。整个过程由消费者贡献价值，提升消费者在交易中的话语主导权，减少交易的中间环节，减少商家的营销费用。典型代表：全屋定制装修。消费者在电子商务平台发布装修需求，而后常常会有较多的装修公司主动与其联系，包括讨论装修材料、装修风格样式、价格、工期等内容，消费者通过对比后选择其中性价比最高的装修公司，这个过程就是典型的 C2B 模式。

（五）O2O 模式

O2O 模式就是将线下实体店铺内商品或服务的销售信息，通过互联网的网络店铺或平台传递给线上用户，用户在线获取信息、咨询商品、在线支付，线下进行消费体验，让互联网成为线下实体交易的前台，形成一个商业闭环（图 6-5）。这种模式实现了价值延伸：通过线上店铺交易，降低了商家对实体店铺地理位置的依赖，减少了房租等支出成本，并且线上平台具有更为平等的推广机会，通过网络店铺将商品信息等展现给消费者，同时提供全面、丰富、及时的商家折扣信息，进而能争取到更多的消费者，使得销售订单数据化、可视化；而消费者在线上筛选商品或服务并支付，线下进行消费体验，降低了消费成本和消费风险，同时消费者的个性化需求能得到极大满足。典型代表：美团外卖。

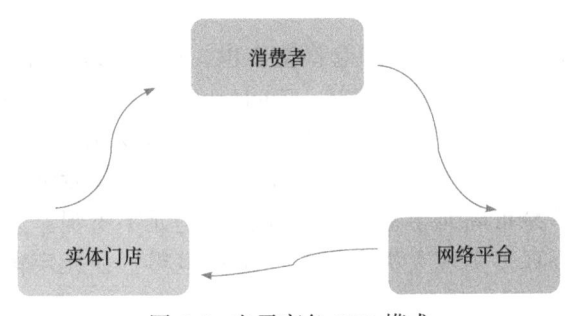

图 6-5　电子商务 O2O 模式

## 四、电子商务营销的应用

电子商务研究中心发布的《2022 年（上）中国网络零售市场数据监测报告》显示，2022 年上半年国内网络零售市场交易规模为 5119 亿元。同比增长 46.6%。截至 2022 年 6 月，国内 B2C、C2C 与其他电商模式的企业数量已经达到了 24 620 家，较上年增长 20.1%；个人网店数量达到 1725 万家，同比增长 19%；快递企业累计完成 24 亿件，同比增长 50%。比较 B2C 模式下各大平台的交易数据，阿里巴巴旗下的天猫商城依然稳居首位，占 47.6%的市场份额；京东以 20.5%的市场份额紧随其后。C2C 模式市场数据显示，阿里巴巴旗下的淘宝依然遥遥领先、稳居首位，占 94.5%的市场份额。

电子商务平台在过去的十几年取得了高速的发展和惊人的成绩，国内已经发展壮大了多个大规模的上市公司，其中最具代表性的领头企业无疑是阿里巴巴集团。阿里巴巴在电子商务领域应用的营销战略众多，包括品牌战略、推广战略、研发战略等。通过品牌定位，诸多国内外媒体进行报道宣传，不断塑造其品牌形象。在推广上，厂商可以免费在其电子商务平台开设网店，以较快的速度获得市场知名度以及扩大平台规模。

如今，电子商务网站作为一种线上的交易平台，它不仅是在线销售的工具，而且是能更好地关注消费者需求，促进传统企业数字化转型升级的助推剂。在电子商务领域中，在信息和购物服务的海量数据整合和聚合的基础上，对消费者选择的优化是有利的。集成服务允许电子商务平台为特定买家创建所需产品报价数据的可视化图片：产品描述、货物的优缺点、供应商可靠性评估、准确的交货时间和交货成本、折扣商品成本；买方订单的总价值是预先计算的，考虑到额外的服务（包装、运输、保险等）。因此，在电子商务中提供客户价值是客户满意的保证。未来，电子商务将沿着以下路径发展：信息到交易（已成立的公司）或交易到信息（初创公司）网站必须建立，从而降低客户成本（如客户服务、交易）或从中产生收入（如产品信息、促销、市场营销、交易），进一步促进数字时代传统企业的转型与升级。所以，我们说电子商务应使买家和卖家更融洽地走到一起，这是电子商务公司未来发展的关键点所在。

## 第七节　元宇宙营销

2021 年是元宇宙元年，元宇宙概念横空出世，吸引全球各界人士竞相关注。事件的起因是 Facebook 公司创始人扎克伯格（Zuckerberg）宣布将公司改名为 Meta，在相关技术和内容资源的开发将投入至少百亿美元，并在未来几年持续为其元宇宙相关项目投入更多资源。之后媒体与大众对元宇宙的关注热度越发强烈，各大互联网公司更是投入大量资金纷纷布局元宇宙领域。那什么是元宇宙呢？元宇宙几乎集合所有新兴技术，它又能否真正实现人类世界走向虚拟世界？在元宇宙时代，营销该何去何从？

### 一、元宇宙概述

（一）元宇宙的发展

元宇宙（metaverse），由英文"meta"与"verse"组合而成，其实最初的提出者并不是 Facebook 公司创始人扎克伯格，这一词最早出现于 1992 年美国科幻作家 Neal Stephenson（尼尔·斯蒂芬森）发行的一本小说《雪崩》（*Snow Crash*）。小说主要写的是未来人类世界变得难以生存，整个世界变得破烂不堪，人们通过 VR、MR 等技术创造了虚拟的游戏世界，大家以真人身份进入元宇宙，并且可以控制自己的化身，彼此进行交互，这个游戏世界就被称为元宇宙。

元宇宙的高速发展不仅是市场需求的结果，也是技术发展的结果。就现有的技术来看，元宇宙几乎集合所有新兴技术。其中包括：①云计算及 5G 网络技术；②人机交互技术，包括虚拟现实技术（AR/VR 软硬件等）、增强现实技术、全息影像技术、脑机交互技术等；③数字孪生；④人工智能技术；⑤去中心化区块链和 NFT（non-fungible token，非同质通证）技术；⑥物联网技术。

## （二）元宇宙的定义

关于元宇宙的定义，不少业内人士发表了自己观点。我们从《2022 元宇宙全景与展望系列报告之全球大咖论元宇宙》中摘录了四位专家的观点，其中虚拟现实之父/华盛顿大学教授 Thomas A. Furness III（托马斯·A. 弗内斯三世）认为：元宇宙是连接全世界公民思想和心灵的现代交通系统（transportation system），它是多种技术的汇聚、整合和融合，包括无线通信（如互联网）、扩展现实（包括虚拟、增强和混合现实）、空间计算、人工智能/机器学习、价值交换的数字媒介（如区块链等）和数字资产（包括虚拟世界、NFT、模拟仿真和知识库）等；袁昱[IEEE（institute of electrical and electronics engineers，电气与电子工程师协会）候任董事/元创盛景联合创始人]认为：狭义上元宇宙可以简单地定义为持久存在的虚拟现实（persistent virtual reality，PVR），广义上元宇宙是数字化转型的高级阶段和长期愿景；NASA（National Aeronautics and Space Administration，美国国家航空航天局）前首席工程师/VR/AR 先锋 Evelyn R. Miralles（伊夫林·R. 米拉蒂斯）认为：元宇宙可以描述为全部由计算机生成或合成的世界，它可以通过 VR 等沉浸式技术体验，人们可以独立参与其中，并与他人、与周围的环境交互；英伟达 Omniverse 和仿真技术副总裁 Rev Lebaredian（莱夫·勒巴雷迪安）认为：元宇宙是互联网的下一代革命，是物理世界与虚拟世界的延伸，我们把元宇宙看作网页呈现和互联网基础设施共同的革命，它是 3D 呈现的网络，我们可以接入和现实世界一样繁复的虚拟世界。

上述关于元宇宙的定义，专家从元宇宙的核心特征、技术构成、商业应用以及未来前景等不同的角度，去概括元宇宙的含义和本质。我们通过这些定义可以看到，元宇宙作为互联网 Web 3.0 的场景落地，即将进入全真互联网，元宇宙不仅是人类生活在三维数字世界的一种重构，也是物理世界和数学世界的一种虚拟共生状态。然而，同时存在的问题在于现有的研究和报道多数是关于元宇宙的底层技术手段和表象商业应用，对于"元宇宙"的特性和未来走向相对混乱，至今并没有一个清晰的概念，仍需要多年的研究发展进一步揭开它的神秘"面纱"。

结合近一年元宇宙相关的研究内容，我们将元宇宙初步概括为：元宇宙是利用多种科技手段创造的既平行于现实世界又独立于现实世界的虚拟空间，最终带领人类世界走向和现实世界映射与交互的虚拟世界。

## （三）元宇宙对营销的影响

未来，元宇宙时代是否到来、何时到来？我们无从得知。但现有技术已经支撑着我们正在迈向元宇宙，因此营销领域也应做好准备。元宇宙时代将重构营销模式，虚拟社交营销、场景营销应用、区块链为基础的数字原生的营销体系等都将围绕元宇宙展开，我们的营销人员应该行动起来。

## 二、元宇宙营销的定义

目前，国内外鲜有关于元宇宙营销的概念解释，相关学术研究处于起步阶段，对于元宇宙营销的含义没有清晰定义。赵子忠（中国传媒大学新媒体研究院院长）表示，元宇宙本身尚未成型，依托于它的营销在将来还有很长的路要走，按照现在的结构和发展，大约需要10年到20年的周期，现在元宇宙最需要营销的是元宇宙本身。

我们基于少量的现有研究成果，从元宇宙营销的技术手段和传播路径角度出发，将元宇宙营销初步定义为：元宇宙营销是进行双向传递的互动社交，它可以结合大数据、人工智能等技术分析用户的行为和需求，同时巧妙地把广告元素融入进去，推出更为精准的营销策略和方式。

### 三、元宇宙营销的应用

#### （一）虚拟数字人

虚拟数字人是通过虚拟现实、增强现实、计算机图形技术、AI、实时渲染等技术手段生的动画虚拟人物，也可以是虚拟数字替身和人或人工智能的结合。通过真人实时动捕，与虚拟形象、声音、动作等一系列组合后，虚拟数字人可以通过直播或者录播方式呈现在大众眼前，如清华大学数字学生华智冰、新华社数字记者等。塑造多种形式的虚拟数字人，不仅为元宇宙中的虚拟角色增添了更真实的"灵魂"，也为真实世界的用户带来更多有趣的交互体验。

当下对虚拟数字人商业应用最广泛的便是虚拟代言人，虚拟代言人可以包括虚拟偶像、虚拟主持人、虚拟主播、虚拟记者等，而其中最具代表性的无疑是虚拟偶像。艾瑞咨询发布的2023《中国虚拟偶像行业发展及网民调查研究报告》显示，2022年中国虚拟人带动产业市场规模和核心市场规模分别为1866.1亿元和120.8亿元，预计2025年分别达到6402.7亿元和480.6亿元。随着商业价值被不断发掘，越来越多产业与虚拟偶像联系在一起，初音未来就是第一代虚拟偶像的代表。另外，在品牌传播一致性方面，明星的个人形象定位与代言的品牌形象的匹配性存在问题，同时明星本身也存在诸多弊端，如容颜变老、丑闻、代言费用高昂、风险大等。明星形象翻车影响到品牌的事件也不少，很多艺人的丑闻事件就殃及了众多相关的合作品牌。明星代言的时代正在过时，未来的品牌代言方向就是用虚拟偶像来塑造新的品牌人设和品牌故事，而不再单纯依赖真人明星代言。2021年，欧莱雅推出虚拟偶像欧爷，成为欧莱雅集团的代言人，与此前2020年推出的M姐不同的是，欧莱雅对欧爷的人设进行定位，将其描述为24岁的具有"美妆一哥"形象标签的人物，欧爷将以鲜活立体的形象成为欧莱雅的代表。在汽车领域，长安汽车也打造虚拟偶像阿维塔等。虚拟偶像是品牌营销的一个重要方向，品牌方不仅可以将真实人物虚拟化，也可以培养自己的虚拟人，通过使用更为先进的虚拟技术让虚拟偶像助力品牌营销传播。

#### （二）虚拟商品

虚拟社交的时代，吃喝玩乐都可以贯穿社交，甚至衣食住行也可以贯穿社交。过去的数字化商品往往与游戏有关，我们常见的就包括游戏装备和道具，需要通过真实货币去换取游戏的虚拟货币从而购买商品。在元宇宙里，虚拟社交的过程中需要虚拟商品，不同的人为了体验更多样的生活，转换不同的生活场景，他们会购买不同的数字化商品，就像现实世界的商品一样需要进行研发和营销，元宇宙也将是品牌营销的第二战场。

（三）虚拟社交营销

数字消费者对需求的逐步重视使品牌营销由主动塑造变成被动涌现。元宇宙将用户带入与现实世界映射的虚拟世界，品牌面对的是虚拟数字人，而每个现实的人都可以有多个化身，在元宇宙里品牌延伸的机会大大加强，品牌的价值观也不再由品牌方主导，而变成了用户主导。不仅消费者拥有数字化身，品牌也可以有化身，一个企业可以有多个品牌，存在于多个元宇宙之中。因此，品牌方在进行整合营销传播时，不仅要满足现实世界里真实人的需求，也要满足元宇宙里虚拟世界虚拟人的需求，而且在虚拟世界里基于不同的场景转换，虚拟人或许也会有不同的多样的需求，随着市场的进一步细分，差异化营销必将发挥更大的作用。在元宇宙时代，品牌营销将变得去中心化，通过品牌顶层设计传播品牌价值观和品牌定位，将品牌理念传播给真实的消费者和虚拟世界的消费者化身；而虚拟空间具有更多的社交互动，元宇宙为营销带来了巨大转变，数字化身具有参与式、主导式等特征，这就使得品牌要更加重视数字消费者的需求，元宇宙时代的虚拟社交营销也是以消费者为中心的营销。

如何增强消费者互动体验，品牌沉浸式传播与多元交互叙事体验是各企业需要着重考虑的。随着元宇宙兴起，各大互联网公司和其他行业纷纷布局元宇宙，包括微软、腾讯、阿里巴巴、IBM、亚马逊、华为。在这种趋势下，通过在元宇宙搭建的沉浸式传播空间，利用虚拟与现实互动，增强消费者的体验，自主探寻并与品牌产生互动。传统的音乐会和演出费时费力，需要大量精力布置现场舞台等，而通过元宇宙的底层技术架构，在虚拟世界开展直播、演唱会等娱乐场景，通过虚拟技术增强现实感受，实现人们在家就能沉浸体验现场互动和音乐。

## 本章小结

本章详细地介绍了数字化营销模式包括社群营销、直播营销、短视频营销、移动营销、搜索引擎营销、电子商务营销、元宇宙营销。

介绍了社群营销的概论，包括含义、优势，以及要点。对如何构建社群进行了详细介绍，包括共性、结构、输出、运营、规模化，还介绍了社群营销的模式。最后列举了社群营销的应用，主要介绍了在QQ、微信、微博的应用。

介绍了直播营销的概论，包括直播营销的含义、产生背景、优势，对直播要素进行详细的介绍，包括主播、产品、场景、内容。对如何对直播营销进行运营进行了介绍，包括明确直播思维、锁定直播平台、打造直播特点、实现直播变现，并介绍了直播营销的应用。

介绍了短视频营销的概论，包括短视频营销的含义、优势以及类型，还介绍了短视频营销的策略，主要有整合传播策略、创意孵化策略、连锁传播策略。最后对短视频营销的内容设计进行了介绍。

介绍了移动营销的概述，包括移动营销的定义、驱动力，还介绍了移动营销的渠道与技巧，并对移动营销的四种类型（二维码营销、LBS营销、APP营销与移动广告）进行了介绍。

介绍了搜索引擎营销的定义，并对搜索引擎营销的价值进行介绍包括机会和好处，最后介绍了搜索引擎营销的模式包括搜索引擎优化、点击付费广告、付费搜索引擎。

介绍了电子商务营销的概述，包括定义及特点，还介绍了电子商务模式包括①消费者对消费者电子商务（consumer to consumer，C2C）②企业对企业电子商务（business to business，B2B）③企业对消费者电子商务（business to consumer，B2C）④消费者对企业电子商务（consumer to business，C2B），线上线下电子商务（O2O），并介绍了电子商务营销的应用。

介绍了元宇宙营销的概述，包括元宇宙的发展和定义、元宇宙营销的定义，以及熟练了元宇宙营销的应用：①虚拟数字人②虚拟商品③虚拟社交营销。

## 思考题

1. 简述社群营销、直播营销、短视频营销、移动营销、搜索引擎营销、电子商务营销、元宇宙营销的概念及优势。
2. 你认为一个受用户喜爱的短视频营销应该具备哪些特征？
3. 短视频营销策略有哪些？如何评价？
4. 请你简述移动营销的渠道与移动广告的概念。
5. 请你简述并区分电子商务四大模式。
6. A 公司拟宣传主打年轻女性的化妆品，请你从社群营销、直播营销、短视频营销、移动营销、搜索引擎营销、电子商务营销、元宇宙营销中选择一种方式并给出对应营销方式的要点。
7. 学习完本章节，你如何评价数字化营销模式？

## 案例分析

### 元气森林的营销之道

随着我国饮料市场规模的不断扩大，植物蛋白饮料的发展势头强劲。在各主要子类目的交易金额均呈现增长态势的背景下，2019 年新增的植物饮料类目在次年销售额即达到 1.07 亿元。尽管市场规模持续扩大，支付转换率却有所下降，反映出消费者对性价比的关注。饮料市场的销售状况受气温影响较大，气温升高时需求量增大，反之则减少。

在众多品牌中，农夫山泉、可口可乐等具有长期沉淀和广泛影响力的企业，通过明星代言、头部达人带货等方式，积累了大量流量，市场份额较大，使得行业集中度分散，品牌间竞争激烈。然而，新锐品牌依然有机会迅速崛起，获得市场认可。在竞争激烈的饮料市场中，元气森林异军突起，年收入超过70亿元，五年内估值已达400亿元。

元气森林成立于2017年，凭借"控糖"这一创新理念在饮料市场中脱颖而出。公司充分发挥互联网思维优势，以"客户第一"为核心价值观，通过市场调研捕捉到消费者对无糖饮料的需求。基于科技研发，打造出无糖苏打气泡水等明星产品，满足消费者对口感、外观和品质的需求。此后，元气森林陆续推出燃茶、乳茶、健美轻茶、"外星人"能量饮料、"满分"果汁气泡水等系列产品，逐步拓展至饮料主要品类。

元气森林的成功在于找到了追求健康生活的新中产阶级为目标人群。凭借0糖、0脂肪、0卡路里等健康理念，满足了这些人群的价值需求，从而塑造了品牌价值。在产品升级过程中，元气森林充分考虑人群定位、产品特质和包装等方面的需求，以迎合目标群体的喜好。

在营销策略上，元气森林早早采用数据化解决方案，注重数据反馈。公司自建数字化团队，同时积极引入外部数据服务。通过联手数据服务商，监控全国各地大中小型连锁和单体门店的零售大数据联盟，实时获取终端门店的进销存数据，进行市场份额、变化趋势、购物篮分析等市场研究。

在渠道方面，元气森林侧重于互联网渠道。公司创始人具有互联网背景，使得元气森林天生具备互联网基因，能够紧跟内容电商（如小红书）和社交电商（如直播）的快速发展。通过小红书发布相关内容，注重通过内容种草占领用户心智，宣传健康生活。据第三方数据统计，2020年上半年，元气森林在小红书的笔记数量超过5000篇，覆盖全平台目标群体。在微博、微信等社交平台上，元气森林通过KOL种草营销，持续扩大品牌声量，引发长尾效应。在微博平台，发起话题讨论，当品牌声量在用户中累积口碑后，再升级至与明星合作，进一步升华品牌价值。在淘宝直播平台，参与头部主播的合作，提高知名度和成交额。

当前，元气森林通过互联网的"用户思维"和"流量思维"，精准迎合了年轻人对饮料"好喝+健康"的消费升级趋势，取得了巨大成功。然而，随着消费升级时代的到来，单一饮料产品的生命周期逐渐缩短，过去如可口可乐、农夫山泉等长期占据市场主导地位的大单品，如今难度越来越大。因此，未来元气森林的成长驱动因素核心应在于爆款产品的不断迭代与创新。目前，元气森林的产品线已拓展至茶饮、果汁、功能性饮料等多个赛道，有望孕育出新的"网红新贵"。

**讨论题**

通过这个案例，请分析元气森林采取了哪些营销策略进行数字化营销。

# 第七章

## 新兴技术在数字化营销中的应用

### 学习目标

1. 了解大数据、人工智能、VR、AR、MR 等新兴技术的概念。
2. 熟悉大数据营销的作用，认识大数据在营销中的实现路径。
3. 了解人工智能的发展史，掌握人工智能营销的实践运用。
4. 认识 VR、AR、MR 的相互关系，掌握相关营销的具体应用场景。

### 导入案例

#### 沃尔沃：借助人工智能发力圈层营销

在 2019 款沃尔沃 S90 上市之际，沃尔沃将数据驱动与人工智能营销相结合，深入挖掘大数据，以期为沃尔沃制定更富有灵活性和效率性的营销策略，以此提升 2019 款沃尔沃 S90 在消费者心中的品牌知名度和车型偏好，同时收集用户销售线索。

（一）Omni Marketing 助力沃尔沃精准定位目标受众

在信息爆炸的时代背景下，营销需融合科技、数据与创意，实现对用户的精准触达。Omni Marketing（全渠道营销）以技术及数据能力为基础，通过虚拟 ID 打通线上线下数据，全方位识别目标用户；深入洞察并预测需求意图，助力品牌与消费者建立高效的一对一互动；并通过持续的多渠道沟通，推进消费者决策流程，实时监测成效，优化投放。

一是核心人群（core user）。依托搜索，实现精准定位：作为信息收口，消费者的搜索行为始终是目标客户真实意图的客观反映。结合百度大数据能力，可判断搜索意图强弱，助力沃尔沃寻找核心人群。Omni Marketing 数据赋能：挖掘投放前一个月内，至少搜索并浏览过沃尔沃 S90 及一款竞品车型，且各自搜索频次不低于 5 次的目标客户。

二是社交圈层（social network）。小世界，强关系：研究显示，在社会中，每个人平均的强连接为 7~15 人，而 80%的人际交往都在固定的 5~10 人展开。购车决策者往往需征求家人、朋友和同事的意见，从而影响最终购车决策。因此，在针对传统目标客户开展营销活动的同时，以目标客户为中心的圈层营销也至关重要。Omni Marketing 数据赋能：根据百度大数据标签，以及接入网络 IP 地址数据、地图 POI（point of interest，兴趣点）等数据，定义用户居家、工作和社交场景，找出相应的家人、同事和朋友。

三是粉丝圈层（celebrity）。粉丝经济的力量：沃尔沃 S90 的代言人彭于晏拥有庞大粉丝群体。通过圈层触达，将粉丝对彭于晏的好感转移到产品上，潜移默化地加强品牌印象。Omni Marketing 数据赋能：综合用户搜索行为、贴吧数据及爱奇艺观影数据等，定义彭于晏粉丝及关注彭于晏相关影视作品的人群。

（二）Omni Marketing 助力沃尔沃实现信息触达目标受众

沃尔沃借助 Omni Marketing 找到目标客户后，通过百度 Omni Marketing 强大的技术和数据能力触达目标客户，实现圈层营销策略落地。通过百度开屏精准定位核心目标人群及影响购车决策的关系网络，并对目标人群进行反复刺激，强化品牌效应。

沃尔沃通过 Omni Marketing 投放后的数据分析，对比了投放中段投前三天内搜索本品的人群与投后三天内搜索沃尔沃 S90 的人群，发现被触达的人群品牌互动率明显提升，特别是家人和粉丝圈层人群的品牌互动率涨幅超过 30%，表明圈层营销初见成效。

（三）Omni Marketing 的营销成效

借助百度 Omni Marketing 平台，沃尔沃 2019 款 S90 成功打造全行业首例圈层营销活动，实现社交人群洞察与覆盖，差异化沟通策略及线上线下全场景覆盖，助力沃尔沃 S90 上市。从结案报告来看，无论品牌声量还是销售线索的收集转化，均取得了良好的投放效果。

## 第一节　大数据在数字化营销中的应用

在数字化时代，浩如烟海的数据成为企业营销的痛点、难点，如果企业无法对数据进行充分处理就没办法挖掘其全部价值并服务于企业。大数据营销的本质是有效连接企业和消费者，使得企业真正听懂消费者的声音。大数据的应用能够让企业营销变得更加精细化、自动化，为企业数字化营销提供无限空间和发展的可能。

### 一、大数据的概述

（一）大数据以及大数据营销的概念

大数据是指无法在可承受的时间范围内运用常规软件工具捕捉、管理和处理数据集合，而是需要运用新处理模式才能具有更强的洞察力、决策力和流程优化能力的海量、高增长和多样化的信息资产。大数据除本身的数据量级足够巨大之外，还需要有足以匹配的技术手段进行处理运用。

大数据营销是一种区别于传统营销的精准营销模式。大数据营销通过以互联网这一渠道来收集、获取、分析消费者行为，能够实现精准定位目标消费群体，同时选择适宜的营销活动进行预判与调配，从而优化营销各个环节以提升营销效果。

（二）大数据的特征

如图 7-1，大数据有规模性、高速性、多样性、有用性四大特征。

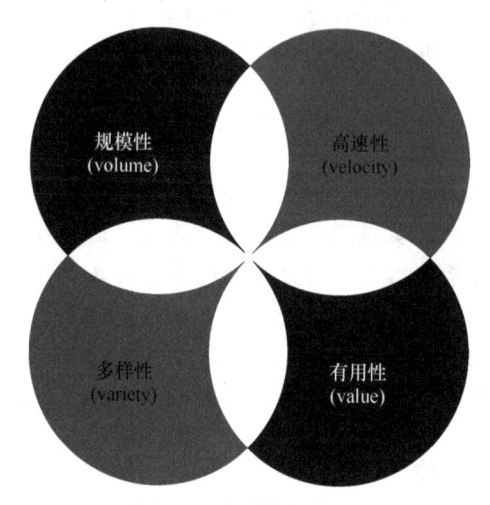

图 7-1 大数据的特征

1. 数据的规模性

数据的规模性是指数据量巨大，包括采集、存储和计算的量都很大。大数据时代信息传输技术以及信息存储技术得到快速发展。用于计量大数据的单位至少是 p（1000 个 t）、e（100 万个 t）或 z（10 亿个 t），可见其信息量之大。

2. 数据的高速性

数据的高速性是指数据增长速度快，处理速度快、时效性高。大数据能够快速获得数据并实时进行处理更新，实现数据的高效运转，这是区别于传统数据处理挖掘的显著特征。

3. 数据的多样性

数据的多样性是指数据的类型和来源的多样性。数据类型的多样性是指大数据既包括存储在数据库中，用二维表结构逻辑实现表达的结构化数据；也可以是如图片、视频等非结构化数据。来源的多样性是指各种电子商务网站、社交媒体都能创造数据。根据不同类型和来源的数据采用相应的处理方式。

### 4. 数据的有用性

数据的有用性是指通过大数据能够运用计算机对数据进行处理挖掘，借助数据洞察行为更具有说服力。

### （三）大数据营销的"4P"

4P 理论产生于 20 世纪 60 年代的美国，是随着营销组合理论的提出而出现的。4P 分别是指产品（product）、价格（price）、渠道（place）和推广（promotion）。通过将这四项结合并协调发展，进而提高企业在市场中的份额，以达到最终获利的目的。大数据营销颠覆了风行半个世纪的营销 4P 理论，并产生了一个全新的 4P，如图 7-2 所示。

图 7-2 大数据营销的"4P"

### 1. 消费者

大数据时代的营销活动以人为核心。现如今的消费者存在最大的两个特性：异质性/变动性。消费者的异质性是指不可替代性，变动性是指消费者因为某些因素产生的消费行为的变动。这就要求企业要针对每个不同的消费者制订不同的产品与营销方案，同时还要实时追踪客户，更新客户信息，以应对消费者消费行为的变动。

### 2. 成效

成效一般指所获得的预期的好效果和功效。增加新客户所耗费的成本是维护老客户的五倍，且为企业带来的营收效果并不好，而造成营销收入下滑的原因中，贡献度最高的是忠诚顾客大量且快速的流失。所以当务之急是要先找出忠诚顾客流失的原因。大数据营销下成效的界定更多是营销活动质量的提高，如基于节日、重大日子，策划相应的市场活动，迎合相应的消费群体，利用优质的广告，以留下好的口碑为目标，进行更好的传播。

3. 步骤

步骤是指企业通过有层次的执行程序，改善营收方式。企业要根据发现的问题采取相应的营销策略来解决，例如，针对顾客数量不足，要增加新客户，留住老客户；针对活跃度及忠诚度不高的现象，要召集客户，进行定期关怀互动，采取不同的形式提升活跃度；针对客单价不够，合理选择促销方式，吸引客户继续贡献价值。

4. 预测

客户状态可能会从新客户一路向下流向沉睡客户。为预防客户向下流向的情况发生，我们就要建立有效的预警和调节机制，并且通过数据的演算和预测，做到"智能控制"，提前采取应对措施。

## 二、大数据营销的背景及意义

### （一）大数据以及大数据营销产生背景

信息技术领域的发展为大数据时代到来奠定了技术基础。在信息技术时代，数据的产生速度、产生规模出现了爆发式增长，数据以低成本的生成、采集、传输、存储的趋势呈现。大数据技术的发展极大地提高了数据处理效率，使得对海量的数据进行分析处理变为可能。只有掌握了数据并采取针对性分析才能在市场竞争中立足，这就使数据的获取、分析、使用能力成为数字化营销开辟市场的关键因素。大数据营销的发展得益于以下原因：信息技术的先发地位，在数字移动支付、消费大数据、数字物流等领域处于全球领先位置；存储器等硬件技术的发展降低数据成本；云计算等技术发展增强数据处理能力；大数据营销理念在国内的普及推动相关产业发展。

### （二）大数据营销的意义

大数据营销能够精准获取消费者并探索潜在客户的消费特征实现高效的投资回报率，对于企业和用户有着积极的意义，其意义主要体现在以下几个方面。

（1）用户行为与特征分析。大数据营销能够有效分析用户数据，并根据数据分析采取相应的营销策略。只要积累了充分的用户数据，并进行适当的技术分析就能准确识别用户的喜好与购买习惯。

（2）市场预测与决策制定。基于大数据分析与预测，企业能够根据市场前景和消费者购买偏好对产品策略做出改变，并及时把握经济走向。用市场数据说话，更好地制定消费者决策。

（3）危机监测与管理支持。危机的有效处理不仅在于危机爆发后及时采取挽救弥补措施，更重要的是要对危机爆发前的洞察。大数据营销能够通过跟踪危机传播的趋势，对企业进行预警，识别关键人物及传播路径，选取方案进行应对，进而保护企业、品牌的声誉，从源头上控制危机传播。

（4）高效的客户关系管理。企业可以获取和分辨客户，掌握哪些客户的购买频次高、金额多，建立相应的用户数据库，定期实现企业与客户在销售、营销和服务方面的交互，为客户提供创新式个性化服务的过程。

## 三、大数据营销的机遇和挑战

运用大数据营销能够准确地获取和分析消费者的媒介接触行为，并运用非结构化数据分析消费者行为，从而为企业发展带来新的机遇。

（一）大数据营销的机遇

1. 运用大数据营销为品牌实现精准营销

精准营销是指以科学管理为基础，通过消费者洞察完成市场细分。大数据技术的运用使企业能够进行更有针对性的营销，高效地捕捉到目标客户，降低企业运营成本。

（1）产品精准化。在产品设计环节，大数据驱动的消费者洞察为企业提供了消费者信息，通过提取各维度信息，确定适销对路的主流产品。在销售定价环节，利用分析消费者历史购买记录和消费水平等相关信息，制定相应的价格策略。在售后服务环节，利用大数据建立用户和企业沟通的桥梁，有助于企业进行客户关系管理。

（2）用户精准化。通过大数据进行用户画像，对消费者购买偏好、浏览记录、访问时长等信息进行分析挖掘，对消费态度有效洞察，有助于定位好用户市场。这种方式获取的样本量更大、数据更加全面、结果更加真实有效。

（3）渠道精准化。约翰·沃纳梅克认为，企业的广告费用有一半都被浪费了，但我们不知道是哪一半，而借助大数据能够促进广告效果评估的开展，选择最优的广告投放渠道。因此，要优化自媒体的内容投放，通过追踪用户互联网浏览、点击记录、平台跳转情况等，企业在网站和内容设计方面能够构建更精确的策略；优化广告资源配置，对符合用户特征的广告进行针对性投放，实现最高效的广告投放渠道。

2. 运用大数据营销为用户提供个性化服务

通过大数据技术获取用户有关消费行为的信息，并运用先进的数据分析方式对这些数据进行分析和利用，更加准确地把握和解读消费者行为和心理。

随着移动互联网的发展和各种移动网络终端被广泛使用，消费者在使用移动设备时，消费者的行为、交易数据会被即时获取。大数据技术的发展使得海量数据的准确分析成为可能。通过这些数据能使品牌对消费者更深入地了解，根据他们的个性化需求提供相应的服务。只有充分地了解消费者偏好，才能更好地服务消费者，实现对顾客的精细化管理，更加精准地开展营销活动。

### （二）大数据营销的挑战

1. 数据来源错综复杂

虽说大数据是无差别地获取目标消费者的行为记录，但是当我们在局部环境运用这些数据的时候，还是有可能存在数据来源不准确的问题。比如，曾经有企业针对线上的购买人群做了大数据分析，数据显示在此次促销中有超过50%的交易来自男性消费者的账户。企业曾专门针对男士消费群体策划活动，却遗憾地发现成效不佳。后经调查得知，原来那些看似由男性账号购买的商品多为女性用品，实则是女性利用男友或丈夫的账号进行购买所产生的误导。这恰恰说明了轻率依赖数据可能导致策略失误。

2. 过分控制市场而忽略用户体验

虽然说使用数据确实能实现企业的精准定位，进而高效变现，但在用户体验上，不少企业或多或少会产生不恰当的行为。有不少用户就投诉过类似的情况，当你在短视频平台浏览了美妆类产品后，你就会在其他社交平台上也看到类似的内容，或者在百度浏览了某种疾病后，就可能在搜索引擎上自动出现治疗该疾病的医药类产品，简直是细思极恐。

3. 正确的推送内容遇上错误的推送时间

信息的传播不仅需要精准的目标客户，也需要把握精准的推送时间与地点。雪中送炭所产生的效果远远大于锦上添花。只有当客户有急迫需求时进行推送才能创造最大的营销价值，否则有可能会产生适得其反的效果。例如，对于一位女性而言，服饰与化妆品或许是她比较关注的，但如果她刚刚生育不久，那奶粉和尿布则是当下最需要的产品，这个时候如果再推送美妆类产品，她则不太可能产生购买行为，甚至在接收过多同类推送后可能会产生反感的情绪，这时信息推送就变成了骚扰。

4. 精准定位目标用户而放弃了非目标用户

简单来说，大数据营销的最大弊端就是降低了非目标客群标签的人购买自己产品的可能性。比如，一位爱买书的学生，可能也是一个运动爱好者，除喜欢的书籍外，他对心仪的运动装备也很感兴趣，只是还没有产生购买行为，那大数据就不会对其推送运动相关的产品，也就错失了将潜在客户变成目标客户的机会。这种购买动机多样性就是错失潜在客户的典型代表，然而"精准度"与"覆盖度"往往是相对的，所以企业就应该把握好其中的"度"。

## 第二节　人工智能在数字化营销中的应用

人工智能（AI）是计算机领域中的一大分支。相关调研数据显示，2013年后全球人工智能相关的发明和出版物大幅增长，2014~2019年中国的人工智能规模呈现不断增长的趋势。其实人工智能在其他科学领域的发展工作已经持续了半个多世纪，但是近些年才成为管理和营销科学领域非常热门的交叉研究。人工智能发展为营销提供了新的机会和解决方案，许多企业开始了人工智能营销布局，例如，字节跳动建立了人工智能实验室（AI Lab）；科大讯飞智能广告平台引入语音识别技术；优必选推出了一款商用服务机器人克鲁泽（Cruzr）。可见，人工智能技术已经在商业领域中开始了一定的应用，人工智能营销传播领域的影响和改变也正在发生。

## 一、人工智能概述

### （一）人工智能的定义

学术界对人工智能的定义大体可以分为两个方面，一个是技术任务性视角，一个是类人视角。在技术任务性视角下，Russell 和 Norvig 认为人工智能研究是对"智能体"的研究，而"智能体"是指能够感知周边环境并采取行动，并实现最大化目标的任何设备；Kaplan 和 Haenlein 认为人工智能是能够正确解释外部数据、从这些数据中学习，并通过灵活的适应能力，使用这些知识来实现特定目标和任务的系统。在类人视角里，Syam 和 Sharma 认为人工智能是机器模仿人类行为的能力，尤其是与人类思维相关的"认知"功能，包括解决问题和持续学习；Huang 和 Rust 认为人工智能是能够展示某些人类智能的机器。前者从技术任务出发，后者从智力思维剖析，就如同人工智能的英文由"机器和思考"组成一样。这两种类型的定义既相互区分，又各有侧重。

总体来说，两种视角都倾向于给人工智能一个"智慧"的定义，即人工智能是通过计算机和大数据形成的智能技术，可以模仿人类行为并不断自我学习的一切智能形式。

### （二）人工智能的发展

#### 1. 人工智能的诞生（1956年）

人工智能作为计算机科学领域的分支，诞生于20世纪五六十年代。1950年图灵发表一篇论文提出了著名的"图灵测试"，预言创造出具有真正智能机器的可能性。1956年由麦卡锡（McCarthy）等组织召开的美国达特茅斯会议，会议提出了"人工智能"概念和任务，引发计算机学界的广泛关注，出现了一批早期的AI研究者，这宣告着人工智能的正式诞生，也成为人工智能诞生的标志性事件。

#### 2. 人工智能的探索（1957～1990年）

在探索初期，人工智能程序得到发展，开始出现一些新的研究方向。从搜索式推理、自然语言处理到微世界，许多人工智能程序使用相同的算法，使计算机能够通过自然语言进行交流，最后实现使用一些简单句子与人交流，做出决策并执行行为；在探索中期，由于计算机性能不足、计算复杂、数据量缺失等问题，人们日益发现人工智能项目的难度巨大，研究结果进展缓慢，研究方向也出现了一些偏差。而后的发展中，出现了名为"专家系统"的人工智能程序开始被众多公司应用；在探索后期，这个时期的计算机研究出现了爆发式增长，也造成很多人认为人工智能并非"下一个浪潮"。

### 3. 人工智能的成熟（1991年至今）

"智能代理"的新范式被研究者接受，它将人工智能定义为对智能代理的学习。1997年，深蓝计算机系统战胜了国际象棋的世界冠军，标志着计算机性能与计算技术障碍已经逐渐被克服。后来，除了计算机技术支撑，深度学习和大数据也开始为人工智能的底层支撑技术赋能。到2016年，名为"AlphaGo"的电脑围棋程式击败了世界围棋冠军李世石，且人工智能相关产品全球销售已达500亿元。人工智能研究内容广泛、涉及领域众多，人工智能技术研究已经得到爆发式进展。

### （三）人工智能的应用

随着人工智能技术水平提升，人工智能涉及心理学、数学、社会学、生物科学和思维科学、物理学、计算机科学等多重学科。商业领域的大多数人工智能应用指的是使用深度人工神经网络来解决之前被认为无法解决的复杂任务和预测任务，如人脸识别、语音识别、自动驾驶等技术；人工智能也已经应用于遥感技术，如遥感卫星、无人机等；在制造业中，人工智能可以应用于资源配置优化、产品设计等；在生活方面，人工智能可以应用于数据智能分析、智能教育等；在金融方面，人工智能可以进行监测金融业务，抑制各类金融欺诈行为……在未来的元宇宙领域中，人工智能为平台、算法、虚拟、交互等提供底层技术支撑，人工智能也将成为元宇宙的核心技术支撑之一。除这些外，在人工智能的营销应用上，通过人工智能进行营销中的预测分析，营销人员能够预测未来的营销行动及其影响行为，产生洞察并改善潜在客户、获得新客户，并实现定价优化。因此，人工智能应用助推营销向智能化转变，未来也将为营销领域带来更多、更新、更好的发展。

## 二、人工智能营销的定义

人工智能营销（AI marketing），也被称作智能营销，即运用人工智能技术对营销活动进行智能调整和预测，实现企业和用户之间价值共创的一种新思维、新理念、新方法和新工具的创新营销新概念。人工智能对营销活动具有双向影响：一方面，变革的受益者是消费者；另一方面，新的解决方案会影响到企业所追求的整合营销传播活动。人工智能使营销活动相较于传统营销模式体现出了新的特点，如视觉、听觉、触觉等多种形态的新互动方式、个性化需求的预测等，企业针对消费者个人的差异化需求进行"按需定制"将成为未来营销的趋势。

## 三、人工智能营销的实践应用

### （一）基于人工智能的按需精准营销

人工智能通过海量数据收集和数据挖掘，对目标消费者精准定位、消费需求精准挖掘，进而实现精准营销。随着网络的普及，人们在浏览网页或者刷短视频时，平台会收集用户的偏好（如停留时间、内容类型、有无分享点赞收藏等），通过人工智能对用户行为进行量化分析，运用大数据动态预测用户在不同时间、不同地点登录平台的行为特征，最后使用算法挖掘出信息背后的内容，判断出用户的所想所需，从而精准地投放广告。无论是传播活动还是广告活动，科学有效的营销活动都是对目标对象需求的精准了解和把握，现在人工智能和大数据让这一目标变得更具可操作性。

传统的线下营销传播范围小、传播速度慢，而通过大数据和人工智能相结合，可以让新闻推荐、社交推荐、广告投放、文娱内容推荐等广告传播活动，按照不同消费者特征更加快速地传播，再通过大数据精准推送给匹配的用户，实现千人千面的内容产品或广告创意产品，这是一个发现需求并按需精准营销的过程。企业营销与人工智能的深度融合，能够激发用户的深度参与和高度互动，通过创新营销策略鼓励用户提出宝贵建议，持续优化营销内容，精准对接并超越用户期待。这一过程促进了用户与企业间的价值共创，实现了营销管理效能的最大化。

（二）基于人工智能的内容自动生成

过去对广告文案和图片等内容的管理通常依靠人工处理，而资料处理程序烦琐，耗费大量人力物力，最终还无法得到更优质的内容生成，在较长的品牌营销内容创意生产周期内，却只能产出数量有限的创意。而进入人工智能时代后，通过智能分析出最新热度关注点，帮助营销人员完成寻找吸引消费者的创新点环节，营销传播中的创意生产从经验式转向智能化和自动化。在商界，人工智能作为"技术型人才"已经开始用来生成内容。在图文资讯领域，如图像识别和机器学习等技术，可以对大量素材执行自动化识别、聚合、提取、标记等操作，如《华盛顿邮报》名叫 Heliograf 的写作机器人可以撰写一篇简短的报道新闻；在视频领域，如 BM 公司的 Watson 人工智能系统给《摩根》这部一个多小时的电影，通过人工智能分析制作了一段时长 6 分钟的预告片。人工智能可以在程序化创意的基础上，利用算法和数据对不同消费者动态地展示广告并进行创意优化，快速生产针对每位消费者的个性化广告内容，为不同消费者匹配个性化营销传播内容，增强消费者好感，提升营销活动效果。

（三）基于人工智能的新型智能广告

人工智能技术在广告投放与媒介购买方面，未来将产生新的智能广告形态，这是大数据与人工智能技术应用的直接产物，这种无边界的广告互动将会是智能营销新的生命力。自动化、智能化、沉浸式是智能广告的三大特性，传统的人工购买媒介资源，并制定定向广告策略的方式将被自动化的"智能程序"形式取代，而智能广告的运营水平高低就取决于智能化程度，沉浸式则将造就新一代的广告形态。智能广告形成沉浸式的广告传播，调动受众的多感官深层次交互，其参与度与主动性将大幅提升，最终实现广告营销效果的最大化。

（四）基于机器学习的个性化营销

机器学习用于预测或提供基于分析大量数据的计算建议。机器学习是人工智能的一个高级领域，它允许程序吸收大量数据并创建可预测的算法，随着时间的推移不断改进。通过机器学习可将算法分为三大类：监督学习、无监督学习和强化学习。监督学习用于在缺乏特定数据时，对数据集中进行充分预测。无监督学习用于在大量数据中发现不相关、多样化数据之间的联系。强化学习位于这两个极端之间，即它预测如果两个、多个事件或数据之间存在联系，将会发生什么。机器学习本质上是跨学科的，涉及计算机科学、统计学、数学、人工智能等各个领域。机器学习的主要特点是通过应用依赖于计算机视觉、人工智能和数据挖掘的算法来获取经验数据。因此通过使用机器学习，营销人员可以源源不断地为消费者提供定制的内容。

### 四、人工智能营销的未来发展

在未来，人工智能将在营销领域发挥更大的作用。例如，更智能的搜索：基于社交媒体和谷歌等快速搜索引擎，人们可以在很短的时间内找到他们需要的东西，而人工智能和大数据可以分析这些搜索模型，帮助营销人员确定他们需要集中精力的关键领域，以提供更精准、更具针对性的营销方案和更智能的广告。如今，营销人员仍在试图用智能广告吸引消费者，依靠人工智能，可以有效地实现这一目标：使用人工智能可以协助深入挖掘数据、社交网络、个人资料和其他在线内容等的进行，从而为广告提供依据；依靠机器人：消费者保护和保留是人工智能另一个在未来可以发挥重要作用的领域。在不久的将来，人工智能机器人将实现对话功能，并直接面向消费者进行互动；持续学习：人工智能不仅会揭示一些隐藏的数据，还会教授如何使用这些数据，并将其纳入新的促销活动中，优化向最相关用户发送的信息。随着时间的推移，人工智能解决方案将变得更加智能、有效。

（一）基于人工智能的营销活动监测

利用数据挖掘和机器学习等技术，企业能够迅速找到营销活动的危机点来源，进一步制定相应的应对措施。即时的数据反馈和机器学习的迭代优化使企业具备实时调整的动态能力，可以实时监测广告营销的效果，并及时反馈效果数据。智能化营销不仅可以采集产品在销售中的负面信息，对虚假信息进行追踪和智能化处理，还可以实现对各类数据包括营销相关数据的实时监测和反馈，并制定有效的策略，最大化保护和提升企业自身的品牌形象，最终促进企业的长远发展。

（二）基于人工智能的营销决策

基于之前的营销案例信息来展开逻辑推理，不论是基于营销过程的哪个阶段，人工智能都可以与销售人员密切协作，对同类案例进行检索，由此帮助销售人员解决很多营销上的问题，为消费者提供更加合理和吸引力的营销内容，提出更为科学、可行的营销解决策略。在营销活动的客户群方面，人工智能机器人可以帮助市场营销人员对海量的数据信息进行深入的挖掘和分析，预测客户未来的购买能力，为企业筛选重点的潜在客户和购买能力较强的客户。因此，人工智能在营销领域的发展将使营销决策从感性逐步走向理性，未来营销决策将以众多相关领域的案例研究为支撑，找到和当下情境较为类似的案例来展开自动推理，辅助营销人员做出营销决策，在理解消费者的行为、设计高度定制化的产品和服务方面具有较好应用。

### 五、人工智能营销的挑战

**（一）基于人工智能营销——消费者隐私安全的挑战**

人工智能营销过程中暴露出了数据隐私保护问题。消费者似乎在全方位的"全景监狱"监视之下，未经本人同意的大数据非法监听与解读误导会严重干扰用户的生活，企业如何合法合理地收集数据是人工智能时代的基本要求。随着社会隐私侵犯等负面案件的曝光率增加，一些企业甚至利用智能技术对用户个人信息进行预测分析来以此获取用户隐私，关于消费者个人数据的隐私安全问题已成为全球性问题。未来各方都将在用户数据和技术上展开布局和竞争，商业逐利的本质很难使数据管理者做到严格把关，同时也严重干扰了正常的市场竞争秩序。在用户隐私保护意识不断提高的今天，越来越多的用户对新技术的使用保持着高度敏感，而数据对于人工智能营销而言是最基础和最重要的存在，未来企业的营销传播将在数据隐私安全范围内面临更大挑战。只有依赖制度建构的力量才能使用户在大数据时代获得安全感，世界各国关于强化数据保护的相关法案和管理机构正急需做出反应，惩治非法获取消费者隐私的企业，更有效地推进人工智能技术与营销活动的衔接。

**（二）基于人工智能广告精准营销——消费者抗拒心理的挑战**

在智能广告营销形式的多样化呈现下，人工智能技术可以给消费者推荐各种个性化信息，并且大数据依靠搜索信息持续性地根据消费者过往踪迹"精准推荐"，让用户被智能技术"打劫"，这与主动获取信息带来的快感相反，长此以往易造成用户的消费者反感和疲劳。虽然人工智能技术可以帮助企业精准分析用户数据，但在这种技术下人工智能干扰个人行为，持续性地精准推荐很难不让消费者产生厌倦心理。而且各种广告推荐形式导致冗余信息泛滥，它们在智能技术的推动下变得更加自动频繁，使得这些广告推荐也可能对消费者产生心理反感。因此，企业不能单一地依靠智能技术，不能对智能技术完全盲从，而是要将技术与人的主观感受相结合。未来，若要转变当前人工智能营销"直接粗鲁式"的营销风格，则需要将营销人员的经验和智能技术更好地结合。

## 第三节　VR、AR、MR 在数字化营销中的应用

VR、AR、MR 技术的应用使现实世界和虚拟世界的结合成为可能，也使人们预测未来事物成为可能，并且能够促进当前事物的完善，推动物体的设计与修改，从而更好地服务人类生活。VR、AR、MR 的不断演进实现了从虚拟到现实之中的转化，拓宽了人们的认知

空间，实现了从视觉革命到思维革命的演进，对于人类社会发展有重要意义。

## 一、VR、AR、MR 的概念

### （一）VR

VR 技术即虚拟现实技术，又称为灵境技术。通俗上来讲就是将虚拟和现实相结合，借助于计算机仿真系统模拟环境，可以让用户沉浸式体验虚拟现实环境的一种方式。VR 集合了计算机图形学、仿真技术、多媒体技术、人工智能技术、计算机网络技术、并行处理技术和多传感器技术等多种技术，通过模拟人的视觉、听觉、触觉等感觉器官的功能，使人恍若身临其境，沉浸在计算机生成的虚拟世界中，并能通过语言、手势等进行实时交流，增强进入感和沉浸感。通过 VR 技术，能让人突破时空等条件限制，感受到进入虚拟世界的奇妙体验。

VR 技术具有以下三个基本特征，分别是沉浸性、交互性、想象性。沉浸性强调的是场景足够真实使用户无法区分虚拟和现实。交互性是指当用户进行操作控制时，用户所观察到的虚拟世界也跟着用户变幻、移动。想象性是指虚拟世界的场景内容等可以由用户发挥自身想象力来进行探索。

VR 技术的应用场景十分广泛，已经普及到我们生活中的方方面面，在生活、医疗、教育、旅游、建筑等方面得到了广泛运用，成为我们日常生活中必不可缺的一部分。在旅游领域中，借助 VR 技术，人们能够利用计算机对图像、视频、声音等进行处理，将三维实物、环境以虚拟现实的形式表现出来，使游客足不出户就能欣赏美景、感受当地文化。尤其是自新冠疫情暴发以来，许多景区通过虚拟现实技术打造出 VR 旅游项目，在景区、文创展示区、体验馆等为观众提供沉浸式的超强感官娱乐体验，实现空间定位与交互技术和视觉沉浸的结合。

### （二）AR

AR 技术即增强现实技术，能够有效将虚拟世界叠加到现实生活中，将现实生活中的内容以及信息更加立体化地呈现在用户眼前，丰富现实生活。该项技术是在虚拟现实技术上发展起来的，是实现真实世界信息和虚拟世界信息无缝集成的新技术，通过把现实世界中的信息如视觉信息、声音、触觉等利用科学技术模拟仿真后叠加虚拟信息。日常生活中常见的 AR 通常借助于摄像头对现实世界的物体进行扫描后，在屏幕上弹射出有关该物体的文字、图片、视频等。AR 的主要形式是三维虚拟景观与实景的融合、实景上的信息增强。

AR 可广泛应用到商业、军事、医疗、影视、娱乐等领域。在营销环节，AR 技术用于集成打印和视频营销。基于二维图像，使用扫图功能识别出模拟视频或者特效，激活产品的功能介绍，对于用户了解产品性能、产品信息等方面有重要意义，为消费者购买提供便利。AR 与 GPS 定位导航技术相结合完善导航系统在开发运用方面的服务，使场景立体化呈现在用户的显示屏幕上，为用户提供更全面的导航信息，提高导航运用的安全性。

（三）MR

MR 技术即混合现实技术，是虚拟现实技术的进一步发展，如表 7-1 所示。它在一个虚拟的环境中引入部分现实场景，在虚拟世界、现实世界和用户之间搭起一座交互反馈信息的桥梁，从而增强用户体验的真实感。MR 技术的关键点就是与现实世界进行交互和信息的及时获取，因此它的实现需要在一个能与现实世界各种事物相互交互的环境中。

VR 技术基于一个纯虚拟的数字画面，例如，通过技术设备观看影片而不需要借助任何的现实设备支持。AR 技术是在虚拟数字画面中加入现实元素，如运用投影仪在桌面上投影出人物。MR 技术则是将数字化的现实与虚拟数字画面相融合，并且能够借助摄像头观看到裸眼看不到的现实，而 AR 技术只是简单地叠加虚拟环境。

表 7-1　VR、AR、MR

| 名称 | 相同点 | 不同点 | 特点 |
| --- | --- | --- | --- |
| VR | 利用计算机对复杂数据进行可视化处理并实现人机交互的一种技术 | 强调人在虚拟世界的沉浸感 | 沉浸性、交互性、想象性、可信性 |
| AR | | 强调在真实场景中融入由计算机生成的虚拟信息 | 实现真实世界和虚拟世界信息集成、实时交互性 |
| MR | | 虚拟和现实有效融合，甚至能让用户混淆虚拟和现实 | 实时运行、结合虚拟和现实、在虚拟中的三维 |

VR 技术利用头戴设备模拟真实世界的 3D 互动环境；AR 技术则通过电子设备（如手机、平板、眼镜等）将各种信息和影像叠加到现实世界中；MR 技术介于 VR 和 AR 技术之间，在虚拟世界、现实世界和用户之间，利用数字技术实现实时交互。未来，人类的交互方式将由 2D 交互向 3D 交互转变。3D 视觉交互系统则取决于 VR、AR 和 MR 的发展，这些技术统称为"扩展现实"（extended reality，XR）。扩展现实技术是指结合现实、虚拟以及人机交互的仿生体验，被称为未来交互的终极形态，它将改变许多行业的格局，并将完全改变我们的工作方式、生活方式和社交方式。XR 有一个比较大的特征是，它将会摆脱线控，很有可能实现从 PC 端到移动端的跨越。可以预见，未来的虚拟现实产品不再区分 VR、AR、MR，而是一种融合性产品。

（四）VR、AR、MR 的特点

VR、AR、MR 技术的出现为企业发展提供了新的机遇，还丰富了用户多样化的购物形式。通过这几种技术与传统零售业相结合能够更好地增强消费体验，营造良好的消费氛围并打造良性的消费互动，运用开放式服务创新形成体验式消费场景，追求全渠道、无边界的合作与多方的互利共赢。VR、AR、MR 技术应用具有以下几个特点。

1. 场景化

场景化包括以下两种要素。场景亲和力：利用数据和工具精准识别场景中的目标群体，利用 VR 技术为消费者营造数据化的购物情景，通过生活化的场景结合有效营销手段使营销更具亲和力,拉近消费者与品牌之间的距离,刺激消费者的购买欲望。

通过精心打造数字化场景,实现场景的生动化与情景化呈现,不仅拓宽了品牌的宣传渠道,还显著提升了用户对品牌的兴趣与认知度,充分展现了品牌自身的活力与魅力,进而有效发挥了数字化消费场景的强大影响力。

2. 互动性

AR 技术与广告的有效结合使消费者从传统广告形式的信息接收者这一单一角色转变为接受者、参与者、反馈者三个角色,消费者不再是单一的被动式的信息接收方,他们对信息的控制变得更加主动,也会及时对品牌进行反馈互动。利用 AR 技术可以实现与消费者互动交流,建立消费者与品牌之间沟通的桥梁,实现消费者角色切换。应用 VR、AR 技术进行的营销形式更加新颖、多样化,互动功能更能加深用户对品牌的感知和理解,而且通过互动能使品牌更好地服务用户,塑造品牌在用户心中的形象。

VR、AR 技术的运用创造出了真实感,让消费者能够身临其境,并且能够融入消费者情绪,让消费者产生共鸣,提升购买欲望。与此同时,品牌与消费者之间不再是简单的提供与接受的单一关系,品牌通过互动建立起更为感性和深度的关联,使消费者能够建立更深层次的品牌情感联结,构建了品牌与用户之间互动对话的新的沟通环境。

3. 体验性

通过 VR、AR、MR 技术的应用,打造精准定位体验并提升用户对品牌的兴趣,实现品牌与消费者亲密接触,让用户可以沉浸式体验产品及其服务,例如,体验产品制作过程、用户可以真正融入品牌之中,有效提升消费者对产品的了解程度,加深用户对品牌的印象,借助新技术塑造品牌形象,讲好品牌故事。

## 二、VR、AR、MR 的技术基础

VR、AR、MR 的技术基础来源于一种综合性技术,由三大类技术组成,分别是立体显示技术、3D 建模技术和自然交互技术,立体显示技术包括 HMD(head-mounted display,头戴式显示器)、光场成像、全息投影。3D 建模技术包括 3D 软件、3D 扫描、光场捕捉,自然交互技术包括触觉交互技术、语音交互、眼动追踪、动捕、脑机接口(表 7-2)。

表 7-2 三大类技术

| 技术 | | 内容 |
| --- | --- | --- |
| 立体显示技术 | HMD 技术 | HMD 技术的基本原理是让影像透过棱镜反射之后,进入人的双眼在视网膜上成像,营造出在超短距离内看超大屏幕的效果,而且具备足够高的分辨率 |
| | 光场成像技术 | 该技术可以算作"准全息投影"技术。其原理是用螺旋状振动的光纤形成图像,并直接让光线从光纤弹射到人的视网膜上。简单来说,就是用光纤向视网膜直接投射整个数字光场(digital light field),产生"电影级现实"(cinematic reality) |
| | 全息投影技术 | 全息投影技术可以分为投射全息投影和反射全息投影两种,是全息摄影技术的逆向展示。和传统立体显示技术利用双眼视差的原理不同,全息投影技术可以通过将光线投射在空气或者特殊的介质(如玻璃、全息膜)上呈现 3D 影像。人们可以从任何角度观看影像,得到与现实世界中完全相同的视觉效果 |

续表

| 技术 | | 内容 |
|---|---|---|
| 3D建模技术 | 3D软件建模 | 3D 软件建模就是通过各种三维设计软件在虚拟的三维空间构建出具有三维数据的模型。这个模型又被称作3D模型，可以通过3D渲染技术以二维的平面图像呈现出来，或是通过计算机模拟，或是通过3D打印设备构建 |
| | 3D扫描技术 | 3D 扫描技术将真实环境、人物和物体进行快速建模，将实物的立体信息转化成计算机可以直接处理的数字模型。3D 扫描仪是利用 3D 扫描技术将真实世界的物体或环境快速建立数字模型的工具。3D 扫描仪有多种类型，通常可以分为两大类：接触式 3D 扫描仪和非接触式 3D 扫描仪 |
| | 光场捕捉建模 | 用上百个相机的多相机阵列和深度相机组成内环抓拍系统，并对对象进行全方位拍摄，通过高速处理的人工智能算法和动态融合的系统实时合成对象的立体模型 |
| 自然交互技术 | 触觉交互技术 | 触觉交互技术又被称作"力反馈"技术，在游戏行业和虚拟训练中一直有相关的应用。具体来说，它会通过向用户施加某种力、震动等，让用户产生更加真实的沉浸感 |
| | 语音交互 | 包含了特征提取、模式匹配和模型训练三方面的技术，涉及的领域包括信号处理、模式识别、声学、听觉心理学、人工智能等 |
| | 眼动追踪 | 使用摄像头捕捉人眼或脸部的图像，然后用算法实现人脸和人眼的检测、定位与跟踪，从而估算用户的视线变化 |
| | 动捕 | 捕捉人体的基本动作，包括手势、表情和身体运动等。实现手势识别、表情、动捕的主流技术分为两大类：光学动捕、非光学动捕 |
| | 脑机接口 | 脑机接口就是大脑和计算机直接进行交互，是人或者动物的大脑和外部设备建立直接连接的通道，分为单向脑机接口与双向脑机接口 |

## 三、VR、AR、MR 的应用

### （一）VR 直播

VR 直播带来的沉浸式体验在多个行业都具有重大意义，具备巨大的市场潜力。中国电子信息产业发展研究院（赛迪研究院）发布的《2018 年 VR/AR 市场数据》显示，2018 年中国 VR、AR 市场规模为 80.1 亿元，其中直播行业应用市场规模为 9 亿元。随着新冠疫情的暴发，直播带货模式逐渐成为消费者购买的主要途径。VR 直播系统电商功能应运而生，成为直播带货的新潮流。VR 直播的出现能够克服空间的局限并把观众从屏幕前带入现场，借助 VR 技术设备使观众身临其境。VR 直播市场规模随着互联网技术以及 VR 技术的发展逐渐扩大，有关分析报告预期显示，到 2025 年，整个 VR 直播领域的市场规模将达到 41 亿美元。VR 直播主要涉及领域有体育直播、演出活动直播、商业零售直播等。

VR 直播特点：借助 VR 技术，通过直播能够将整个现场还原到虚拟空间中，提升用户对直播事件的参与感知。依赖交互技术，提升用户对现场氛围的感知，通过对气氛的煽动有效调动观众的情绪，合理的互动设计提升事件的感染力。VR 直播带货即商家可在直播后台根据主播商品介绍实时上架商品，粉丝通过商品列表或实时推送的商品弹窗，进入商品详情页购买。为吸引用户持续关注，在直播页面添加轮播广告模块。广告位可放赞助商、品牌宣传、特色产品等，作为福利关怀来吸引大福利厂商以及赞助商。

VR、AR 直播优势：提升用户体验。VR 直播覆盖多个机位能够全方位、多角度地展现直播内容，同时突破了时间和空间的局限。例如，在以往观看演唱会时，除前排能够近距离观看外，后排位置只能通过大屏幕观赏表演，这时候 VR 直播就能实现近距离地观看高清表演。

利用各种 AR 技术丰富直播场景和画面。电视节目中运用 AR 通过特效动画为节目效果增添色彩，例如，在综艺节目中根据嘉宾的话语和当时的环境氛围增添适当的动画，通过这种动漫感效果提高观众喜爱度。这些特效往往是在视频处理后期运用软件添加上去，在直播时也可以即时处理，提升直播效果。通过绿幕技术实现场景的转换，满足直播时对于不同场景的要求。

（二）VR、MR 购物

VR、MR 购物是一种全新的购物模式，能让用户足不出户就能还原真实的购物体验。VR、MR购物主要就是让商家以全景展示的方式展现店铺，而用户通过手机或者是打开电脑就能在线上浏览店铺，让消费者了解店铺环境，同时还能查看商品价格。VR、MR购物重新定义了网络购物的概念，让虚拟的东西变得更加真实以及具体，这种具象化的东西让消费者更加喜欢。

通过屏幕就可以全方位地观看商场的商品，让消费者坐在家里面也能如同实地购物一般。VR 购物不仅仅是让你看到，还有各种功能进行互动，比如，VR 全景中的动态交互功能，可以在全景中播放真人讲解视频，这样可以促进商家做宣传，还能帮助消费者了解商品的种类，带来更加真实和有趣互动的线上消费体验。消费者可以通过 MR 设备，选择心仪的衣服进行试穿，并看到实物试穿到身上的效果，例如，阿里云打造的临云镜技术。

（三）VR、MR 看房

VR 技术突飞猛进，并且已经涉及各行各业，VR 看房由于高效、真实、全面受到了开发商和购房者的热烈追捧，VR+房地产成为该行业的新模式，于是开发商推出 VR 看房功能，推出 VR 全景看房、AI 智能讲房、VR 带看三大新特色，全面满足了购房者需求。

VR、MR看房功能突破了时间和空间的限制，购房者通过手机上 VR 看房的页面发起"VR 带看"，仅需 30 秒到 1 分钟左右的时间，系统就会分配熟悉房源的专业经纪人接单，进入在线带看。介绍整体配套、户型等信息后，经纪人那端会带购房者实时 VR 漫游看房，这个过程中，"线上堪比线下"，连线看房过程中购房者有问题可以随时提出，彻底告别了线上"静默式"看房，经纪人可以 24 小时 "在线陪聊"。VR 功能可以实现 1∶1 真实复刻，有效还原房屋的真实情况，全方位、立体式了解房屋户型结构、周边配套、长宽比等空间格局的细节信息，实现全景看房功能给用户身临其境的体验。

首先，从时间上来说，传统的地产行业要在样板房盖好后才能开始进行营销活动，而 VR 看房的出现，让样板房盖好之前就开始营销成为可能，这是 VR 给地产带来的第一个价值；其次是冲破空间限制，以往只有房屋所在地的客户能够实地看房，而在异地、海外销售的时候往往力不从心，效率不高，VR 看房的价值就在于可以把房子"搬"到有需要的用户所在的场所，有效扩大了房屋购买者的范围；最后是个性化价值，通过 VR，用户能够自由地定制自己的理想房屋，看到预想的实际效果。VR 的个性化的定制就能够实现这样的功能，它能够让用户未来的住房有更多的选择，也能降低用户的试错成本，让用户更放心地参与设计。

VR、MR 看房具有以下优势：能够实现足不出户了解房屋信息，通过手机端就能实现在线查找房源，了解房屋位置、配套设施、布局等信息，用户还可以根据自身需求查找和筛选房屋，省去线下挑选的时间；获得全程在线一对一服务，有问题、有需要只要点击便可线上直接交流咨询，保持持续的沟通互动，客户只要有需要，随时随地线上看房，不必担心沟通不流畅的问题。

## 本章小结

本章详细介绍了新兴技术中大数据、人工智能、VR、AR、MR 的相关内容以及在数字化营销中的应用。

大数据的四大特征：规模性、高速性、多样性、有用性。大数据营销能够精准获取消费者以及探索潜在客户的消费特征实现高效的投资回报率，对于企业和用户有着积极的意义，如用户行为与特征分析、市场预测与决策制定、危机监测与管理支持、高效的客户关系管理等。大数据营销的新机遇包括运用大数据营销为品牌实现精准营销：产品精准化、用户精准化、渠道精准化；运用大数据营销为用户提供个性化服务。

人工智能的发展经历了诞生、探索、成熟三个时期。人工智能涉及心理学、数学、社会学、生物科学和思维科学、物理学、计算机科学等多重学科，在人工智能应用上比如人脸识别、语音识别、自动驾驶等技术都已经较为成熟。人工智能营销的实践应用包括：基于人工智能的按需精准营销、基于人工智能的内容自动生成、基于人工智能的新型智能广告、基于机器学习的个性化营销。人工智能营销面临的挑战包括：消费者隐私安全的挑战、消费者抗拒心理的挑战。

VR、AR、MR 的特点包括场景化、互动性、体验性。VR 技术具有以下三个基本特征，分别是沉浸性、交互性、想象性。VR、AR、MR 的相同点是利用计算机对复杂数据进行可视化处理并实现人机交互的一种技术。VR、AR、MR 的营销应用包括 VR 直播、VR 和 MR 购物、VR 和 MR 看房等。

## 思考题

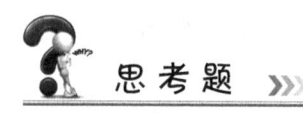

1. 什么是大数据？什么是人工智能？什么是 VR、AR、MR？
2. 大数据的特征是什么？大数据营销的意义和机遇是什么？
3. 人工智能营销的含义及其实现路径是什么？人工智能和大数据如何按需精准营销？
4. 人工智能营销的实践运用是什么？它面临的挑战有哪些？
5. VR、AR、MR 具有什么特点？它有哪些数字营销应用？

## 案例分析

### 宁波燕香国际贸易公司的大数据营销之路

宁波燕香国际贸易有限公司成立于 2016 年 7 月 14 日，主营业务涵盖宠物食品及用品的零售与批发、宠物销售、饲料添加剂销售以及国内贸易代理等。该公司由阮溢平与合伙人李雪洁共同创立，旨在应对宠物猫咪销售困境，通过汇聚公司核心员工智慧，寻求拓展宠物活体销售渠道、提升活体销量之法。

在此之前，阮溢平与李雪洁已尝试多种销售渠道拓展方法，如在朋友圈宣传、网购平台投放广告、运营公司抖音账号以及开设实体销售店铺等。这些举措为公司积累了一定的"粉丝"群体和销售数据。然而，在面对如何有效利用这些数据、提升客户购物体验以及发掘更多潜在客户等问题时，众人皆感处境颇为棘手。在一场会议上，公司骨干员工共同探讨、寻求突破。

（一）公司的大数据营销思路

在历经多种尝试后，公司销售额未见明显改善。因此，在 2020 年初，阮溢平通过朋友介绍，与一家专业从事商务智能的团队建立合作，期望该团队能借助现有的销售和客户数据，为公司，尤其是线下商场的销售额提升提供助力。团队负责人周建波在深入了解公司现状并充分沟通后，提出了一项依托公司大数据资源进行客户营销的实施方案。根据前期客户画像识别结果，团队进一步制定了个性化推荐营销策略。

随后，公司组建了大营销团队，开始尝试自主设计精准获客方案，并规划互联网精准获客的整体流程。根据方案，公司在各大流量 APP 如"抖音""小红书""微博""贴吧"等平台上，通过网络爬虫等技术手段，寻找浏览或访问过公司商品相关文章、视频或购物页面的用户。同时，公司在淘宝上购买服务，以查找多次搜索公司淘宝店铺的用户，并购买百度等搜索引擎服务，定位多次搜索"宠物食品""宠物用品""宠物饲养知识"等关键词的用户。

在投入一定数量的获客成本后，公司通过上述方式，成功获取了大量新客户，客户数量相较之前增长近30%。且在优良商品和服务的口碑推动下，公司从这些新客户中挖掘出一批优质客户，尤其是商品批发类客户，使得公司销售对象逐渐从个人转向个人与批发并重。同时，公司在宠物圈内也逐渐积累了一定的知名度，线上线下均取得了较好的口碑。借此机会，公司在宁波江北星湖商业中心开设了一家"撸宠"店，为广大宠物爱好者提供交流平台，共享宠物带来的欢乐。

（二）公司大数据营销成效显著

宁波燕香国际贸易有限公司依托线上线下累积的客户数据、销售数据，以及通过电商、社交、短视频等平台搜集的客户留言、评论、互动等信息，实施了客户个性化推荐、购买行为预测和精准获客的大数据营销策略。这些策略的执行使得公司宠物活体及相关商品销售量得以提升，同时线上线下的平台吸引了更多忠实客户，公司在宠物销售市场的知名度也得以提高。

至2020年底，公司已拥有美国短尾猫、美国短毛猫、美国卷毛猫、英国短毛猫等30余种猫咪，总计超过600只。除猫咪外，公司还在积极拓展龙猫、仓鼠、豚鼠、小型犬等其他宠物品种市场，以拓宽经营范围。2020年5月，公司在宁波江北星湖商业中心开设了一家涵盖羊驼、猫咪、龙猫、兔子、小型犬等多种宠物类型的"撸宠"乐园——嘟嘟萌宠团。截至2020年底，该乐园已在美团、大众点评平台上名列宁波市宠物乐园人气榜首。

截至2020年底，公司所有项目营业收入逼近1000万元，同比增长105%；利润总额达到350万元，同比增长110%。

（三）公司大数据营销的经验之谈

企业大数据营销团队与两位创始人共同举办了一场总结会议。会议中，阮溢平期望通过本次座谈，将过往的成功经验转化为公司营销领域的知识财富。他代表公司发表了重要观点，主要内容包括以下三个方面。

一是大数据营销助力企业精准定位客户需求。企业借助现有客户消费数据，通过大数据分析与建模技术，深入研究客户消费行为，从而实现精准营销。这使得广告服务更加贴近客户需求，避免了过去广泛撒网、效果不佳的营销方式。如今，企业能在客户消费意愿最强时，提供个性化推荐方案。

二是大数据营销降低企业营销成本。相较于传统营销手段，大数据分析建模实现了人力、物力的优化配置，并在一定程度上降低了营销成本。过去，临街宣传等方式既耗费大量人力、物力和时间，效果又不尽如人意，原因在于无法精准定位潜在客户。如今，大数据营销让企业能够详细划分客户群体，有针对性地制定营销策略，并随客户数据更新及反馈，及时调整和优化营销策略。尽管企业在大数据营销方面聘请了专业团队并组建了自己的团队，但总体上看，营销成本得到了控制。

三是大数据营销带动商品销售增长。企业利用大数据技术，使客户在挑选商品时，不仅能在公司线上线下店铺迅速找到所需，还能通过商品陈列和展示设计，激发客户购买欲望，从而购买更多未来需求或潜在需求的商品。这使得企业商品销售量显著提升。

在历经近一年的不懈努力后，我国宁波燕香国际贸易有限公司成功实现了市场营销领域的大数据助力，且成绩斐然。通过与专业商务智能团队合作，以及后续组建自家大数据营销团队，公司实现了销售额的逐年翻番。然而，在前方漫长的道路上，公司面临着一个关键性问题：在企业规模不断壮大，客户资源持续积累的情况下，是否能够沿用现有的三种大数据营销应用——客户个性化推荐、客户购买行为预测及精准获客？这三种应用之间是否存在优劣之分？

在宠物市场竞争日趋激烈，新入者纷纷涌现的背景下，公司管理层正积极寻求经营改进之道，探索除现有大数据营销应用之外的其他营销方案。宁波燕香国际贸易有限公司的高层管理者正全力以赴，以期在这个日新月异的市场环境中找到最适合公司的营销策略。

**讨论题**

如何利用客户大数据分析结果进行营销？宁波燕香国际贸易有限公司的大数据营销取得了怎样的成绩？

# 第八章

# 数字化营销伦理

## 学习目标

1. 理解消费者数据的定义及分类。
2. 了解消费者权益在数字化时代的得失。
3. 从企业视角了解如何正当获取及使用消费者数据。
4. 从消费者视角了解消费者权益保护的手段。

## 导入案例

### 肤浅数字化营销路径 违背营销伦理

2019年8月24日,新京报发表一篇题为"莫让恶意爬虫'爬'掉大数据营销伦理"的文章,揭示了部分互联网营销服务企业恶意运用爬虫技术,侵害用户权益及其他平台利益的行为。具体表现在以下几点:一是从购物网站获取商家手机号进行营销;二是利用软件通过微信附近的人进行不良营销行为;三是进行二次数据封装与用户引流,通过数据贩卖和流量引导盈利;四是搜集用户在出行、社交、电商三大应用的浏览记录,生成数据后进行二次营销等。这些行为将个人信息置于泄露的风险之中,凸显了在数字化时代,部分企业追求利润急功近利,盲目采用粗放式数字化营销策略,背离了营销伦理。

## 第一节 消费者数据

消费者的数字身份是在数字时代进入每个平台或应用的前提条件,是消费者数字化生活和生产的起点。数字身份在活动的同时也留下了各种活动数据：姓名、身份证、家庭地址、账号密码、IP地址、搜索痕迹、购买偏好、出行路线、浏览轨迹、信用状况、社交资料、聊天记录等，这些个人数据经整合分析后可以呈现消费者的画像，其中比较清晰地呈现消费者人格特质、生活方式、价值观等个人特征。我国2020年10月1日修订并实施的《信息安全技术 个人信息安全规范》指出，个人信息是指以电子或者其他方式记录的能够单独或者与其他信息结合识别特定自然人身份或者反映特定自然人活动情况的各种信息。据宋东明解释：信息作为数据的内容体现，个人数据则是信息的数字化表现。随着物联网、智能设备的进一步普及，消费者产生信息数据的种类、规模、渠道都发生了巨大变化，例如，个人的网页浏览将透露自己的关注点、信息偏好、生活习惯；个人的社交平台及数字媒体将透露自己的价值观、兴趣爱好；个人的电商账号里将记录全部的消费历史和消费习惯。消费者在不知情的前提下以"积极""支持"的态度源源不断地提供着个人信息，创造大量消费者数据。根据贡献渠道的不同消费者数据可以分为三类，见表8-1。

表8-1 各类数据分类

| 数据类别 | 数据描述 | 数据来源 |
| --- | --- | --- |
| 描述类数据 | 记录消费者的诸如姓名、性别、年龄等基本信息 | 用户账户注册、政府收集等 |
| 行为类数据 | 记录消费者诸如购买商品名称、金额、数量、交易时间等消费数据 | 用户搜索、浏览、订阅、评论等线上行为中留下的痕迹，以数据的形式存放于服务器中 |
| 关联类数据 | 可以挖掘商业价值的二手数据 | 大型电商平台这样的数据运营经过收集、挖掘、清洗、分析后形成的 |

## 一、消费者的数据生产

### （一）搜索数据

搜索引擎是互联网时代早期出现的工具，是满足网民的搜索意图，展现或提供用户感兴趣的内容的互联网服务。消费者的网络搜索痕迹给搜索引擎提供了最真实的消费者行为数据，其中包括消费者的关注内容、职业背景、实时兴趣等。百度作为全球最大的中文搜索引擎，覆盖了海量用户资源，2023年腾讯财报显示，截至2023年6月，百度App月活跃用户达6.77亿人，每天有数以亿计的用户在百度搜索"表达"自己的需求，用户搜索场景全覆盖，涉及各行各业。

### （二）社交数据

消费者平时的数字化社交行为产生了丰富的数据。首先，QQ、微博、微信、抖音、B站等数字媒体要求用户注册时填写的年龄、性别、地区、学历和职业等个人基本信息，它们是完成初步的用户画像的基础。其次，用户在社交媒体平台通过关注、转发、评论、点赞和收藏等社交行为能为企业提供关于自己兴趣的数据，帮助社交媒体构建个人的兴趣标签。

### （三）平台数据

中国在数字化时代已然是全球电商经济最发达的国家之一，天猫、京东、唯品会、当当、拼多多、京东到家、盒马生鲜以及大量规模较小、较为年轻的电商平台已经渗透到中国消费者生活工作中，消费者在电商平台的体验和使用过程中贡献了大量诸如搜索记录、购买记录、评论记录、支付记录等数据，这些数据不断促进着电商企业的发展。除了电商平台，中国移动手机应用也蓬勃发展，无论是手机银行、美团、携程、百度地图、小红书这种人手一个的应用，还是满足于部分小众群体的百词斩、唱吧、蜻蜓、得到、keep等应用，当消费者注册时就开始在为企业提供源源不断的数据，如位置监控，使用时间、使用频率、浏览痕迹等。

### （四）Cookie数据

Cookie是在用户访问网站时被下载至用户的个人设备，并存储在用户浏览器的一种小型文本文件。该文件记录用户IP地址、账号、密码、浏览过的网页、搜索过的内容、加入购物车的商品等信息。以京东为例，Cookie运作的大致过程是：当用户访问京东商城，服务器收到Cookie数据，就会在京东商城的数据库中检索用户的ID、购物记录、个人喜好等信息，增加到数据库和Cookie文件中去。

## 二、企业的数据应用

目前企业对消费者数据的挖掘利用已经达到前所未有的广泛度和深入度，数字化营销的消费者运营主要抓手也就是消费者数据运营，布局早期的企业可以从公域、私域两个渠道完成数据收集，通过数据中枢完成数据标准化整合，并以数据分析为基础进行营销决策。很多中小企业由于独立运营数据的能力有限，所以也乐于接受专业化数据服务公司为其提供的数据情报，从而助力精准的决策。企业组织正在尝试以更细的粒度了解终端客户的消费数据，将消费者数据资产化，将消费者数据调整为企业营销管理的重要资源。以下梳理了企业对消费者数据的应用领域。

### （一）洞察消费者

数字化营销强调全链路消费者运营，了解消费者的心理诉求、偏好、动机是营销成功的前提，因此数字化营销企业应该合法地利用数据技术搜集用户在网络上留下的痕迹，全面洞察消费者的行为特征。比如，天猫直通车报表有一种消费者洞察功能，它能够帮助平台商家分析人群的搜索路径，了解顾客点击次数，以及点击率对于转化率的影响，以及对商品潜在消费者进行精准定向投放。相比浏览数据、搜索数据和社交数据，电商数据因其跟购买行为直接相关，成为深入洞察消费者的最重要的数据来源之一。

（二）构建数据标签

个人通过社交媒体、电商平台贡献的数据可以帮助企业、商家构建消费者标签，这种标签能助推社交媒体以相同或趋近的标签建立起以兴趣为核心纽带的虚拟社群，如知识付费小组、汽车发烧友等。蓝色光标推出的 Blue View 可以通过关键词设置匹配出海量的人群，根据用户关注关系和语料等对群体特征进行分析，建构社群画像，为 1 亿多微博用户标注超过 15 亿个标签。这些用户信息和社交行为数据使得定向分析用户喜好成为可能，企业可以运用特定标签锁定某一用户群体、精准定向投放内容，实现企业的产品触达与转化率。

（三）精准投放

搜索引擎、电商平台、社交媒体等提供的行为数据被企业商家掌握后，便能够 360 度分析消费者个体，揭示消费者的兴趣爱好、进行消费者情感洞察，为制定具有精准性的新营销策略提供依据，比如，搜索引擎就具有将用户浏览转换为点击和交易的功能，使得各类搜索引擎能利用数据向用户展示相关广告，精准定位目标人群。再比如企业利用 Cookie 进行浏览，能够随时查阅到消费者的上网历史，还能记录消费者的页面停留时间，使企业更全面、清晰地了解消费者的决策过程，从而制定更精准的营销策略。以天猫商城为例，当用户访问天猫商城，服务器收到 Cookie 数据，就会在天猫的数据库中检索用户的 ID、购物记录、个人喜好等信息，增加到数据库和 Cookie 文件中并做到实时更新数据，利用数据提供精准的信息投放，包括产品信息、促销信息、渠道信息等。

## 三、消费者的数据泄露

中国消费者协会 2018 年 8 月发布的《App 个人信息泄露情况调查报告》显示，85.2%的消费者曾遭遇个人信息泄露，表现形式以推销电话或短信骚扰和电信诈骗为主，其次为垃圾邮件。伴随着数据储存的条件进一步完善，企业拥有的消费者数据以及公共数据集的数量都将迅速激增，在相应的管理制度和法律规范不健全的情况下给数字营销管理者带来了双重压力：一方面是清洗、组织及转换这些虽丰富但又混乱且非结构化的数据的难度，另一方面是数据安全、数据治理等新问题。正如导入案例所反映的，数字化时代的消费者数据问题体现在数据泄露和数据被恶性商业利用几个方面。

首先，现有手机应用程序，各娱乐消费平台均设有对用户的位置监控、使用时间、使用频率、浏览痕迹统统被一网打尽，使得用户的信息完全掌握在商家平台手中，他们通过大数据、人工智能等技术对个人信息进行筛选、甄别、排列和分析，最终得出具有可识别性的个性化结果，导致消费者个人隐私有所暴露。

其次，消费者个人数据不仅仅是生物学意义上的个体，更多展现为仿真化、虚拟化的个性档案，并以名字、符号和标识等为载体，暴露了个人的精神世界和私人生活状况。

最后，企业数字化转型后热衷于从消费者海量数据中挖掘商业价值，或用于数据运营，或用于商业交易，在用户不知情的前提下利用用户数据获取利益。

## 四、消费者数据安全

企业必须正视数字化转型与消费者权益保护的矛盾所在，但也应该做好数字化营销的可持续发展，因此对待数字化时代企业的重要资产——消费者数据，应该坚持以下态度。

### （一）合法获取数据

企业应该严格按照以消费者权益保护法为主的相关法律规定来收集、存储及开发消费者数据，避免非法收集、使用、窃取消费者数据带来的风险。

### （二）保证数据完整

企业应该高度重视数据治理，做到数据存储安全把控，避免消费者数据丢失带来的商业利益损失以及用户隐私泄露。

### （三）做好数据管理

企业应该完善自身数据管理的制度，以专业的态度和能力管理好相关数据，发挥数据的价值同时避免数据泄露带来的各种隐患，通过更加专业化和先进化的管理手段对数据进行分类管理。

### （四）完善技术体系

企业应该持续投入资金研发、引入数据安全技术，设置安全壁垒，制定安全认证、安全监管和安全支付的相关机制，防止内外不法分子窃取数据；不明黑客攻击数据库；防止账户信息泄露。

## 第二节 消费者权益

查克等学者分析认为，在企业数字化营销的作用下，消费者既获得了消费福利的提升，也同时承担着个人权益的损失。

## 一、数字化营销增加消费者权益

### （一）消费成本降低

消费者的购买成本由货币成本和时间成本组成。一方面，数字经济背景下企业竭尽全力设计触点，打通渠道，希望更快、更准地与消费者完成交互，直营和分销并存的模式，线上和线下融合的模式，使得企业有条件缩短与消费者的距离将节省的中间商渠道成本转让给消费者，带来优惠的价格。另一方面，消费者的消费场景从线下扩展到线上，从节假日延伸到无时无刻，使得消费者单次消费的时间成本大幅缩短，消费频次进而提高，最终推动企业形成规模效应，再次将规模带来的成本降低福利转让给消费者。总之，数字化营销能够有效降低消费成本。

### （二）消费便利性提高

数字化营销强调在任何一个触点与消费者展开有效沟通，强调转换率和复购率，因此对数字化时代快节奏的消费需求共性更加切实地通过优化流程、智能服务来满足，让消费者在办公场所、家中、学校等各种场所体验消费便利性。例如，京东、唯品会、天猫几大零售行业巨头在物流服务展开的角逐，让消费者全流程享受到前所未有的便利服务，包括退换服务。

### （三）个性化需求得以满足

传统环境下消费者的定制服务是一种有偿服务，前期沟通成本和定制服务成本都很高昂。数字化营销能实现信息内容的精准推送，让消费者以有限的时间投入获得定制信息或定制方案，提高了购买效率和获得感。

## 二、数字化营销侵犯消费者权益

企业为了更加了解目标客户，提供更加精准的服务，就会超出消费者允许的范围进行消费者信息收集，这些信息不但是企业巩固市场地位的重要资产，而且也将成为数据资源被用于二次交易。当企业追求数据资产投入产出最大化时，会有意或无意地侵犯到消费者权益，具体涉及的权益如下。

### （一）消费者选择权

数字化营销依据消费者数据分析的结果制定策略，导致消费者接收到的信息种类和信息内容趋于同质化，消费者自主思考意愿和能力减弱，进而影响消费者的购买行为。消费者因不知情，而享受于接收精准推送的信息，同时放弃了主动获取信息。更恶劣的情况是有些互联网平台利用算法设计提升自己在搜索结果中的排位，最终误导消费者决策或者排除竞争对手的竞争参与，剥夺消费者的选择权，间接侵犯消费者权益。例如，按照传统的购买行为，消费者了解商品信息和考虑的过程是独立思考过程，基于自己甄别后的信息进行决策，而现有的很多知名电商利用消费者画像以及大数据算法，以消费者接受的方式进行优先推送，采取组合策略攻势，替代了消费者的人工甄选功能，剥夺了消费者的选择权。

## （二）消费者公平交易权

随着对消费者数据的深度掌握，企业可以利用数据算法对消费者进行"画像"，实现定制服务、定制信息，甚至定制价格，增加特定消费者支出，最终充分攫取消费者剩余。这种利用算法权利低价吸粉、高价杀熟的行为违背基于成本与收益的定价规则，使得价格歧视频频出现，侵害了消费者的公平交易权。而定制服务的质量又并非与服务价格形成正相关，消费者很难界定自己因付出更高的定制价格就能获得更好的消费体验，当然结果就是公平交易权遭到剥夺，造成市场交易秩序的破坏。且企业相对消费者在信息收集、数据分析等方面具有明显优势，有能力有条件通过杀熟以攫取更多利润，所以其行为产生的负面影响要远大于对经济效率的有利影响。

## （三）消费者隐私权

《中国网民权益保护调查报告（2020）》显示，近一年因个人信息泄露、被动接收垃圾信息、诈骗信息等原因导致网民总体损失约 805 亿元，"消费者隐私权益保护"成为时代的重大课题。为了享受数字时代带来的服务，消费者不得以让渡许多个人信息，以至于给自己的隐私带来了严重威胁。例如，北京市第一中级人民法院曾审理的一个案件：庞先生委托助理在去哪儿网购买了东方航空机票，随后就收到诈骗短信，短信发送人明确掌握了航班信息、起飞和降落时间，庞先生断定自己的个人信息被东方航空或去哪儿网泄露，于是以隐私侵权为由提起诉讼，希望去哪儿网的母公司趣拿和东方航空官网公开道歉，并赔偿其精神损害费 1000 元。

# 三、消费者隐私权

## （一）消费者隐私权的法律界定

隐私权一词最初由美国法学家布兰代斯（Brandeis）在 1890 年发表在哈佛大学《法学评论》上的文章《隐私权》（The Right to Privacy）提出，他定义 "隐私权" 是在任何情形下，每个人都有决定自己的事情不受他人干涉、不公之于众的权利，法律不仅要保护人身财产安全，更要捍卫人民的精神安宁。欧洲经济合作发展组织和欧洲理事会分别于 1980 年、1981 年制定了奠定全球数据保护基本原则与框架的两份文件：《关于保护隐私和个人数据跨境流动的指南》；《关于个人数据自动化处理的个人保护公约》（简称《108 号公约》）。此后，随着数字经济不断发展，2013 年 7 月出台了新版《关于保护隐私和个人数据跨境流动的指南》，要求成员建立具备专家和相关资源的隐私管理机构，还为数据管理者新增了两项义务：隐私管理计划和数据泄露通知。前者要求数据管理者根据实际情况制定恰当的隐私保护生态系统，后者则要求数据管理者在发生安全事故时，及时通知相关机构协调处理。2012 年 11 月也通过了《108 号公约》修订建议案，扩大了公约保护范围，明确了数据处理应当在法律规定和个人同意的情况下进行，完善了敏感数据的成立条件和数据管理者的通知义务，并进一步细化例外情况。随着移动设备及应用软件的发展，欧洲理事会 2016 年 4 月又通过了《通用数据保护条例》（General Data Protection Regulation，GDPR），将敏感数据分为三个层次，并依据敏感程度给予不同建议：第一层是"揭露种族或者民族、政治观点、宗教信仰和工会成员资格等"，可以进行数据处理，但不得泄露；第二层是"个人基因、生物特征数据"，只能在特定目的下进行处理（以识别身份为目的的行为不被允许）；第三层是"健康、性生活、性取向等数据"，一般禁止处理。对于数据管理和处理者，GDPR 也赋予了活动记录、安全保障、数据影响评估和跨境传输合规等义务。

在中国，隐私的保障以宪法为基础，与法律规范、部门法、行政法规与部门规章、行业自律等共同配合。《中华人民共和国宪法》第三十八条规定："中华人民共和国公民的人格尊严不受侵犯。禁止用任何方法对公民进行侮辱、诽谤和诬告陷害。"公民人格权的适用范围包括姓名权、肖像权、名誉权、人身自由权和健康权、个人隐私权与个人意见权利等，该条款虽然未使用"隐私保护"或"个人信息保护"的字眼，但实质是保护公民个人隐私和人格权益不受侵犯的间接依据，体现了隐私权是公民的一项基本权利。2013 年 2 月实施的《信息安全技术公共及商用服务信息系统个人信息保护指南》设定了我国首个关于个人信息保护的国家标准；2017 年 6 月，《中华人民共和国网络安全法》规定网络运营者对其收集的用户信息保密，并建立健全用户信息保护制度；任何个人和组织不得窃取或者以其他非法方式获取个人信息，不得非法出售或者非法向他人提供个人信息。中国《数据安全管理办法》规定网络运营者利用用户数据和算法推送新闻信息、商业广告等（以下简称"定向推送"），应当标明"定推"字样，并为用户提供停止接收定向推送信息的功能；用户选择停止接收定向推送信息时，应当停止推送，同时删除用户设备识别码等数据和个人信息。2019 年 7 月，工业和信息化部办公厅印发的《电信和互联网行业提升网络数据安全保护能力专项行动方案》，强化了对 App 违法采集、使用个人信息的治理。

（二）数字化时代的消费者隐私权

从传统时代到数字时代，隐私权内涵的核心依旧是信息主体是否愿意公开隐私信息，但是在技术环境的催化下，隐私信息有了新的发展。

第一，信息载体从文字、语音等发展为图片、视频等形式。为满足数字消费者的生活需要，社交软件、出行软件等层出不穷，信息技术的发展使隐私信息的载体更加多样化、数字化，展现形式更丰富，泄露的风险也加大。

第二，从单一性到整合性。在数字时代，整合性才是使信息泄露风险加大的助燃剂，信息收集者会通过大数据、人工智能等技术对个人信息进行筛选、甄别、排列和分析，最终得出具有可识别性的个性化结果。

第三，从反映身份信息到反映人格特征。随着个人信息的不断数字化，个人不仅仅是生物学意义上的个体，更多展现为仿真化、虚拟化的个性档案，并以名字、符号和标识等为载体，勾勒出精神世界和私人生活状况。

第四，从信息属性到财产属性。个人信息本来是为了减少对个人身份的不确信，但如今各大公司都采用精准营销的方式，希望预测目标消费者的喜好和行为，这使得隐私信息具备商业价值，不断遭到窥探和挖掘。此外，在不同场合下个人信息的性质也不相同，比如，某患者使用互联网在线医疗平台问诊，在医疗场景下，医生需要了解他的具体症状，患者需要坦诚告知自己的身体状况，但如果医生在违背其意愿或不知情的情况下，使用他的肖像及身体部位的特征图片作为授课案例，就属于侵犯隐私的行为。值得一提的是，信息主体即使完全放弃隐私权，也应当将公共利益、社会道德和他人知情权纳入考虑范围，以不扰乱公序良俗为原则，在公共场域暴露隐私部位等行为是不被法律允许的。

（三）数字化时代消费者隐私权侵犯的特征

数字化时代隐私权的侵害在主体、方式、客体及后果方面呈现出一些新特征。

第一，侵权主体泛化。在传统社会，侵权行为的主体为掌握信息资源的组织和掌握获取信息技术的个人，例如，政府掌握的出入境人员信息资源库、全国违法犯罪人员信息资源库、公共安全视频图像信息系统、医疗档案信息库等都包含了大量公民被采集的隐私信息，相关法律和机制的不健全，特别容易导致权力的触角在无形中伸入隐私领域，成为最容易侵犯隐私的主体之一。又例如，黑客以个人的技术优势成为入侵电脑系统盗取个人账号、密码等隐私信息的另一种主体。

如今，企业因数字化营销的"精准、可度量、高回报"特点，成为消费者隐私权的侵权主体。例如，电商平台根据某女性消费者的消费数据进行分析，认为这位消费者消费清单中日用品单次购买数量较少，没有男性用品，大量购买儿童用品，由此简单判断该消费者为离异单亲妈妈，由此来指导平台后续与这位消费者的沟通内容和推荐产品。作为这位消费者，仅仅是为了便利，带有品牌忠诚的态度持续在该电商平台消费，但使自己的隐私一点一点地暴露于电商平台手中。

第二，侵权方式多样化。在数字化的时代，人们不用线下接触也可以实现社交、购物、娱乐、资讯获取，从而留下无数痕迹，那么即使是一位素不相识的陌生人也可以根据某人在网上浏览、社交、购物、定位等留下的痕迹去了解一个人，甚至窥探对方的私生活，而且网络空间的信息能够长时间保存，这种滞后性给隐私泄露提供了极大的便利。2019年9月，有商家公开兜售约17万条"人脸数据"，涵盖2000人的肖像信息。此外，每张照片搭配一份数据文件，包括人脸106处关键点，如眼睛、耳朵、鼻子、嘴、眉毛等详细信息，这些数据还能区分人物性别、表情情绪、颜值、是否戴眼镜等。商家虽在商品说明中称，数据中并不提供所涉及人物的人名和身份证号等信息，也不得用于违法用途。但记者辗转联系到数据包中一名当事人时，他表示自己的脸部数据从未授权和出售给任何人。很明显，这已经严重侵犯了公民的肖像权、隐私权和个人信息安全。

第三，侵权行为客体延伸。数字化时代由于数字设备的普及，信息完全数字化，所以人人都是数据生产能手，大数据技术也能够实现动态跟踪并整合这些数据，使得IP地址、设备信息、视频观看记录、浏览轨迹、消费记录、聊天记录、酒店信息及航班信息等所有个人生活轨迹尽在掌控之中。过去以公共空间和私人场所的区分作为判断隐私侵犯行为的依据，完全不适用于现在突破物理空间的虚拟现实环境，如今企业能够掌控的信息与日俱增，为企业的侵权行为创造了更丰富、更延伸的隐私内容。

第四，侵权后果严重化。隐私保护是希望权利主体不受他人干扰、侵害或支配，按照自己的意志选择对公共利益无害的活动。但近年暴露的侵权行为和严重后果不计其数。例如，一个小的纠纷引发的"人肉搜索"导致多位当事人隐私泄露，影响一个人或一个家庭的正常生活，严重之时甚至会危及当事人的生命。再例如，很多老人身在互联网时代，信息安全意识却未能同步提升，一旦他们的个人隐私信息不慎泄露到违法分子的手中，就会使财产、精神、身体等各方面受到伤害。

## 第三节　消费者权益保护

消费者权益保护需要从三个层面着手，对消费者而言，个人隐私的保护意识受到教育程度、年龄、职业等多因素的影响，现阶段表现出整体隐私保护意识淡薄，隐私保护个人行动欠缺，有专家在网上进行抽样调查，发现主动保护个人隐私的受访者仅占16.5%，34.6%的受访者对隐私泄露无所顾虑且顺其自然。要做好消费者权益的保护，需要以下多方的共同努力。

### 一、政府监管

政府是消费者权益侵犯行为的监管主体。政府可以通过制定或完善法律条款、规章制度来保护消费者权益。实际我国已经进入制度建设和实践的加速期，现行法律体系中《中华人民共和国民法典》《中华人民共和国刑法》《中华人民共和国消费者权益保护法》《中华人民共和国电子商务法》，以及《中华人民共和国个人信息保护法》已经有明确的条款对隐私侵犯行为进行约束，例如，《中华人民共和国消费者权益保护法》规范经营者与消费者之间的交易活动要遵循公平原则，经营者不得强迫消费者进行交易，也包括经营者在对待所有消费者时要公平。《中华人民共和国反不正当竞争法》从市场整体角度出发来对企业或平台滥用消费者数据的行为予以治理，可以作为有力的规制工具来应对消费者权益保护问题。《App违法违规收集使用个人信息行为认定方法》也明确界定个人隐私信息的收集和侵犯。国务院印发的《新一代人工智能发展规划》在促进人工智能发展的同时，关注人工智能数据安全风险，提出"强化数据安全与隐私保护""促进人工智能行业和企业自律，切实加强管理，加大对数据滥用、侵犯个人隐私、违背道德伦理等行为的惩戒力度"。

2024年8月30日国务院第40次常务会议通过《网络数据安全管理条例》，对网络运营者在数据收集、处理分析、安全监管等方面做出明确规定，其中，第八条规定任何个人、组织不得利用网络数据从事非法活动，不得从事窃取或者以其他非法方式获取网络数据、非法出售或者非法向他人提供网络数据等非法网络数据处理活动。任何个人、组织不得提供专门用于从事前款非法活动的程序、工具；明知他人从事前款非法活动的，不得为其提供互联网接入、服务器托管、网络存储、通讯传输等技术支持，或者提供广告推广、支付结算等帮助。第十二条规定网络数据处理者向其他网络数据处理者提供、委托处理个人信息和重要数据的，应当通过合同等与网络数据接收方约定处理目的、方式、范围以及安全保护义务等，并对网络数据接收方履行义务的情况进行监督。向其他网络数据处理者提供、委托处理个人信息和重要数据的处理情况记录，应当至少保存3年。第二十一条规定网络数据处理者在处理个人信息前，通过制定个人信息处理规则的方式依法向个人告知的，个人信息处理规则应当集中公开展示、易于访问并置于醒目位置，内容明确具体、清晰易懂。《网络数据安全管理条例》于2025年1月1日起执行，对消费者权益保护具有重要意义，但是数字化时代涉及消费者权益的新问题也会不断增加，给条例或法律完善提出更多挑战。

## 二、个人素质提升

消费者个人的数字素养与技能是指数字化时代个体应具备的数字获取、制作、使用、评价、交互、分享、创新、安全保障、伦理道德等一系列素质与能力的集合。消费者在个人权益保护方面应该既要求外部环境的改善也要增强自我保护意识，学习数字经济的关键词，了解数字化营销的关键流程，识破信息诈骗、数据窃取、大数据杀熟等套路，坚持三思后行，理性消费。同时消费者应该树立正确的隐私观。一是明确隐私的界限，提高鉴别能力，主动避免隐私泄露的风险，随时随地为自己的隐私保护设置一道红线，例如，在社交媒体上分享日常生活动态时，要尽量避免暴露个人敏感信息。二是要增强保护隐私的责任意识，了解隐私保护对于个人安全的重要性，发现隐私受到侵犯时，要敢于反映、敢于对抗，敢于保护。三是将正确的隐私观传播给身边亲朋好友，在社会上构建一种共同的隐私保护价值观，鼓励自律和他律共同发挥作用，筑上一堵高高的壁垒，阻止他人对自己权益的侵犯。

在个人努力提升素质之外，政府应该从各阶段的教育主体出发，将数字经济的新生事物和新技术嵌入教学内容中，让各阶段、各层次的消费者不光从消费层面，也能从生活各方面都能融入数字化经济。例如，针对老年人群体，鼓励研发适老化的数字设施设备和应用程序，从线上线下开展人工服务，让全年龄段人群都能具备数字化意识与技能，做到既享受数字化经济福利，又有自我权益保护的能力。

## 三、企业自律

数字化营销是一把双刃剑，一方面可以大大提高营销效率，助力企业洞察消费者并满足消费者的价值主张，但另一方面也会触动消费者的利益。关于企业主动收集和挖掘消费者隐私数据可能带来的后果，不同学者持有不同观点：刘贵容和刘军认为个人隐私数据泄露或被违法使用将间接或直接带来个人人身伤害或财产损失，势必造成消费者信任度及数字化参与度的降低，影响个性化传播的健康发展，有可能让数字化营销的进程开上倒车；希曼和布尔巴里理性分析认为消费者关心隐私的同时也渴望品牌能针对自己的偏好提供最好体验，所以并不会刻意阻止商家或企业对个人消费数据的收集。所以，企业必须确保自己的行为合法的同时培养社会责任意识，构建行业规范。

第一，要确保数据收集、数据应用的合法合规性。

第二，企业要承担起社会责任。社会责任指的是一个社会组织出于道德的要求，超越了法律与经济对组织所要求的义务，对社会承担的责任。企业组织的社会责任体现不但有效控制自己的越线行为还会形成一种示范效应，带来良性循环。所以企业应该主动承担保护用户隐私、弘扬社会正气的义务，在面对数据资产价值的诱惑时，自律、自控。

第三，企业应联合起来建立兼顾经营业绩和社会发展的行业规范。在美国，广告行业协会将用户的在线隐私保护问题作为重点监管的内容。美国也拥有专门的隐私与消费者保护协会，它们会与广告行业协会进行合作，共同提高网络用户隐私保护的监管力度。我国的行业自律模式也在快速规范中。2012 年和 2013 年，《互联网搜索引擎服务自律公约》和《互联网终端安全服务自律公约》两份行业公约先后发布，为保障用户个人数据安全和个人数据的使用知情权树立了标杆，国内多家知名互联网公司，如新浪、网易、百度、腾讯等，都成为公约的缔结者。工业和信息化部 2017 年初印发《大数据产业发展规划（2016—2020 年）》，在保障措施（二）中提到要加强数据统筹管理及行业自律，强化大数据知识产权保护，鼓励企业设立专门的数据保护职位。研究制定数据流通交易规则，推进流通环节的风险评估，探索建立信息披露制度，支持第三方机构进行数据合规应用的监督和审计。企业内部也应建立完善的数据保护机制，防止"内鬼"为牟利或泄愤将用户数据进行贩卖，破坏企业数据保护成果和行业发展，用完善的管理机制和激励机制为数据保护铸就"安全墙"。

第四，在数字化趋势不可逆转，数据运营思维深得企业之心的大背景之下，企业需要主动抛弃知识秘密采集数据的手段，以透明且高效的价值交换手段取而代之。企业还应该保证利用消费者数据进行个性化推荐的客观性，并主动更正曾经的违法供应数据等踩线行为。

当然，政府监管是企业自律的重要保障，政府需要出台政策鼓励企业制定治理规则，政府必须要求企业定期对监管部门开放数据、披露访问权限、产品质量、企业绩效等关键信息。在侵害消费者权益行为发生后，政府需对企业的治理行为进行审查，审查其是否尽到监管义务，判断其担责的性质与程度。让法律、企业自律和政府监管共同发挥作用，净化数字化营销的大环境。

## 四、技术利用

隐私侵犯源自技术的发展，但也受制于技术的迭代更新，前提是政府和企业组织愿意投入资金，支持数字安全技术的研究与创新。《人工智能数据安全白皮书（2019 年）》中提到了多个研究团队或企业开展的数字安全研究，例如，加利福尼亚大学伯克利分校研究团队运用人工智能技术开发了一款手机应用程序，能够自动扫描手机相册内存储的裸露照片，改为加密形式存储于应用程序中，并进一步从云相册删除，彻底防止照片外泄，解决了手机硬件的数据泄漏问题。谷歌成功开发出两个独立的人工智能加密算法，不仅能够防范第三方破解，还能自我学习，破解其他人工智能加密算法，完成数字加密。数字货币——比特币向世界展示使用 "以公账为基础的分散对等网络"，创造出一种授信的、可审计的机制，其应用的主要技术区块链技术具有在数据收集、分析过程中对所有用户完全透明的特性，一旦被记录就只有用户本人才能进行修改，这也能满足隐私保护的内在要求和逻辑，成为隐私数据保护领域的重要技术来源。

  2018 年，国内多起用户隐私泄露事件被曝光，某公司多达 3000 万条有效用户数据在暗网上被销售，要价仅 50 美元，相当于 1000 条信息才一分钱。此次出售的用户隐私，包括用户手机号、密码等关键身份信息，卖家透露，此份数据是几年前撞库得来的，所以不保证时效性。事发后，有网友质疑，如果事件属实，那当时黑客可能提前在该公司的数据库中留下了潜伏程序，而该公司后来并没有对数据库的安全系统进行集中清理和技术升级。换言之，最令人不放心的，其实是该公司对于用户隐私的不重视。一些网友联想到自己经常接到诈骗电话、账号被盗损失财产，甚至受到人身威胁的经历，这种顾虑随之迅速在网上产生了巨大的舆论效应，用户纷纷向该公司平台讨要说法。事件发酵后，该公司负责人回应称：首先，这个通过撞库得来的数据，跟该公司用户的匹配度极低，已经经过多方证实；其次，该公司采用高强度单向散列算法加密存储用户密码，任何人无法直接从该公司数据库中直接获取用户密码；最后，该公司采用包括密码验证、设备验证等多重校验机制，以保护用户信息安全，任何人在其他设备上仅用手机号和密码试图登录该公司账号，都会触发短信验证码等多种信息验证措施，他人根本无法仅凭手机号和密码就登录用户的该公司账号。在数字时代，个人信息已成为互联网最为宝贵的资源之一，信息安全问题更是空前严峻，虽然该公司官方的回复令大家松了一口气，但频发的隐私泄露事件让用户不免担忧，如果自己的身份信息被不法分子获得，并被用来实施电信诈骗、非法讨债甚至绑架勒索等犯罪活动可怎么办？一旦用户产生不信任的情绪，就会抵触收集信息的行为，拒绝分享个人数据，长此以往，对大数据行业和企业都是致命打击。除内部人员泄露和公司管理不善外，更多的私人信息是因黑客进行网络攻击而被窃取的，或被一些商业间谍用非法手段获取的。相关公司不仅应该更新观念，重视用户的隐私保护，更要升级技术，建立信息保护的"防火墙"；此外，国家也应严厉打击网络信息盗取者，完善立法，重拳出击，毫不留情。在这场博弈中，如何在保护个人隐私数据的基础上，实现社会、企业和消费者利益最大化，需要多方利益主体共同参与，用法律规章约束行业乱象，用伦理道德规范企业自身，用敬畏之心保护隐私数据。

  资料来源：阳翼. 2021. 数字消费者行为学. 北京：中国人民大学出版社，（1）：236-237.

## 本章小结

  本章在第一节介绍了消费者数据的几种来源：搜索数据，社交数据，平台数据，Cookie 数据，以及数据在企业中的各种应用。随即提到了数据获取手段的进步使企业变得更易收集到消费者的各类数据，企业可以利用这些数据带来营销效率的提升，但也因此引发了数据泄露与数据安全问题。第二节则着重讲述了有关消费者权益的相关内容。首先，数字化营销能为消费者带来显而易见的好处，包括企业规模效应而带来的消费成本降低，消费者便利性提高以及个性化需求得以满足等，但也会在某种程度上侵犯到消费者的各种权益，如选择权，公平交易权，隐私权等。由此，企业要注意对消费者隐私权的保护，隐私权在法律中有明确的表述，但随着数字化时代的到来，隐私权的定义范围也逐渐开始变得模糊，所以人们开始重新对数字化时代的消费者隐私权进行界定，并提出了一些相关的隐私权侵犯的特征。在本章的最后一节，主要提到了在数字化时代，消费者权益保护问题如何解决。在数字化时代，各方联系更加紧密，权益保护涉及的范围也越发广泛，因此单靠某一方的力量来解决这一问题并不实际，需要各方共同努力，创建更安全的数字时代。首先要从政府入手，政府需要起到领头作用，通过出台与完善相关法律法规，对权益与隐私问题进行监管与惩戒；其次要加强对消费者宣传，让消费者在信息纷繁复杂的数字化时代加强自身保护意识，树立正确的隐私保护观念；再者要引导企业做到自律，勿以善小而不为，勿以恶小而为之；最后要通过技术更新，建立更加安全的数据保护机制。

## 思考题

1. 数字化营销过程因消费者数据利用带来的企业风险有哪些？
2. 企业在数字化营销过程如何既利用数据造福于消费者，又避免消费者权益受到侵犯？
3. 除了书中所提到的选择权，公平交易权和隐私权外，你还能想到哪些被侵犯的消费者权益？
4. 你作为一名消费者，你会如何加强自身素质，保护自身隐私权？
5. 书中提到了消费者的权益保护需要政府、个人、企业三方共同努力，你认为他们之间应该如何结合？

## 案例分析

### 大数据杀熟营销伦理的红线

2020年12月17日，一位美团用户在题为《我被美团会员割了韭菜》的文章中阐述了自身外卖购买的经历。他提到，在同一家店铺、同一时间、相同配送地址的情况下，会员身份的结算配送费高于非会员，且发现会员需支付的附近几乎所有外卖商户的配送费都比非会员高1元至5元。这可能是因为美团平台利用用户消费频率进行差别定价，对会员收取更高的费用。美团预计，作为老用户的会员消费频率较高，对平台的依赖度也较高，价格敏感度相对较低，因此可以实现会员配送费高于非会员3倍。

"美团被指杀熟外卖会员"的话题迅速登上当日微博热搜榜第五名，一周内，该话题被5.7亿人次阅读，讨论达4.4万人次。美团随后回应，配送费差异与会员身份无关，而是由于软件定位缓存问题，错误地使用了用户上一次的历史定位，导致实际位置与预估位置存在偏差，从而影响配送费计算。在实际下单时，会根据真实配送地址计算，不受影响。

实际上，美团的差异化定价争议反映了数字化时代营销管理面临的挑战。企业商家可以通过消费频率、退换货频率、地域、消费习惯、购买能力等关键消费数据分析勾勒客户画像，精准判断客户需求。然而，消费数据也可能导致价格歧视现象，企业若为追求利益最大化而针对不同客户实施差异定价，将侵犯消费者的公平交易权。这种营销行为不仅受到国家市场监督管理总局反垄断监管，还可能引发消费者和公众的反感。一旦消费者意识到大数据杀熟的手段，他们将采取措施保护自身权益：加强个人数据保护、减少对企业商家的信任、联合社会网络进行集体维权。从长远来看，这些消费者反应必将影响企业数字化营销管理的效率和效果。

**讨论题**

企业应该如何判断大数据杀熟带来的利与弊，应该如何规避数字化营销伦理风险？

# 参 考 文 献

阿塞尔 H. 2000. 消费者行为和营销策略. 6版. 韩德昌, 等译. 北京: 机械工业出版社.
鲍劲松, 武殿梁, 杨旭波. 2020. 基于VR/AR的智能制造技术. 武汉: 华中科技大学出版社.
蔡俊颜. 2017. 酒店微信公众号营销效果评价研究. 泉州: 华侨大学.
陈国胜, 陈凌云. 2021. 数字营销. 大连: 东北财经大学出版社.
陈丽洋. 2012. 花露水的前世今生: 爆红视频背后的高效品牌营销. 现代商业, (35): 69.
陈婉露, 林洁. 2018. 小红书APP营销策略分析. 经贸实践, (19): 192, 197.
崔德乾. 2022. 元宇宙时代, 场景营销的N种打开方式. 销售与市场(管理版), (1): 60-63.
戴梦菲, 朱雯晶, 谭淼, 等. 2021. AR技术在数字人文应用上的运用策略: 以"从武康路出发"应用为例. 图书情报工作, 65(24): 44-52.
董浩宇. 2022. "元宇宙"特性、概念与商业影响研究: 兼论元宇宙中的营销传播应用. 现代广告, (8): 4-12.
高长利, 李伟东, 郭春光. 2017. 直播营销: 互联网经济营销新思路. 广州: 广东经济出版社.
高花. 2020. 抖音短视频的审美特征研究. 西安: 长安大学.
高杨. 2018. 社交媒体中的短视频营销策略研究. 哈尔滨: 黑龙江大学.
古慧子. 2021. 未来已来数字营销成为营销主战场. 中国农村金融, (10):10-11.
郭佳. 2022. 元宇宙时代的虚拟社交营销能长久. 国际公关, (5): 158-167.
郭攀. 2016. 媒体整合与多元参与: 新媒体背景下的地方政府传播研究. 广州: 暨南大学.
何志康. 2017. 移动社群营销实战法则、技巧与经典案例. 北京: 人民邮电出版社.
侯明哲. 2022. 元宇宙时代, 营销何去何从？. 销售与市场（营销版）, (5): 74- 79.
侯鑫怡. 2021. 抖音用户自我呈现研究. 哈尔滨: 黑龙江大学.
胡琪, 朱定局, 吴惠粦, 等. 2022. 智能推荐系统研究综述. 计算机系统应用, 31(4): 47-58.
蒋凤钰. 2020. 基于文本挖掘的P美妆Vlog内容营销策略研究. 杭州: 浙江工商大学.
靳洁. 2019. 数字时代隐私权保护研究. 广州：广州大学.
井豫涵, 2019. 社交媒体时代的营销变革. 新闻传播, (1): 79-80.
李嘉敏. 2018. 知识付费产品的内容营销策略研究. 声屏世界, (11): 40-42.
李军霞. 国内酸奶品牌的内容营销策略研究. 沈阳: 辽宁大学.
李凯, 邓智文, 严建援. 2014. 搜索引擎营销研究综述及展望. 外国经济与管理, 36(10): 13-21.
李科成. 2017. 直播营销与运营: 盈利模式+推广技巧+经典案例. 北京: 人民邮电出版社.
李偲貌. 2019. 六神品牌年轻化传播研究. 湘潭: 湘潭大学.
李卫琳. 2020. 基于搜索引擎的精准营销分析. 电子商务, (5): 53-54.
李曦方. 2022. "元宇宙营销"的价值、困境与路径研究: 基于人、社交、互动视角. 办公自动化, 27(15): 62-64, 52.
李永平, 董彦峰, 黄海平. 2021. 数字营销. 北京: 清华大学出版社.
廖秉宜. 2019. 数字内容营销. 北京: 科学出版社.
林子筠, 吴琼琳, 才凤艳. 2021. 营销领域人工智能研究综述. 外国经济与管理, 43(3): 89-106.
刘邦凡, 栗俊杰, 陈朋伟, 等. 2020. 全流时代的共享经济平台运营模式构建. 中国人民大学学报, 34(5): 79-88.
刘超. 2018. 我国情报学领域作者合著网络分析. 曲阜: 曲阜师范大学.
刘贵容, 刘军. 2019. 大数据对市场营销的影响与创新. 北京: 经济管理出版社.
刘珅, 喻玲. 2022. 算法个性化推荐商业应用、消费者损害及其多元救济. 江南大学学报(人文社会科学版), 21(4): 58-69.

刘树安. 2015. 搜索引擎营销研究. 中国管理信息化, 18(13): 176-178.
刘阳. 2016. 自媒体终极秘诀. 哈尔滨: 哈尔滨出版社.
卢灵香. 2020. 手机 APP 营销案例分析: 以网易云音乐 APP 为例. 辽宁经济, (10): 72-73.
卢泰宏, 周懿瑾. 2021. 消费者行为学: 洞察中国消费者. 4 版. 北京: 中国人民大学出版社.
吕铠, 钱广贵. 2022. 广告内容化的传播伦理困境与协同治理. 当代传播, (1): 100-102, 112.
马丁 C. 2014. 决胜移动终端: 移动互联时代影响消费者决策的 6 大关键. 向坤, 译. 杭州: 浙江人民出版社.
马二伟. 2019. 数字平台营销. 北京: 科学出版社.
马丽茵. 2022. 新媒体营销思维下的零售业竞争力问题探讨. 商业经济研究, (2): 90-92.
马玲娜. 2013. 基于集体智慧的标签推荐系统的设计与开发. 西安: 陕西师范大学.
明朗. 2021. Power BI 在统计数据审核与分析中的应用探索: 以能源统计为例. 中国统计, (4): 76-78.
莫厄尔 J C, 迈纳 M S. 2003. 消费者行为学. 4 版. 黄格非, 束珏婷译. 北京: 清华大学出版社.
纳尔蒂 K H. 2012. 视频营销. 钱峰译. 北京: 东方出版社.
彭兰. 2020. 新媒体用户研究: 节点化、媒介化、赛博格化的人. 北京: 中国人民大学出版社.
蒲璐. 2022. 建构元宇宙: 再部落化媒介生态下的虚拟数字人营销探索. 广东开放大学学报, 31(2): 106-111.
濮方清, 马述忠. 2022. 数字贸易中的消费者: 角色、行为与权益. 上海商学院学报, 23(1): 15-30.
秋叶, 邻三月, 秦阳. 2018. 社群营销实战手册: 从社群运营到社群经济. 北京: 人民邮电出版社.
杉杉. 2013. 二维码营销四大招式. 中外管理, (4): 131.
沈贝. 2020. KT 公司产品售后质量数据分析及应用研究. 徐州: 中国矿业大学.
生俊. 2015. 社会化媒体背景下产品内容营销的内涵厘析与运用初探. 东南传播, (4): 127-130.
斯特恩 J. 2019. 人工智能营销. 朱振欢译. 北京: 清华大学出版社.
宋东明. 2020. 大数据背景下法律保护个人信息安全的探究. 法制博览, (36): 31-32.
谭运猛. 2019. 数字营销趋势展望: 热数据·快营销. 声屏世界·广告人, (10): 89-90.
王慧宇. 2021. 基于机器学习预测市场营销活动对客户订购定期存款的影响. 天津: 南开大学.
王璐. 2020. 机器学习在营销领域的发展与展望. 产业与科技论坛, 19(10): 64-65.
王琴琴, 杨迪, 2019. 人工智能背景下本土化智能营销策略研究. 新闻爱好者, (11): 55-59.
王卫东. 2018. 营销新道: 社群营销的发展与实践. 北京: 中国商业出版社.
王小兵, 王晓东. 2016. 市场营销理论与实务. 北京: 清华大学出版社.
王轩, 刘伊人. 2021. 抖音 APP 广告营销策略分析. 全国流通经济, (28): 12-14.
吴超, 赵静, 罗家鹰, 等. 2022. 营销数字化: 一路向 C, 构建企业级营销与增长体系. 北京: 机械工业出版社.
吴晓军, 张玉梅. 2021. VR 技术及其应用. 北京: 科学出版社.
希曼 C, 布尔巴里 K. 2021. 数字营销分析: 消费者数据背后的秘密. 海侠译. 北京: 机械工业出版社.
谢爱丽. 2020. 社会化媒体营销策略研究. 中国市场, (22): 134-135, 154.
阳翼. 2019. 数字营销. 2 版. 北京: 中国人民大学出版社.
阳翼. 2021. 数字消费者行为学. 北京: 中国人民大学出版社.
杨家诚. 2021. 数字化营销. 北京: 中华工商联合出版社.
杨扬, 刘圣, 李宜威, 等. 2020. 大数据营销: 综述与展望. 系统工程理论与实践, 40(8): 2150-2158.
叶春永. 2018. 社交经济: 新媒体时代的社群营销实战. 北京: 人民邮电出版社.
殷进猛. 2017. 准确把握新媒体特点 加强企业品牌建设. 长江丛刊·理论研究, (17): 40-41.
张继业. 2015. 基于虚拟社区的定向出版模式. 新闻传播, (5): 17-18.
张俊英, 韩佳凝. 2021. 网络交易消费者权益保护机制构建及优化路径. 消费经济, 37(4): 45-52.
张茹, 黄苑, 段星梅. 2020. 数据化运营管理. 北京: 人民邮电出版社.

张旭光. 2017. 共享经济视角下网络付费问答平台的传播机制研究: 以分答为例. 南宁: 广西大学.

张亚男, 谢虹. 2018. 基于整合营销传播下的二维码营销传播优势及策略探析. 科技传播, 10(1): 88-89.

张艳. 2017. 智能技术时代的广告内容营销传播. 中国出版, (19): 43-46.

张艳荣, 闫晓彤. 2021. 论"电商+直播"营销新模式. 学术交流, (4): 100-110.

张颖. 2007. 技嘉主板品牌中国北方市场整合营销传播策略研究. 西安: 西北大学.

赵浚琪. 2021. 人工智能+大数据背景下数字营销的实现路径. 营销界, (S4): 69-71.

周汉华. 2006. 中华人民共和国个人信息保护法(专家建议稿)及立法研究报告. 北京: 法律出版社.

周茂君. 2019. 数字营销概论. 北京: 科学出版社.

周伟婷. 2015. 活出趣, 李维斯如何重新诠释"年轻化"?. 成功营销, (6): 60-63.

周懿瑾, 陈嘉卉. 2013. 社会化媒体时代的内容营销: 概念初探与研究展望. 外国经济与管理, 35(6): 61-72.

朱国玮, 高文丽, 刘佳惠, 等. 2021. 人工智能营销: 研究述评与展望. 外国经济与管理, 43(7): 86-96.

邹宗峰, 朱艳科, 夏云, 等. 2013. 基于 R 语言的 AHP 分析程序设计. 数理医药学杂志, 26(4): 3.

Bauer H H, Reichardt T, Barnes S J, et al. 2005. Driving consumer acceptance of mobile marketing: A theoretical framework and empirical study. Journal of Electronic Commerce Research, 6(3): 181.

Edelman D C. 2010. Branding in the Digital Age. Harvard Business Review. (Dec)

Facchetti A, Rangone A, Renga F M, et al. 2005. Mobile marketing: an analysis of key success factors and the European value chain. International Journal of Management and Decision Making, 6(1): 65-80.

Florack A, Egger M, Hübner R. 2020. When products compete for consumers attention: how selective attention affects preferences. Journal of Business Research, 111: 117-127.

Howard J A.1989. Consumer Behavior in Marketing Strategy. Prentice: Prentice Hall.

Huang M H, Rust R T. 2021. A strategic framework for artificial intelligence in marketing. Journal of the Academy of Marketing Science,49(1): 30-50.

Kaplan A, Haenlein M. 2019. Siri, Siri, in my hand: who's the fairest in the land? On the interpretations, illustrations, and implications of artificial intelligence. Business Horizons, 62(1): 15-25.

Narayanan A S. 2012. QR codes and security solutions. International Journal of Computer Science and Telecommunications, 3(7): 69-72.

Russell S, Norvig P. 2020. Artificial Intelligence: A Modern Approach. 4th ed. Upper Saddle River: Pearson.

Sheth J N, Solomon M R. 2014. Extending the extended self in a digital world. Journal of Marketing Theory and Practice, 22(2): 123-132.

Syam N, Sharma A. 2018. Waiting for a sales renaissance in the fourth industrial revolution: machine learning and artificial intelligence in sales research and practice. Industrial Marketing Management, 69: 135-146.

Zahay D. 2020. Digital Marketing Management. 2nd ed. New York: Business Expert Press.